触法精神障害者をめぐる実証的考察

責任主体としての家族

Hiroi Fukaya
深谷 裕

［著］

日本評論社

はじめに

　精神科で働くスタッフは、患者だけでなく患者の家族ともかかわることが多い。家族とかかわり始めてしばらくしてからスタッフの口からしばしばこぼれ落ちるのは、家族が患者にかかわり過ぎるか、その逆の拒否的な姿勢であることに対する不満である。前者の場合、かかわり過ぎている家族とは、とりわけ母親であることが多い。自分でも身体的な不具合にひどく悩まされる年齢に達しても、あるいはわが子から暴言を吐かれてもなお、「私ももうどうなるかわからないから、この子には何とか一人でも生きて行けるようになってほしいんですけどね。」と言いつつ、甲斐甲斐しく（時には口うるさいくらいに）子どもの面倒をみている。このような親の姿は、子どもの障害種別にかかわらず、時には障害の有無にかかわらず、共通しているような印象を受ける。

　そんな母親たちに「お母さんも大変ですね。」と声を掛けると、大抵は「ええ、まあ。でも親ですからね。」というような答えが返される。これが兄弟姉妹の場合は、「ええ。でも家族ですから。」と返ってくる。これらの短い返答の中にたくさんの意味が込められているように思われる。心情的な面に光をあてて解釈すれば、親だからいくつになっても子どもが可愛いから、大変であっても引き受けるという意味があるだろう。一方、社会的な面に光をあてると、親としての、あるいは家族としての社会的責任に対する無意識の承認が見え隠れするのである。家族は（とくに親は）なぜここまで背負い込むのだろうか、あるいは背負いこまされているのだろうか……社会的責任とは何なのか……。筆者がかねてから疑問に感じてきたことであり、本書を執筆した背景もここにある。

　本書では、触法精神障害者の家族（とくに重大な他害行為を行った者の家族）について取り上げている。しかし、本書のテーマは「触法精神障害者」でも「家族」でもなく、「市民社会における責任」である。ただし、本書で

は「責任」の代わりに、〈当事者〉性という用語を用いている。言うまでもなく、「責任」という概念については、これまでも多くの哲学者や法学者らが議論してきたが、本書ではこれらの議論とは別の角度から、より私たちの生活に引きつけて「責任」について考えてみたい。

　本書の目的は、〈当事者〉性の付与と引き受けを相互行為として捉えた場合、触法精神障害者家族に対する〈当事者〉性の付与と引き受けがどのような心理的・社会的仕組みの上に成り立つのかを明らかにすることである。「責任」をめぐって〈当事者〉性というものをどのように付与し、そしてどのようにそれを引き受けているのか、さらに〈当事者〉性を引き受けるという行為に対して、引き受け手がどのように認識しているのかということについて、触法精神障害者家族に対する〈当事者〉性の付与と引き受けを手がかりとして検討し、法廷場面、そして日常生活場面において責任を付与することや引き受けることがもつ意味を考えていきたい。

　日常生活の中で、何らかの出来事が発生し、誰かが傷ついたり何かを失ったりすると、出来事と直接的な因果関係のある者は、加害者と被害者にカテゴライズされ、対立構造の中でその出来事は理解される。出来事が法廷に持ち込まれると、この対立構造がいっそう強調されることになる。その結果、出来事と直接的な因果関係のある者だけが、法廷でも社会の中でもクローズアップされ、それ以外の人々は出来事とは関係の無い部外者、あるいは傍観者として自らを位置づけることになる。多くの人々は、自分に「責任」が課せられそうにならない限り、他人に「責任」が課されることや「責任」を引き受けるという行為に無頓着になりがちである。「気の毒には思うけれど、そういうものだ」「仕方ない」と。

　このことは、何か出来事が発生すると、マスコミ関係者が加害者と被害者の自宅に押しかけ、家族にカメラを向けながら発言を求め、騒ぎ立てるにもかかわらず、加害者が逮捕されたり判決が下されると、ニュースや記事としてほとんど取り上げられなくなるという現象に象徴される。一つひとつの出来事、そしてそれがもつ意味は一様ではないはずである。にもかかわらず、「被害者」「加害者」という枠組みに付着したイデオロギーに照らしながら、出来事そのものや、出来事の登場人物である「加害者」「被害者」を特定のパターンに沿って解釈し、その出来事を「わかったつもり」になってはいないだろうか。出来事に対するこのような理解の方法は、結果的には人々を

「自分は関係ない」という傍観者という位置に押しとどめることになる。一方で、「責任」を引き受けなければならない者もまた、「そういうものだ」「仕方ない」と自分を納得させようとするかもしれない。

　しかし、ある出来事が起こり、そこに「責任」というものが発生した時に、傍観者や非難する者として位置するだけでは、問題解決への建設的道筋やそれを見つけようとする意思がみえにくくなる。とはいえ、今のところ出来事を対立構造の中で捉え、無関心な部外者を生み出す構造や解決策について、司法福祉学の領域から明快な説明がつけられているとは言い難い。

　2009年から全国に地域生活定着支援センターが設置され、刑務所を出所した高齢者や障害者の円滑な社会復帰が目指されるようになったが、彼らの受け入れを拒否する社会福祉施設も少なくない。このような状況に対し、罪を犯した者に対するスティグマの払拭と、社会の包摂力の高まりの必要性がしばしば指摘される。また、刑務所出所者の就労支援や非行少年の社会復帰に携わる者たちは、罪を犯した者に対する社会的援護の少なさや、社会の排除性を嘆く。だが、今のところ犯罪加害者の社会復帰における問題点の指摘と対処療法的な取り組みの提案にとどまっており、社会的包摂力を高めるための具体的方策はみえていない。

　ここには〈当事者〉性を相互行為として捉える視点の不足がかかわっているのではないだろうか。もし、「被害者」や「加害者」という存在は、ある出来事が発生すると同時に実在するようになるわけではなく、「責任」をめぐる〈当事者〉性の付与と引き受けという相互行為の中で、「被害者」「加害者」あるいは「加害者（性）」「被害者（性）」が確定されるということが実証的に説明され、人々がそれを意識化したならば、「そういうものだ」とやり過ごしていた、"〈当事者〉性を引き受ける"という経験について斟酌し、〈当事者〉性を引き受けるという行為が含みもつ多様な意味の理解に近づくことができるのではないだろうか。さらに、人々が出来事に対する関与度を高め、傍観者という位置づけとは異なる位置づけを選択する道のりには、〈当事者〉性を引き受ける者の経験への気づきが必要なのではないか。

　この相互行為が行われる「場」として、まず法廷という公的な場が想起される。言うまでもなく、ここでは公的な司法手続に基づき、法律をもとに裁判官、検察官、弁護士のような法曹（しばしば裁判員も含まれる）主導のもと、誰にどの程度の法的責任があるのかが決定され、公的に「被害」「加

害」が認定されていく。

　さらに「責任」をめぐる相互行為が実践される「場」には、日常生活場面も含まれる。つまり、隣人、同僚、友人、専門職者といった地域の人々との相互行為を通してもまた、「被害者（性）」「加害者（性）」が構築されていくのである。このことは、「責任」をめぐる相互行為の主体には、加害者や被害者、そしてそれらの法的代理人という、出来事の因果関係にいわば直接的にかかわる者だけでなく、一見出来事の因果関係には直接的には関係が無いようにみえる、隣人、同僚、友人に代表される周囲の人々、そして専門職者も含まれるということを意味している。

　仮に法廷の場で、法的責任はないと判断されたとしても、晴れやかな気持ちになれるとは限らない。法的責任であろうが別の責任であろうが「責任」を引き受けることには、迷いや葛藤を伴う。たとえ個人が出来事に関する法的な〈当事者〉としてみなされなかったとしても、日常生活においては〈当事者〉となる可能性は否定できない。それは誰にでも該当することである。

　本書では、法廷という公的な「場」のみならず、日常生活場面における〈当事者〉性をめぐる相互行為に光を当て、そこにどのような社会的背景があり、そこでいかなる心理的機微が生じているのかを検討していくことにより、一人ひとりが傍観者以外の位置づけを探る手がかりを提示したい。〈当事者〉性を相互行為としてみる視点をもつことにより、相互行為の一主体である触法精神障害者家族に内在する多面性を考察することが可能となり、特定のパターンに沿った物語のみならず、家族がもつ別の物語を表現することができよう。

　なお、本書は、筆者が早稲田大学大学院社会科学研究科に提出した博士論文に加筆・修正を加えたものであり、刊行にあたってはJSPS科研費（研究成果公開促進費）を受けている。論文執筆にあたってはさまざまな方々のご支援を賜った。とくに指導教授の久塚純一先生には、懇切丁寧に指導をしていただき、最後まで導いていただいた。感謝の言葉をいくつ並べても足りない。また、副査の石塚伸一先生、篠田徹先生、早田宰先生、坪郷實先生には、大変有意義なご助言をいただいた。調査実施・分析にあたっては、伊藤順一郎先生、川野健治先生、資料提供を快諾してくださった弁護士の方々に大変お世話になった。論文執筆過程において支えてくださった大学院時代の研究室の友人たち、北九州市立大学の同僚の先生方にも、心から感謝したい。

また、本書の出版にあたり、ご快諾いただき、大変お世話になった日本評論社編集部の武田彩さんに厚く御礼申し上げたい。

　そして、研究者の途へと進む機会を与えてくださり、ありとあらゆる面で私を温かく見守り続けてくれている両親に、この場を借りて感謝の意を表したい。さまざまな家族の話を聞く中で、自分自身の家族についても思いをめぐらせることが幾度となくあった。研究を通して多様な家族のあり方をみると同時に、あらためて2人を両親にもてた幸運をかみしめることができた。

　最後に、「私たちの経験が少しでも役立てば」と、自らの経験を率直にお話くださった御家族の方々には心より御礼申し上げたい。御家族の方々が、現在は穏やかな日々を送られていることを切に願う。

　本書が社会学、社会福祉学、心理学、法学、精神医学等の研究者や、実務を担っている方々のお目にとまれば幸いである。

　　　　2015年11月

　　　　　　　　　　　　　　　　　　　　　　　　　　　　　深谷　裕

目　次

はじめに　i

序　章　研究対象としての
　　　　　〈当事者〉性の付与と引き受け　1

1．問題の背景 …………………………………………………………………1
　(1)　付与される〈当事者〉性／(2)　少年犯罪における「加害者」の不在／(3)　触法精神障害者における「加害者」の不在
2．三つの設問 …………………………………………………………………7
　(1)　〈当事者〉性をめぐる公的場面での相互行為／(2)　〈当事者〉性を引き受ける経験／(3)　三つの設問
3．本書の構成 …………………………………………………………………12
4．用語の説明 …………………………………………………………………14
　(1)　「当事者」と「当事者性」／(2)　「触法精神障害者」／(3)　「家族」

第1章　法制度上にみられる触法精神障害者家族への
　　　　　〈当事者〉性の付与　25

1．連帯責任者——縁坐制 ……………………………………………………26
　(1)　縁坐制と連坐制／(2)　縁坐制・連坐制の目的と機能／(3)　責任無能力者の位置づけ／(4)　近代市民社会の成立と縁坐制の消滅
2．監督義務者——民法714条 …………………………………………………38
3．成年後見人——民法7条～14条 ……………………………………………41
　(1)　明治期・大正期／(2)　昭和期（昭和23年以降）～平成期
4．扶養義務者——民法877条 …………………………………………………49
　(1)　民法上の扶養義務／(2)　「扶養」に内在する諸側面

5．保護者——精神保健福祉法20条、医療観察法2条(改正後23条の2) ………… 55
　(1) 精神保健福祉制度にみる保護者の役割変化／(2) 医療観察制度からみる保護者の役割／(3) 監督義務者としての保護者
6．まとめに代えて …………………………………………………………… 78

第2章　裁判事例にみられる　〈当事者〉性の付与と引き受けの態様　85

1．理論基盤としてのエスノメソドロジー ………………………………… 85
2．司法プロセスに関する既存の研究 ……………………………………… 88
　(1) 国内研究／(2) 諸外国での研究／(3) 先行研究についてのまとめと問題点の整理
3．方法 ………………………………………………………………………… 95
　(1) 事例の概要／(2) 分析方法
4．被告と原告側代理人による事件の再構成 ……………………………… 99
5．被告と被告側代理人による事件の再構成 ……………………………… 106
6．原告(被害者の夫)と原告側代理人による事件の再構成 …………… 112
7．原告(被害者の母親)と原告側代理人による事件の再構成 ………… 116
8．まとめに代えて …………………………………………………………… 122
　(1) カテゴリーの固定化／(2) 法的ディスコースによる解決／(3) 社会規範の機能

第3章　裁判事例にみられる　〈当事者〉性の付与と引き受けの条件　127

1．方法 ………………………………………………………………………… 129
　(1) 分析方法／(2) 対象事例の選定基準／(3) 検討する事例の概要
2．〈当事者〉性の付与と引き受けを左右する条件 ……………………… 140
3．条件に対する被害者側の認識 …………………………………………… 145
4．条件に対する害を加えた側の認識 ……………………………………… 159

5．まとめに代えて …………………………………………………………… 174
　⑴　責任判断のための諸条件／⑵　フィルターとしての諸条件／⑶　常識的推論

第4章　触法精神障害者家族の経験を通してみる〈当事者〉性の引き受け　189

1．理論基盤 ………………………………………………………………… 190
2．先行研究の分析 ………………………………………………………… 192
　⑴　精神障害者家族研究／⑵　触法精神障害者家族研究／⑶　犯罪加害者家族研究／⑷　家族社会学研究（家族介護を中心に）／⑸　研究設問
3．方法 ……………………………………………………………………… 204
　⑴　研究対象と調査方法／⑵　分析方法／⑶　理論的感受性を高める／⑷　データ収集上の課題
4．触法精神障害者家族の経験――ストーリーライン ………………… 208
5．つながりの転換期 ……………………………………………………… 209
　⑴　事件発生までの家族の経験――問題解決の模索／⑵　事件の衝撃／⑶　落ち着きの取り戻し／⑷　小括
6．つながり再構築へのアプローチ ……………………………………… 219
　⑴　安心感の獲得（医療観察法による処遇の経験）／⑵　本人との関係の見直し／⑶　小括
7．つながりの再構築と維持 ……………………………………………… 225
　⑴　消えない不安／⑵　情報をめぐる調整／⑶　生活の再建／⑷　小括
8．まとめに代えて ………………………………………………………… 233
　⑴　家族が感じる社会の眼差し／⑵　役割認識への影響／⑶　生活上の変化／⑷　社会的責任の引き受け

第5章　責任を引き受けるということ　247

(1) 責任構造の歴史的変容／(2) 「主体ならざる者」による加害行為の責任の所在／(3) 家族への〈当事者〉性の付与と引き受け／(4) 〈当事者〉性を引き受けることの自明性／(5) 薄れ行く地域社会の責任／(6) 被害者に対する権利保障／(7) 責任の分担に向けて／(8) 家族の主体性の構築

文献一覧　261
判例一覧　270
著者紹介　271

序章

研究対象としての
〈当事者〉性の付与と引き受け

1．問題の背景

(1) 付与される〈当事者〉性

　「加害者（性）」「被害者（性）」というカテゴリーは、人々の間の責任[1]をめぐる相互行為の結果として付与されるものであり、出来事の発生と同時に「加害者（性）」と「被害者（性）」が実在するようになるわけではない。

　たとえば、夜間、雨の中を車で走行中に、わき道から急に子どもが飛び出してきたが、避け切れずに轢いてしまい、子どもを死亡させてしまったとしよう。この場合、子どもを死亡させたという事実だけ切り抜けば、運転していた者が「害を加えた者」であり、死亡した子どもは「害を被った者」、子どもの家族は「害を被った者の遺族」として容易に判断がつく。しかし、事故発生時は雨天で見通しが悪かったこと、運転手は過酷な労働環境に置かれており疲労が蓄積していたこと、雑木に隠れて道路標識が見え難くなっていたこと、暗くなってから出歩く子どもに両親が全く注意を向けなかったこと、

---

1) 瀧川は、ケルゼンの責任概念の分析を基に、責任概念を関与責任（過去の出来事に対する何らかの作用・生成・関与を意味する。行為者が非難対象者であるという「有責責任」はこれに含まれる）、負担責任（過去の責任状況において、規範違反の結果として発生する負担あるいは不利益のこと。内容としては、法的には刑罰・損害賠償などが、道徳的・社会的には非難や配慮・辞任・解任などがある）、責務責任（人がある立場・地位・役割を占めることによって発生する何らかの責務）の三つに分けている（瀧川裕英『責任の意味と制度：負担から応答へ』勁草書房（2003））。

商店街の店主らは夜1人で歩く子どもを不信には思ったが誰も声をかけなかったこと、障害の疑われる子どもに学校は難儀していたことなど、事故発生を取り巻くさまざまな状況をも含めて出来事を考えれば、誰が刑法上の、あるいは民法上の「加害者」で、誰が「被害者」であるかは、容易には判断できない。ここにあるのは、交通事故という大きな出来事に至るまでの小さな出来事の積み重ねである。

　しかし、法廷における相互行為により、運転手だけでなく、運転手の雇用主、道路脇の環境を整備する自治体、子どもの両親、地域の人々、学校などにも責任があったと判断されれば、これらの人々もまた〈当事者〉としてみなされるのである。仮に法廷において責任は運転手のみにあったと判断され、運転手以外の人々は法的な〈当事者〉ではないとされたとしても、マスメディアの報道や人々の認識やそれに基づく接し方という、いわば日常生活における相互行為を通して、〈当事者〉性を付与されることもあるだろう。つまり、マスメディアの報道のされ方や、人々の社会意識のあり方次第で、法的な意味とは異なる社会的意味で、事件の〈当事者〉になる可能性がある。社会的意味での〈当事者〉性は、警察の対応やマスメディアによる報道のされ方、事件内容、「害を被った者」および「害を加えた者」の社会的カテゴリー、文化、地域といったことに対する人々の社会意識により、その担い手が決まってくるということである[2]。

(2)　少年犯罪における「加害者」の不在

　少年による犯罪を取り上げれば、刑事政策上、14歳未満の「害を加えた少年」に対しては刑事責任に対応する刑罰ではなく、要保護性を根拠にした保護処分が施される（刑法41条）。したがって、被った害に対して仮に被害者側に全く非がなく（有責性がなく）、「害を加えた少年」側にすべての非がある（有責性がある）とされる場合であっても、「害を加えた少年」は、家

---

[2] このことについて北澤は、少年事件を例に挙げ、誰が事件の当事者になるか、誰が事件発生の責任を担うべきか（つまり負担責任は誰にあるか）、誰が加害者で誰が被害者なのかということは自明のことではなく、事件の構築のされ方によって大きく影響を受けると指摘する（北澤毅「少年事件における当事者問題——カテゴリー配置をめぐる言説と現実」中河伸俊・北澤毅・土井隆義編『社会構築主義のスペクトラム——パースペクティブの現在と可能性』ナカニシヤ出版（2001）114-132頁）。

庭環境や社会環境の「犠牲者」として扱われることはあっても、刑法上の「加害者」として位置づけられることはない[3]。すなわち、刑法上は「加害者」の位置が空白になる。

しかし、被害者や被害者遺族の認識は、法律に準拠しているわけではない。それは、たとえば次のような被害者家族の発言にみることができる。2007年の第2回法制審議会少年法（犯罪被害者関係）部会において、少年犯罪の被害者家族たちは次のように訴えている[4]。

「私たちは、その後、民事裁判を起こしてから加害者の姿を見るんですが、反省のない姿ばかりです。自分の犯したことが分かっていない少年ばかりの姿を見ているんです。」

「もう加害者を一生許さないという、すごい感情を持っています。」

「少年法というのは、もう一度よく考えて甘やかさないでください。悪い子は悪いんです。悪い子をいい子にするには少年院、人を殺して1年なんていうのは甘過ぎます。」

「他人を殺してまで自分の命が残されている分、加害者は大変な思いをしても当然なことです。」

「法の上では同じ死亡事故でも、加害者が少年と成人の場合では刑罰に違いがありますが、被害者の立場での思いは一緒です。少年だからといってす

---

3) ただし、14歳以上については、刑罰の対象となるため、犯罪傾向が進んでいるとみなされれば、少年法20条1項「家庭裁判所は、死刑、懲役又は禁錮に当たる罪の事件について、調査の結果、その罪質及び情状に照らして刑事処分を相当と認めるときは、決定をもって、これを管轄地方裁判所に対応する検察庁の検察官に送致しなければならない。」に基づき刑事裁判を受け、有罪と認められれば少年刑務所に送られることもある。しかし、『平成17年版犯罪白書』によると、重大事犯少年で犯行時の年齢が16歳以上の、原則として検察官送致となる少年（236人）でも、実態としてはその約43％にあたる101人が保護処分とされている（法務総合研究所『平成17年版犯罪白書』国立印刷局（2005））。
4) 法務省『法制審議会少年法（犯罪被害者関係）部会第2回会議議事録』平成19年12月21日（金）2-25頁。

べて保護の観点から考えるのではなく、この人間には「罰が適当か」、「更生する余地はあるのか」、事件や事故の再発を防ぐためにも厳しい対応と審判を望みます。」

　これらの発言からは、被害者家族にとっては「害を加えた者」はあくまで「加害者」であり、反省すべき存在であり、非難の対象として位置づけられていることが理解できる。つまり、多くの人々が「法律上は「加害者」がいないから、自分の認識上も「加害者」がいなかったことにする」というように考えるわけではないということである。このことはすなわち、制度と人々の認識や感情の間に齟齬が生じることがあるということを意味している。このような齟齬の結果、「加害者―被害者」という対立構造の中で、「被害者」だけが取り残され、被害者感情や応報感情を向けるべき対象が見失われるということができよう[5]。

　2005年に法務省が開催した「平成12年改正少年法に関する意見交換会（第3回）」では、少年犯罪被害当事者の会代表の、武るり子氏が次のような発言をしている[6]。

「（省略）そして、保護者の責任です。明確にするべきだと思います。少年は未熟だ、保護しなければいけないというのであれば、やはり誰かが責任を負わなければいけないからです。そういう意味で、保護者の責任を明らかにしてほしいと思います。人の命を奪っても誰も責任をとらないというのはおかしいからです。刑事裁判になれば、これは別です。保護処分でやるのであれば、保護者の責任は私は大切だと思っているんです。」

　さらに、前出の第2回法制審議会少年法（犯罪被害者関係）部会では、ある被害者遺族が、

---

[5] 少年犯罪において「害を加えた少年」の親が、子どもの犯罪に対する責任を激しく追及される背景には、空白になった「加害者」の位置を補うために、「害を加えた少年」に対する監督責任・教育責任をもつべき親が責任を付与され、当事者性を付与されるという構図があるとされている（北澤・前掲注2））。

[6] 法務省『平成12年改正少年法に関する意見交換会（第3回）議事録』(2006) 平成18年11月27日（月）http://www.moj.go.jp/shingi1/keiji_keiji38-3.html。

「少年の父親に、あるとき聞きました。「あなたたちは仏に参りには来るけれど、大黒柱の夫を亡くし、残された年老いた母と私たちにはどう思っているの。誠意の謝罪はないのですか。」と。すると、「共済の担当者に誠意をもって対応してもらいます。」と言われ、何だか常識の外れた狂った人たちと話しているような、悔しい思いが募るばかりでした。」

と憤りを露にしている[7]。

　刑事政策上は「害を加えた少年」の親に対する〈当事者〉性の付与は、2000年の少年法改正を機に法文化されている。当該改正では、25条2項「保護者に対する措置」に、「家庭裁判所は、必要があると認めるときは、保護者に対し、少年の監護に関する責任を自覚させ、その非行を防止するため、調査又は審判において、自ら訓戒、指導その他の適当な措置をとり、又は家庭裁判所調査官に命じてこれらの措置をとらせることができる」と新たに規定された。この「保護者に対する措置」について少年法改正時の国会審議においては、当時衆議院議員であった倉田栄喜が次のような発言をしている[8]。

「少年犯罪の被害者という方は、保護という名目の中で一歩引いているわけですから、私は一方で、保護責任者、保護責任というのを国であれ親であれ何らかの形で明確にして、その分我慢してもらうんですから、少年犯罪の被害者の方々に対してはこういう対応をしますよということは考えられるべきではないのか。そういう意味では、少年犯罪の保護者の責任ということを一点明確にすべきではないのかということが一つございます。」

　倉田の発言は、「保護者に対する措置」の法文化が、被害者感情と無縁ではなかったことを示唆している。

(3) 触法精神障害者における「加害者」の不在

　「加害者」の位置が空白となるケースは、少年犯罪に限らない。危害を加

---

7) 法務省・前掲注6) 25頁。
8) 衆議院事務局『第147回国会衆議院法務委員会議録第8号』衆議院事務局（2000）3頁。

えた者が成人であっても、害を加えた際に精神障害などにより責任能力が無い（心神喪失状態であり、法的な負担責任がない）と判断されれば、危害を加えた者は刑法39条1項の規定により、無罪になるかあるいは不起訴処分となり、出来事が「重大な他害行為」に該当する場合は、危害を加えた者は「心神喪失等の状態で重大な他害行為を行った者の医療及び観察等に関する法律」（(平成15年法律第110号）以下、医療観察法という）の対象となる。つまり、危害を加えた者は出来事に対する法的な責任が無いとみなされ、刑法上の「加害者」として刑罰による処罰が下されることはないのである。このことは少年犯罪の場合と同様に、法的責任をもつという意味での「加害者」の位置が空白になることを意味している。とはいうものの、害を被った者にとっては、出来事は「身体を傷つけられ、筆舌に尽くしがたい心理的苦痛を味わった」という明白な事実として理解されるのであり、その被害者感情や応報感情を向けるべき対象を失う結果となる。

　精神障害者による犯罪行為の被害者やその遺族の認識として、次のようなことが指摘されている。たとえば心神喪失により無罪判決が下されることは、国家が代わりに法的責任をとるわけでもなく、誰も負担責任を負わず、責任が雲散霧消することと考えること、また、被告人が不起訴や無罪であるということは、記録も報道も無くなり、事件そのものが社会に認められなかったと考えること、さらに、治療方法があるのに病気の治療をしていなかったら、それは本人や家族の責任と考える傾向にあること等である[9]。

　すなわち、精神障害者による犯罪においても、「被害者」や「被害者の家族」が、加害行為を行った精神障害者に対する監督責任をもつべき家族に責任を付与し、家族に〈当事者〉性を付与することで、空白になった「加害者」の位置を補い、被害者感情や応報感情の矛先を設定するということが生じることがあるのである。これも、〈当事者〉性を付与しようとする相互行為の一側面とみることができよう。

---

[9] 小西聖子「被害者ケアからみた触法精神障害者の問題——心理学的視点からの検討」町野朔編『ジュリスト増刊　精神医療と心神喪失者等医療観察法』有斐閣（2004）102-104頁。

2．三つの設問

　このように、害を加えた者が刑事政策上の「加害者」として位置づけられず、ゆえに法的責任をとるべき主体が制度上不在になる場合、害を被った者は、加害行為をした者に代わって、その家族を責任を取るべき主体とみなし、制度的および社会的に〈当事者〉性を付与していく。主体ならざる者が行った加害行為について、その家族に公的な〈当事者〉性が付与される場合、公的には民事訴訟を通して行われる。害を被った者が害を加えた者の家族に〈当事者〉性を付与しようとする背景には、権利侵害されたことに対する憤りと、権利侵害への補償が十分なされないことに対する不満、権利侵害をした者の責任が免除されることに対する不公平感のような、害を被った者のいわゆる応報感情や被害者感情といった感情的問題が横たわっている。つまり、権利侵害を受けた者に対する、心理的・経済的慰撫の圧倒的な不足である。

　では、「加害者」不在から生じる、害を加えた者の家族の〈当事者〉性が相互行為により決定づけられるとした場合、触法精神障害者家族に対する〈当事者〉性の付与と引き受けという相互行為は、具体的にどのようなやりとりを通して立ち現れるのか。また、〈当事者〉性を引き受けるとはいかなる経験なのか。

(1) 〈当事者〉性をめぐる公的場面での相互行為

　まずは、〈当事者〉性の付与と引き受けという相互行為が立ち現れる具体的なやりとりについて考えてみよう。

　公的手段を用いた〈当事者〉性の付与は、民事調停（民事調停法2条）や起訴前の和解（民事訴訟法275条）を通して、家族の責任を追及するという形をとる。しかしそれでも解決に至らない場合は、民事訴訟による損害賠償責任の追及という形式になる。ただし、2011年現在までに触法精神障害者による他害行為に関して、民事裁判に至った事例は多くない。考えられる理由としては、精神障害者による他害行為の被害者となる者の多くが、害を加えた者の母親や父親、兄弟姉妹や子どもといった身内であることが多いため、仮に民事訴訟を起こしても、損害賠償責任を求める者と求められる者が同一人物になる可能性が高いことがある。また、民事訴訟に至る前に和解により

解決している事例も多いと考えられる。このように、事件に対する家族の責任が不問にされ、これらの制度的解決策がとられない場合もある。では、どのような場合に制度的解決策が模索されるのか。害を被った者の意思にかかわりなく、国家機関が活動を開始することとされている刑事法制度の場合とは異なり、民事法制度の場合は、制度的解決策を模索するかどうかは、害を被ったと考える権利主体の判断と責任に委ねられる。これまでの研究では、問題が生じたときに権利主体が制度的解決策を講じるかどうかは、問題の内容や、法律に対する知識、金銭的状況、害を被った者にとっての問題の切実さ、問題にかかわる者の間の社会的関係性などによることが指摘されている[10]。

その他にも、害を被った者にとっての問題の切実さは、害を被った者やその遺族の「許せない」「腹立たしい」「悔しい」という、被害者感情や報復感情の強さと表裏一体である。権利が一方的に侵害されている状況を何とか解消し、心理的安寧を得たいという思いが強ければ、何らかの制度的解決策を講じるだろう[11]。

ただ、そもそも権利主体が、誰によって権利侵害を受けたのか、権利侵害を行った個人あるいは組織が誰なのかということを明確に認識していなけれ

---

10) 南方らは、村山眞維らの研究グループが2005年に行った全国25000人を対象とした調査データを用いて、民事紛争行動に関する「法の非主題化」要因を明らかにする実証研究を行っている。「法の非主題化」とは人が紛争に直面した場合、①法律家を通して紛争を終結させない、②裁判所を利用して紛争を終結させないという意味である。南方らの分析の結果、費用の心配、人間関係への配慮、情報不足や制度の不備などを要因として挙げることはできるが、顕著な要因を抽出することはできないということが明らかになった。ただ、南方らの分析では民事紛争の中でもとくに家族の問題（具体的には離婚と相続）に限定して分析しており、殺人や傷害事件等では異なる結果となる可能性も否めない（南方暁・上石圭一・田巻帝子『科学研究費補助金研究成果報告書（課題番号15084205）「法の主題化」の社会的分布とその要因』（2009））。村山は、問題が紛争に発展していく過程には、問題を抱えている人が、その問題を法律問題として認識するかどうか（当事者にとって問題が重要である場合や、相手方への要求が心理的・社会的負担を伴うような場合には、どのような方法で問題が処理できるか積極的に情報探索し、その過程で自己の問題が法律上どのような権利義務にかかわるものかを認識する可能性が高い）、その問題が他の誰かの行為によって生じていることを認識し、責任があると認識した者に対して、問題を解消するために必要な行動をとるよう要求するかどうかということがかかわっているという。そして、責任ある他者が親しい関係にある場合には、責任要求をしない場合もあるとしている（村山眞維・濱野亮『法社会学』有斐閣アルマ（2003）52-54頁）。

ば、制度的解決策をとろうとはしないはずである。つまり、制度的解決策をとろうとする以前に、権利侵害をした個人あるいは組織の同定、すなわち対象の明確化が必要である。

それに加え、先行研究の知見によると、権利を侵害した個人との社会的関係が、たとえばとりわけ親しい者であったり、親族であったりした場合には、既存の関係性に対する悪影響を回避するために、あえて制度的解決策を図らない場合も生じてくるということが明らかになっている[12]。つまり、制度的解決を試みるかどうかは、まず権利侵害を行った個人あるいは組織を同定し、その上で社会的関係を考慮し、公的な〈当事者〉性付与の対象として認識するかどうかにより決まってくるのである。

これらの知見に鑑みれば、精神障害者による他害行為においても、一定の条件が整った場合に、制度的解決策が試みられるといえる。また、〈当事者〉性が相互行為によりもたらされると想定するならば、〈当事者〉性を付与しようとする者の認識のみならず、〈当事者〉性を付与される者の認識にも焦点を当てる必要がある。

では、精神障害者による他害行為の場合、〈当事者〉性を付与しようとする者は、加害行為を行った精神障害者とどのような関係がある者に責任がある、すなわち〈当事者〉性を付与できると考えるのだろうか。たとえば害を加えた者の家族に責任があると考えていた場合、具体的にどのような家族に責任があると判断するのか。逆に、〈当事者〉性を付与される側の者は、どのような状況から自分は〈当事者〉性を引き受けなくてもよい、すなわち〈当事者〉性を免れると判断するのか。さらに、このような制度的解決策を

---

11) 司法システムは、被害者および被害者家族の報復感情を代行処理する機能をもつと同時に、こうした感情を諦めさせる機能をもつという（山田昌弘「感情構造と法」『法社会学』60（2004）24-34頁）。しかし、事件発生から10年を経過しても「判決の後、本人は蒸発して10年たった今でも逃げ回っています。少年院でたった1年です。（省略）ですけれど、あの加害者にとって1年の少年院は全く効果はなかったんではないかと私は思います。刑が軽過ぎるんではないか。（省略）どうぞ、私たちのように惨めな辛い思いをした親がこれから先、少年の罪だけではないですけれど、そういう犯罪とか何かで増えませんように。少年法というのはもう一度よく考えて甘やかさないでください。悪い子は悪いんです。悪い子をいい子にするには少年院、人を殺して1年なんていうのは甘過ぎます。」（法務省・前掲注6）5-6頁）と不満を示す少年事件の被害者遺族の語りに照らすと、司法プロセスがもつとされる「感情を諦めさせる」機能が十分に発揮されているとは言い難い。

12) 村山・前掲注10）。

通した〈当事者〉性の付与と引き受けという社会的現実は、いかに作り出されていくのか。

(2) 〈当事者〉性を引き受ける経験

　次に、実際に〈当事者〉性を引き受けるという経験がどのようなものなのかについて考えてみたい。〈当事者〉性について焦点を当てたこれまでの研究では、〈当事者〉性を付与する側、あるいは付与する行為について焦点が当てられることがあったとしても、〈当事者〉性を引き受けるという行為に目を向け、それがどのような経験であり、〈当事者〉性を引き受ける者自身が、その経験をどう意味づけているのかということについては、問われることは少なかった。つまり、〈当事者〉性を引き受ける行為が等閑視されていた。

　犯罪被害者やその遺族は、「公正な処遇を受ける権利」や「情報を提供される権利」「意見を述べる権利」等[13]、自らが有するさまざまな権利が蔑ろにされていると主張し続けることにより、犯罪被害者等基本法の成立を導いた。当該基本法成立により、犯罪被害者は情報提供を充実させること、損害賠償の請求において援助を受けること、刑事手続に参加することなど多様な権利を獲得し、その主張の数々は司法制度に大きな変化をもたらした。彼らの語りに対しては、部外者は異を唱えたり口をはさむことは難しい[14]。一方、害を加えた者あるいはその家族もまたマスコミに請われ発言するが、それは社会が要請するイデオロギーに基づく内容の発言、すなわち事件発生に伴う動揺や謝罪となることが多い。つまり、「加害者（性）」にカテゴライズされた家族は、社会から発言を求められるが、実質的には自らの体験を自由に語ることのできない、もっぱら語られる客体になる。しかし、仮に「加害者（性）」にカテゴライズされた者が、自らの経験を自由に語る権利を十分に保障されていたならば、「加害者（性）」にカテゴライズされ、〈当事者〉性を

13）　1998年5月に結成された全国被害者支援ネットワークは、1999年5月15日に発表した「犯罪被害者の権利宣言」の中で、犯罪被害者らが有する七つの権利を主張している。

14）　被害者側と加害者側の発言を比較しながら北澤は、被害者や被害者遺族は、被害者になるということにより社会的な発言力を獲得し、その語りには部外者が入り込めない聖性が付与されると指摘している。さらに、北澤は加害者による謝罪表明がしばしばさらなる社会的非難を招き寄せるおそれがあると述べている（北澤・前掲注2））。

引き受けるということの詳細が明らかにされた可能性も考えられる。

　中村らは、ナラティヴ・アプローチの視点から、この状況を「加害者が使える物語がない状況」と表現した[15]。また、野口は、問われるべきは社会に「加害者の物語」が無くなってしまったことであり、被害者物語の過剰と加害者物語の過少という、両者の著しい非対称性が現代の特徴であると指摘した[16]。

　「加害者（性）」にカテゴライズされた者の物語に限らず、そもそも物語がもつ重要な特徴の一つとして、それが規範的要素を含んでおり、語られるべき出来事が選ばれている点がある[17]。すなわち、ある物語だけが自然、当然、必然であるかのように装われているが、実際には特定の規範に従って、多様な側面が切り捨てられ、選びとられた出来事も特定のパターンに沿って構造化されている。このような「語り方」がイデオロギーであり、物語はこのようなイデオロギー機能を果たしている[18]。そして、イデオロギーとしての物語は、別様にも語りえたという可能性や、どちらが正しいともいえないという複雑性や矛盾、未決定性を隠蔽することになる。この考え方に依拠すれば、「加害者（性）」にカテゴライズされ〈当事者〉性を付与された者の「自らの体験を自由に語ることのない」状況、「使える物語が無い」状況は、イデオロギーとしての物語による隠蔽と排除が、過剰に作用してもたらされた結果と捉えることができる。

(3) 三つの設問

　本書では触法精神障害者家族に対する〈当事者〉性の付与を相互行為としてみる視座から、第1に「どのように〈当事者〉性の付与と引き受けがなされるのか」、第2に「とくにどのような場合に〈当事者〉性が付与されるのか」、そして第3に「〈当事者〉性を引き受けるという行為がどのような経験

---

[15] 中村正・石川洋明・野口裕二「座談会：臨床社会学の可能性」『アディクションと家族』20 (4)、(2004) 397-411頁。ナラティヴ・アプローチとは、ナラティヴ（語り、物語）という形式を手掛かりに、なんらかの現実を理解しようとするアプローチである。
[16] 野口裕二『ナラティヴの臨床社会学』勁草書房（2005）188頁。
[17] Bruner, J. (1990) Acts of Meaning. Harvard University Press.（＝1999, 岡本夏木・仲渡一美・吉村啓子訳『意味の復権　フォークサイコロジーに向けて』ミネルヴァ書房）。
[18] 浅野智彦『自己への物語論的接近——家族療法から社会学へ』勁草書房（2001）。

であり、〈当事者〉性を引き受ける者自身がその経験をどう意味づけているのか」という三つの設問に答えるという方法をとることにより、触法精神障害者家族に〈当事者〉性を付与し、それを引き受けることについての心理的・社会的仕組みを明らかにしていく。

「加害者対被害者」という対立構造を前提に、触法精神障害者家族の声を単なる「加害者の声」として溜飲を下せば、人々は「選びとられた出来事」を「特定のパターンに沿って構造化」した、イデオロギーとしての物語の理解にとどまってしまうだろう。それは結果的には、精神障害や犯罪を特別なこととして、また、本人やその家族だけの課題として捉えることや、その地域に特有の課題として捉えることにつながりかねない。本書を通して、個々人が住みやすい社会を構築していくために必要な普遍的要素を浮き彫りにしたいと考える。

3．本書の構成

第1章では、触法精神障害者家族に対する〈当事者〉性の付与を公的に可能にし、害を加えた者との関係で、その家族に何らかの役割を付与せしめる制度的背景を検討する。本書の中核となる問いは、「〈当事者〉性を引き受けるという行為がどのような経験であり、〈当事者〉性を引き受ける者自身がその経験をどう意味づけているのか」であるが、これは、触法精神障害者家族の経験や社会的責任に関する認識を明らかにするものと言い換えることができる。触法精神障害者の家族の経験や社会的責任に関する認識は、精神障害者家族や加害者家族の役割に関する考え方、つまり規範が後ろ盾となり、裏づけとなって形成されると考えられる。これらの規範は、諸々の制度の中に組み込まれ、具体化されていく。そこで第1章では、触法精神障害者家族の経験や社会的責任に関する認識を考察する上で、彼らを取り巻く制度がどのようなものであり、いかなる考えに基づいているのかを制度の歴史的展開を踏まえつつ明らかにする。

第2章では、第1の設問である「どのように〈当事者〉性の付与と引き受けがなされるのか」に対する考察として、心神喪失あるいは心神耗弱状態で殺傷事件を起こした触法精神障害者の家族の損害賠償責任が問われた過去の一つの民事裁判事例でのやりとりを振り返り、司法システムにおける〈当事

者〉性の付与と引き受けの行為について詳細に検討する。

　触法精神障害者家族の経験や社会的責任に関する認識は、精神障害者家族や加害者家族の役割に関する規範が後ろ盾となるが、これらの規範は、法律に組み込まれているため、家族が法的責任を問われる場合や引き受ける場合にも作用すると考えられる。しかし、〈当事者〉性の付与と引き受けの態様は、法廷という公的場面と日常生活場面では異なる可能性がある。また、法廷場面は、触法精神障害者家族が〈当事者〉性を引き受ける一つの形式であり、法廷場面における、事件そして自らの責任に対する家族の認識を明らかにすることは不可欠である。

　第3章では、「とくにどのような場合に〈当事者〉性が付与されるのか」という第2の設問に対する考察として、心神喪失あるいは心神耗弱状態で事件を起こした触法精神障害者の家族の損害賠償責任が問われた、過去の複数の民事裁判事例を振り返り、触法精神障害者家族が〈当事者〉性を付与される諸事情を分析する。公的場面における〈当事者〉性も、日常生活場面における〈当事者〉性も、規範という同じベースに依拠していると考えられるが、〈当事者〉性の付与と引き受けの態様だけでなく、規範がいかに作用するかも公的場面と日常生活場面では異なる可能性がある。法廷で〈当事者〉性を付与し引き受ける際に用いられている諸事情を詳細に分析し、害を被った側の者、害を加えた側の者双方が、規範との関係でそれらの諸事情をどのように解釈しているかを明らかにすることが、法廷以外において〈当事者〉性の引き受けに対する引き受け手の認識を理解する上で求められる。

　そして、第4章では、第3の設問である「〈当事者〉性を引き受けるという行為がどのような経験であり、〈当事者〉性を引き受ける者自身がその経験をどう意味づけているのか」に対する考察として、触法精神障害者の家族が、事件そして入院処遇を機にどのような経験をしているかを明らかにする。ここでは、触法精神障害者に対する医療と観察について定めた医療観察法に則り、処遇を受けている人々の家族を対象に実施したインタビュー調査を分析する。後述するシンボリック相互作用論を理論的な基盤とし、家族が自らの置かれた状況をいかに理解しているのかを浮き彫りにする。

　最後に第5章では総括と展望として、第1章から第4章を通して検証してきたことを総合的に見直し、残された課題についてふれる。

4．用語の説明

次に、本書で用いる「当事者」「当事者性」「触法精神障害者」「家族」という用語の使用方法を説明しておこう。

(1) 「当事者」と「当事者性」

いわゆる「当事者」については、心理学、社会学、法学などさまざまな領域から研究がなされており、CiNii（国立情報学研究所論文情報ナビゲータ）で1945年から1999年までの「当事者」研究を検索すると1362件、2000年から2011年では2500件近くがヒットする[19]。

ただ、「当事者」という用語が使われる場合、研究領域により具体的に誰を指すのかが異なってくる。たとえば法学領域では、訴訟で用いられる当事者（party）の概念が適用されることが多い。これは次の①〜③の能力について判断され決定される「正当な当事者」を意味する。すなわち、①自然人（人間）、国、法人であれば誰でも有しているとされる「当事者能力」、②自分で訴訟を行い、また相手方や裁判所の訴訟行為を受けるために必要な能力である「訴訟能力」、③訴訟物である特定の権利または法律関係について当事者として訴訟を追行し、本案判決を求めることが可能な資格である「当事者適格」について判断され決定されるのである。当事者適格の判断基準は、訴訟の結果に対して、その個人が法的利益を有しているかどうかである。したがって、直接に金銭や土地を受け取ったり、金銭の支払いや土地の引き渡しを行う者以外は、すべて非適格者とみなされる。つまり、「当事者」（法律用語でいう「正当な当事者」）には該当しないのである。

---

19) 社会科学領域において当事者研究が増えている背景として、宮内は、日本国内の高等教育の大衆化を指摘している。つまり、学術的な枠組みにおいて、かつては客観性が保証されないという理由から、当事者自身は語ることさえも許されないという状況が大半を占め、当事者を表明する者は高等教育機関内部から排除されることが多かったのだが、高等教育の大衆化により、当事者としてカミングアウトした上で、当事者を対象とした研究に従事することが珍しくなくなったのだという。さらに、宮内は、社会学ではとくに、保守的な思想がそれほど強くなく、当事者自身の参入が歓迎される傾向にあったことを指摘する（宮内洋「はじめに」宮内洋・好井裕明編著『〈当事者〉をめぐる社会学──調査での出会いを通して』北大路書房（2010））。

したがって、法学における「正当な当事者」は、一定の明確な基準に即して確定されるものであり、「当事者」とそれ以外を明確に分けることができる。しかしこのことはまた、「当事者」に該当せずと判断された者に対しては、排除の機構が働くということをも意味している。

一方、社会学および心理学領域における研究では、「当事者」は、「共通のニーズをもつ者」（あるいは「共通の課題をもつ者」）という意味で使用されることが多い[20]。「共通のニーズをもつ者」として「当事者」を捉えると、「当事者（共通のニーズをもつ者）」として自らラベル付けすることにより、ニーズ充足に向けた申し立ての権利が付与されるだけでなく、ニーズ充足に向けた「当事者（共通のニーズをもつ者）」同士の協働がしやすくなる。また「当事者（共通のニーズをもつ者）」グループによる分かち合いのような自助グループの取り組みに象徴されるように、共通の悩みを抱える者同士での情報交換や心理的サポートが得やすくなる。しかしその一方で、共通のニーズをもたない者、つまり「当事者（共通のニーズをもつ者）」ではない者には、「自分たちの気持ちはわからない」「自分たちのことは自分たちが一番よくわかる」と自らを特権化し、「当事者（共通のニーズをもつ者）」以外を排除することにつながる。その結果、たとえば「当事者（共通のニーズをもつ者）」研究をしようとする研究者らが「当事者（共通のニーズをもつ者）」から、「あなたは当事者（共通のニーズをもつ者）ではない」「あなたに言ってもわからない」と拒絶されるということが起きてしまう。

排除が働けば「当事者（共通のニーズをもつ者）」以外の人々は「当事者（共通のニーズをもつ者）」の経験やその社会的背景を、自分とは無関係のこととして捉え、双方の心理的距離は離れ、「当事者（共通のニーズをもつ者）」とそれ以外の人々との相互理解が阻まれることにつながる[21]。

「当事者」を「共通のニーズをもつ者」として定義することにより生じる

---

[20] たとえば山崎喜比古らによるHIV感染被害者参加型のアクションリサーチでは、HIV感染被害者を〈当事者〉と位置づけた上で、「当事者参加型アクションリサーチは、当事者が参加することにより、〈願い〉や〈目標〉を研究者が共有することによって、その実現に役立つ調査研究の可能性が広がる」としている。当該研究においては、当事者と研究者を交わることのない別のものとして捉えていること、当事者が共通の〈願い〉や〈目標〉をもっていると想定されていることが示唆される（山崎喜比古・瀬戸信一郎編『HIV感染被害者の生存・生活・人生——当事者参加型リサーチから』有信堂（2000）25頁）。

これらの弊害を憂慮し、樋口は、研究者と当事者を切り離して考える限り、当事者性に関する議論は究極的には研究者自らに跳ね返ってこないと批判し、「当事者」を「当該事柄に対して主体的に関与する人」と定義している[22]。そして、このような定義をすることで、研究者は調査する事柄をめぐる「当事者（当該事柄に対して主体的に関与する人）」となり、研究者も当事者論の適用対象となると述べている[23]。樋口の定義に依拠すれば、当該事柄に対して主体的に関与したくない人は「当事者（当該事柄に対して主体的に関与する人）」とは呼ばないことになる。しかし、精神疾患をもち日常生活に何らかの支障をきたしている人が、精神障害者に付随するスティグマをおそれ、しばしば自らは精神障害者ではない、「当事者」ではないと主張することもあるだろう。このような人々に対しても精神保健領域の専門職者は「当事者（当該事柄に対して主体的に関与する人）」と呼ぶことがある。つまり、当事者は必ずしも主体的に自らの疾患やそれによって生じる障害にかかわっているわけではなく、否応無くかかわっている者も含まれるということができる。

このような、ニーズに焦点を当てた当事者の定義から一歩進んだ当事者の定義については、たとえば中西と上野の広義の定義が参考になる[24]。中西と上野は、著書『当事者主権』の中で、障害者自立運動と当事者の関係を論じているが、ここでの当事者は「彼／女が直面する現状に対して不足（ニーズ）を感じ、かつ、それとは異なる新しい現実を作り出そうと構想する人間」である。この定義による当事者は、最初から「当事者（彼／女が直面する現状に対して～構想する人間）」として存在しているのではなく、現在の社会の仕組みに合わないことによって、「当事者（彼／女が直面する現状に対して～構想する人間）」になる者、つまり社会によって生み出される者と

---

21) 野崎は、〈当事者〉という概念が、①個別性・排他性、②ニーズに基づく共通性、③自己の再定義という位相をもつことを指摘する。その上で、当事者であるということが、その個別性を表明するのと同時に、非当事者への排他性をもち、それが「当事者のことは当事者でないとわからない」とか「当事者のことは当事者が決める」といった、当事者の特権的な語りにつながる側面があることを述べている（野崎泰伸「当事者性の再検討」『人間文化学研究集録』14（2005）75-90頁）。
22) 樋口直人「第5章 あなたも当事者である——再帰的当事者論の方へ」宮内・好井編著『〈当事者〉をめぐる社会学——調査での出会いを通して』北大路書房（2010）88頁。
23) 樋口・前掲注22）。
24) 中西正司・上野千鶴子『当事者主権』岩波新書（2003）。

して主張されている。この意味で、差別を受ける者が「当事者（彼／女が直面する現状に対して～構想する人間）」なら、差別をする者も広義の「当事者（彼／女が直面する～構想する人間）」とされると主張する[25]。したがって、中西と上野による当事者とは、ニーズに焦点を当てた先の定義が狭義であり、広義では「問題に対して応答し対応する責任を有する者」ということになる。このような広義の定義をすることで、共通のニーズをもつ者以外に対する当事者の排除性や特権性を回避することが可能となり、当事者本人の主体性は問題にされないということになる。

　本書では、当事者性の付与を一方的な行為ではなく相互行為として捉える。相互行為としての当事者性付与は、外的に設定された明確な基準に基づく場合と基づかない場合の両方が考えられる。さらに、相互行為としての当事者性付与の場合、当事者とされる者が主体的に関与する場合もあるだろうが、そうでない場合も考えられる。したがって、本書においては当事者を、訴訟で用いられる当事者（party）の概念や、「共通のニーズをもつ者」あるいは「当該事柄に対して主体的に関与する人」という意味に限定することは適切ではない。本書では、「責任」をめぐる相互行為がどのようになされるのかをみていくことから、「当事者」を「問題に対する「責任」を付与され引き受ける者」としてみなすことが求められる。この意味では、中西や上野による広義の当事者概念、すなわち「問題に対して応答し対応する責任を有する者」が、本書における「当事者」の使用法ともっとも近いと考えられる。また、「当事者」は"事"に"当"たる"者"ということになるが、本書での"事"は触法精神障害者による重大な他害行為ということに限定される。そこで、本書では〈当事者〉を、触法精神障害者による重大な他害行為に対して、応答し対応する責任を有する者として使用することにする。

　また、本書において「当事者性」は、このような〈当事者（触法精神障害者による重大な他害行為に対して、応答し対応する責任を有する者）〉がもつ性質あるいは特性という意味で使用する。つまり、〈当事者〉は、「触法精神障害者による重大な他害行為に対して、応答し対応する責任を有する者」という人物群を指すのに対し、〈当事者〉性は〈当事者〉に付帯する性質や

---

25)　中西・上野・前掲注24) 17頁。

特徴のこと、すなわち「触法精神障害者による重大な他害行為に対して、応答し対応する責任を有する者に付帯した性質あるいは特性」という意味で使用する。したがって、本書において〈当事者〉性を引き受けるということは、つまり、触法精神障害者による重大な他害行為に対して、応答し対応する責任を有する者に付帯する性質を、自らのものとして引き受けるということを意味する。したがって、〈当事者〉は、この性質を引き受けた者ということになる。本書では、このような意味での当事者をさす場合、他の意味と区別するためにあえて〈 〉で括り、〈当事者〉と記述する。

(2) 「触法精神障害者」

「触法精神障害者」という用語は、少年法の分野で刑罰法令にふれる行為をした14歳未満の少年（少年法3条1項）を「触法少年」と呼ぶことに倣ったものであるが、本書では犯罪構成要件に該当する違法な行為を行った「精神障害者」という意味で用いる。

なお、「精神障害者」は、精神保健福祉法5条では「この法律で「精神障害者」とは、統合失調症、精神作用物質による急性中毒またはその依存症、知的障害、精神病質その他の精神疾患を有する者をいう」と定義している。この定義は、特定の疾患を有するという医学的概念であり、保健医療施策における捉え方である[26]。また、障害者基本法2条では「この法律において、次の各号に掲げる用語の意義は、それぞれ当該各号に定めるところによる」とし、「1．障害者　身体障害、知的障害、精神障害（発達障害を含む。）その他の心身の機能の障害（以下「障害」と総称する。）がある者であって、障害及び社会的障壁により継続的に日常生活又は社会生活に相当な制限を受ける状態にあるものをいう。」と定義づけている。これは、精神障害者の生活能力の障害に着目した概念であり、福祉施策における捉え方である。精神的な疾患をもっている場合は「日常生活又は社会生活に相当な制限を受ける状態にある」こともあれば、そうでない場合もある。したがって、対象範囲としては精神保健福祉法における「精神障害者」の方が、障害者基本法における「精神障害者」よりも広いと考えられる。さらに、違法行為を行った

---

26)　精神保健福祉研究会監修『初版第6刷三訂精神保健福祉法詳解』中央法規（2011）73-74。

「精神障害者」も、「日常生活又は社会生活に相当な制限を受ける状態にある」こともあれば、そうでない場合もある。本書では違法行為を行った「精神障害者」の家族について検討するので、ここでは「精神障害者」は精神保健福祉法による定義に倣うこととする。

ところで、刑法や民法では「精神障害」ではなく、「心神喪失状態」「心神耗弱状態」という用語が用いられる。「心神喪失者」とは精神の障害により行為の是非を弁別する能力またはその弁別に従って行動する能力のない者をいい、「心神耗弱者」とは、その能力がいちじるしく低い者をいう[27]。刑法39条では「心神喪失」も「心神耗弱」も責任能力に関する責任阻却・減刑事由として規定されている。これらは法律上の概念なので、精神障害の有無やその程度、弁別能力の有無やその程度は最終的には裁判所によって判断される。裁判所は、精神医学や心理学などの専門的知識を参考に、精神状態の異常性という生物学的側面、行為の意味を理解しそれに応じた行動がとれるかという心理学的側面を確定した上で、責任の理念に立脚して、当該行為者が刑法上の非難に適する人格的能力をもっているか否かを判断する[28]。「心神喪失状態」は、必ずしも継続的な精神の病変（精神疾患、精神病質、知的障害など）によりもたらされるわけではなく、飲酒による酩酊や催眠状態など、一時的な精神の異常によりもたらされることもある。したがって、「心神喪失者」は概して何らかの精神的疾患をもつことが多いと考えられるが、厳密にいえば、「心神喪失者」イコール「精神障害者」であるとは限らない。これは「心神耗弱者」についても同様である。このことから、「触法心神喪失者」あるいは「触法心神耗弱者」といった場合は、その中に心神喪失（心神耗弱）状態が、犯罪行為遂行時点に限られる者も含まれることになる。

本書では、「触法心神喪失者」ではなく「触法精神障害者」という語を用いる。その理由の一つは、本書では〈当事者〉性付与を相互行為として捉える犯罪行為発生時点だけでなく、その前後にわたる時間軸の中で、人々がどのように思い、考え、行動するかを射程に入れて検討を進めるためである。しかしこのことは、「触法精神障害者」が過去から未来にわたって継続的に心神喪失状態にあるという意味ではないことに注意したい。もう一つの理由

---

27) 川端博『刑法』（新訂版）放送大学教育振興会（2005）131頁。
28) 川端・前掲注27）132頁。

は、本論文における〈当事者〉の使用法が示すように、ここでは〈当事者〉性をめぐる相互行為を法律上の枠組みに限定しないので、「心神喪失者」「心神耗弱者」という法律上の用語ではなく、生活者支援の立場に立つ社会福祉学において用いられる「精神障害者」を用いた方が本書の趣旨に合致するということがある。

2003年の医療観察法施行以来、「触法精神障害者」という語句は特定の学問領域に限定して使用されているわけではなく、精神医学領域および社会福祉学や法学などの社会科学領域の研究において用いられる傾向にある。

⑶ 「家族」

「家族」に誰を含めるかについては、さまざまな捉え方がある。たとえば一緒に住み愛情を感じていることをもって、ペットを「家族」とみなす場合もあるだろうし、養父母と同居していても、自分は養子であり養父母とは血のつながりがないから「家族」ではないと考えることもあるだろう。また、両親の離婚で自分は母親との2人暮らしだが、血のつながりがある父親も自分の「家族」とみなす者もいるだろう。つまり、「家族」に誰を含めるかについては、個々人の「家族」の意味づけにより異なってくるということになる。第4章は行為主体者の意味づけに重きを置くシンボリック相互作用論に基づく。そのため、第4章では「家族」の定義も行為主体者の意味づけの仕方により、「家族」とは誰か、「家族」とはどのようなものかが決められてくる。

とはいえ、人々は全く異なることを手がかり（シンボル）に「家族」のリアリティを構成しているわけではないだろう。山田は「家族であるというリアリティは、親族であるというリアリティ、機能的に代替不可能であるというリアリティ、情緒的絆があるというリアリティによって支えられている一種のメタ・リアリティであるとしている。そして、「「家族である」というリアリティを生成・維持、もしくは否定するために、親族である（ない）こと、機能的に代替不可能である（ない）こと、情緒的絆がある（ない）ことが用いられる」「家族のリアリティは、一方的に生成されるだけではなく、「家族だからこうしなければならない」という家族規範を介して、親族であることの確認、機能的代替不可能性を満たす行動、愛情に基づく行動を要求して、それがまた、親族であること・機能的代替不可能性・情緒的絆のリアリティ

を生成・維持していく」と述べている[29]。つまり、親族であること、機能的に代替不可能であること、情緒的絆があることが、「家族である」というリアリティを形成すると同時に、家族なのだから、親族、機能的代替不可能な者、情緒的絆のある者としての行動が求められるということである。このように、「家族である」という思い込みは相互行為の中で主観的に形成・維持される。そのため、家族のリアリティをめぐっての食い違いや争いが生じることがあり、家族であることのリアリティを自分で思うようにコントロールし、相手に自分の「家族のリアリティ」の条件を押し付けようとすることも生じる[30]。

　第4章における「家族」を、行為主体者の意味づけの仕方により決められてくるものとした場合、研究対象の選定に問題が生じることになる。したがって、何らかの形で「家族」の枠組みを決めておく必要がある。そこで第4章では、家族であるというリアリティを構成する三つのリアリティの中でも「親族」というリアリティに基づき、対象者の選定を行う。というのは、「機能的代替不可能性」や「情緒的絆」は個々人の解釈に依存するところが大きいと考えられるからである。一方、「親族」というリアリティは、民法725条に規定された「六親等内の血族、配偶者、三親等内の姻族」という外的枠組みに基づくと想定される。もちろん、親族の中でも三親等内の姻族に対しては「親族」としてのリアリティは見出せないというように、必ずしも民法上の規定と感覚としての親族が合致しているとは限らない。また、民法727条では「養子と養親及びその血族との間においては、養子縁組の日から、血族間におけるのと同一の親族関係を生ずる」としており、民法上は養子あるいは養父母も「親族」であるが、感覚として血のつながりのある者以外は「親族」としてのリアリティは見出せないということもあるだろう。このような法の規定と個人の感覚のズレにより、〈当事者〉性を引き受ける経験の相違がもたらされることも考えられる。さらに、民法730条では「直系血族及び同居の親族は、互いに扶け合わなければならない」と規定されており、親族の中でもとくに直系血族および同居の親族の役割が重視されていること

---

29)　山田昌弘「第8章「家族であること」のリアリティ」好井裕明編『エスノメソドロジーの現実——せめぎあう〈生〉と〈常〉』世界思想社（1992）163頁。
30)　山田・前掲注29）164頁。

から、人々が感じる「責任」の重さもまた、直系血族および同居の親族とそれ以外では異なる可能性が否めない。そこで、第4章の研究対象の選定では、血縁関係のある両親および兄弟姉妹、配偶者を「家族」ということにする。

　一方、第1章では法制度上における「家族」の位置づけを分析することから、ここでの「家族」は法制度的な意味合いが強くなる。ただし、現行民法においては「家族」の規定は無い。さらに、法文中で「家族」を用いている立法は「北朝鮮当局によって拉致された被害者等の支援に関する法律（平成14年法律143号、以下拉致被害者支援法という）」「雇用保険法（昭和49年12月28日法律第116号）」「国民健康保険法（昭和33年12月27日法律第192号）」「健康保険法（大正11年4月22日法律第70号）」など複数あるが、それぞれによって「家族」の対象範囲が異なっている。たとえば拉致被害者支援法における「家族」は、配偶者、子、父母、孫、祖父母および兄弟姉妹をさし（2条1項）、雇用保険法における「家族」は、被保険者の配偶者、父母、子、配偶者の父母をさしている（66条の6）。また、国民健康保険法や健康保険法の「家族療養費」等にみられる「家族」は、被扶養者をさし、その範囲は被保険者に生計を維持されている直系親族、配偶者、子、孫、弟妹、または同一の世帯かつ生計を維持されている三親等内の親族等である（3条7項）。これらの法規定が示すように、各立法における「家族」の対象範囲は、民法725条が規定する「親族」、つまり「六親等内の血族、配偶者、三親等内の姻族」の一部に限定している。このことは、国や被保険者の「責任」の及ぶ範囲を「親族」すべてではなく、一部に限定していることを示している。

　第1章でも「親族」概念を規定した民法725条「六親等内の血族、配偶者、三親等内の姻族」を基本に「家族」の使い方を検討する。心神喪失者が起こした事件について、家族のどの範囲にまで、どのような「責任」が及ぶのかということは、本研究を通して明らかにすることである。とはいうものの、民法では730条で直系血族および同居の親族に互助の義務を規定し、877条では直系血族および兄弟姉妹に扶養の義務を規定している。このことから、民法においては親族の中でもとくに直系血族、兄弟姉妹、および同居の親族の役割が重視されていることがわかる。したがって、「親族」の中でもとくにこれらの人々の「責任」が問われる可能性が高い。ゆえに、第1章では「家族」を直系血族、兄弟姉妹、および同居の親族という意味で用いること

にする。

　なお明治民法732条では「家族」を「戸主ノ親族ニシテ其家ニ在ル者及ヒ其配偶者ハ之ヲ家族トス」と戸主との関係で「家族」を規定している。しかし、第1章では明治民法上の文言を分析する場合以外は、上記の使用法に即して「家族」という用語を用いることにする。

　また、民事裁判事例を分析対象とする第2章および第3章においても、法律という外的枠組みに則っての相互行為分析であることから、原則的には第1章に倣い「家族」を直系血族、兄弟姉妹、および同居の親族という意味で用いることになる。しかし、〈当事者〉性を付与する者と付与される者が「家族」をどう捉えるかによって、法廷でのやりとりに相違が生じることも想定される。その意味では、第2章および第3章における「家族」は、直系血族、兄弟姉妹、および同居の親族という一定の枠組みを想定しつつも、そこから逸する可能性があると理解しておきたい。

第 1 章

法制度上にみられる
触法精神障害者家族への〈当事者〉性の付与

　本章では、触法精神障害者家族に対する〈当事者〉性の付与を公的に可能にし、害を加えた者との関係で、その家族に何らかの役割を付与させる制度的背景について論じる[1]。

　日本において、罪を犯した者の家族が〈当事者〉として司法の場に登場するのは、前近代の縁坐制からである。近代市民社会が確立すると、制度としての縁坐制は消滅するが、その後も罪を犯した者の家族の責任は、民法上の責任として問われることになる。具体的には、罪を犯した者に責任能力が無い（あるいは責任能力が限られた）場合の「監督義務者」「成年後見人」「扶養義務者」という名称で民法上規定され、責任無能力者（あるいは限定責任能力者）が犯した罪との関係で、法的責任が問われることがある。それだけでなく、これまでに精神保健及び精神障害者福祉に関する法律（昭和25年法律第123号、以下精神保健福祉法という）においても「保護者」として、責任無能力者（あるいは限定責任能力者）が犯した罪との関係で、その家族の法的責任が問われることがあった[2]。

---

1)　近代以降は触法精神障害者家族が、触法精神障害者との関係性の中で行った事柄については、刑法217条「遺棄」、218条1項「保護責任者遺棄等」、218条2項「遺棄等致死傷」等を法的根拠として、刑事裁判でも審理されることはあるだろうが、この場合、加害という精神障害者本人の行為との直接的関係から、家族の行った事柄が審理されているわけではないので、近代以降については刑事裁判については本論文では論じない。ただし、前近代については縁坐制との関係から刑事裁判についても言及する。

2)　平成25年の法改正により、保護者規定および保護者の責務規定が削除された。ただし、入院の同意と退院請求については、「家族」が担うこととして残された。

本章では、害を加えた者の家族あるいは精神障害者の家族の、害を加えた者あるいは精神障害者本人に対する責任について、「連帯責任者」「監督義務者」「成年後見人」「扶養義務者」「保護者」という位置づけにおける〈当事者〉性付与のされ方とその理由に焦点を当て、〈当事者〉性が付与される法制度的背景を考察する。

1．連帯責任者──縁坐制

(1) 縁坐制と連坐制

　罪を犯した者[3]の家族が〈当事者〉として本格的に司法の場に登場するのは、700年代の律令制[4]にみられる縁坐からといわれている[5]。縁坐は、犯罪者の一定範囲内の親族に対し、連帯責任を負わせる制度である[6]。その他、罪を犯したことに対して連帯責任を負わせる制度としては連坐がある。連坐は、親族以外の者に連帯責任を負わせる制度である。現代の刑法に該当する法は、時代の移り変わりとともに大宝律令（701年）、御成敗式目（1232年）、公事方御定書（1742年）と変化していくが、縁坐と連坐は律令制の時代から江戸時代の終わりまで一貫して行われた[7]。ただし、縁坐や連坐の対象となる罪、それらの対象者および方法は、各時代の共同体や刑罰に対する考え

[3) 近代的刑法概念に照らせば、犯罪とは「構成要件に該当する違法かつ有責的な行為」であり、刑罰とは「犯罪に対する法的効果として、国家によって科せられる一定の法益の剥奪」をさす（川端博『刑法』（新訂版）放送大学教育振興会（2005））。しかし犯罪および刑罰の概念は時代により異なることに注意したい。
4) 律令は律令格式の4部から成り、律は刑法、令はその他一切の法規、とくに憲法・行政法・訴訟法・私法等の規定を含む。格は時代の変遷に応じて律令の規定を改廃補充するものであり、式は律令の施行に関する細目規定である。
5) ただし、律令制よりも古い魏志倭人伝の中に「其の法を犯せる者は輕き者は其の妻子を沒し重き者は其の門戸を滅す」とあり、家族が縁坐する慣行があったとの指摘がある（牧健二『日本法制史』国史講座刊行会（1933）25頁）。
6) そもそも律令制は、唐（中国）の制度を模範としており、それゆえ「縁坐」にみられる連帯責任制度は中国の方が古い歴史をもつ（高柳真三『日本法制史──第1　江戸時代まで』有斐閣（1949）；大久保治男「徳川幕府刑法における責任論(2)」『苫小牧駒澤大学紀要』2（1999）1-36頁）。
7) 大宝律令の原文は現存しておらず、一部が逸文として、令集解古記などの他文献に残存している。757年に施行された養老律令はおおむね大宝律令を継承しているとされており、養老律令を元にして大宝律令の復元が行われている。

方、社会状況により異なっている。結論からいえば、江戸時代以前は、司法の場における〈当事者〉性の付与は縁坐や連坐を通して行われており、〈当事者〉性付与の対象者は、親族に限られていなかった。

① 奈良時代～平安時代（律令制）

　では、縁坐や連坐は時代によってどのような違いがあるのか。まずは奈良時代から平安時代にかけての律令制についてみてみよう。そもそも律令制の目的は儒教的道徳の実現であり、民衆に義務を負わせることがその趣旨であるため、民衆の利益や権利の保護ではなかったといわれている[8]。このような目的をもつ律令では、縁坐が適用される罪の範囲、縁坐の対象範囲、罰する方法を次のように規定していた。すなわち、謀反・大逆・謀叛の罪そして私鋳銭（民間で鋳造した銭貨）に限り、二等以上の親を「流」または「没官」により罰するというものである[9]。このように、律令制の元では縁坐の対象となる罪も、縁坐により罰せられる者も限定されていた。また、たとえば縁坐で配没させられても、罪人が戻ってきたら解放されたことや、罪人と同居していなければ資材田宅の没収が免れること、僧尼婦人賤民による反逆に対しては縁坐が無かったことなどからも、当時の縁坐制が広範囲にわたる苛酷なものではなかったことが推察される。他方、この時代の連坐は官吏の1人が公罪を犯したとき、同一官司内の他の官吏に従犯として連坐させるというものであった。

　以上のように、律令制における家族に対する〈当事者〉性付与は、縁坐という連帯責任制度を通して行われており、その適応範囲は重罪である4種に、そして対象となる親族も二親等までに、縁坐の方法も流や没官に限定されていた。また、この時代は、罪人の判断能力がその家族への〈当事者〉性付与

---

[8] 牧・前掲注5) 55頁。石井は、律令の目的として、国家の刑政を握る裁判官の裁断基準を定めることと、儒教的道徳の実現を挙げている（石井良助『日本刑事法史』創文社（1986）34頁）。

[9] 大久保・前掲注6) 1-36頁。なお、謀反は国家（政権）の転覆や天皇の殺害を企てる罪。大逆は宮殿や陵（みささぎ）を破壊しようと目論むこと。謀叛は、天皇に危害を加えるなどの大逆行為を含まない国家（政権）の転覆および敵国への内通・亡命など。律令が法律上親族と認めた者は五等親の範囲に限られており、一等親は父、母、養父、養母、夫、子（養子を含む）、二親等は祖父、祖母、嫡母、継母、伯父、叔父、姑、兄弟姉妹、夫の父、夫の母、妻、妾、姪、孫、子の婦、父の妾。

を左右する重要な要素として存在していたわけではないということに留意したい。つまり、この時代は触法精神障害者家族に限らず、重罪を犯した者の二親等までの家族には、〈当事者〉性が付与されていたといえる。

② 鎌倉時代

　鎌倉時代に入ると封建制度が確立し、治者階級の収益を目的とした統治が積極的に行われるようになる。この時代にもっとも発達したのは守護・地頭の設置に象徴される警察制度であり、刑罰を規定することが多い「御成敗式目（貞永式目）」も警察制度の発展に伴い浸透した[10]。また、平安時代から鎌倉時代にかけては、父系を通してつながった同族的結合が重んじられ、武士の間ではこの同族関係を基盤とした主従関係が結成されたという。このような団体（一門、一族、一類と呼ぶ）を統率するのが「家督」であり、武士が行動を起こす場合は、家督がこれを統率指揮していたことから、このような団体を離れて個人的活動が認められる余地はなかった[11]。さらに、鎌倉時代の夫婦関係は極めて道義的な規範によって支配されており、親子関係は夫婦関係以上に倫理的道義の世界に基礎を置いていたという[12]。

　このような時代背景の中で、御成敗式目に規定された縁坐制はどのようなものだったのか。律令制の時代は、縁坐や連坐の適用範囲が限定されていたが、鎌倉時代になるとさらに制限された[13]。たとえば父子の咎を相互にかけることや、夫の罪科を妻にかけるといったこと、代官の咎をその主人にかけることが御成敗式目の中で規定されてはいるが、かなりの範囲でこれを免除する規定もあった[14]。先述の一門（同族団体）との関係でいえば、同じ一門の者は法律上責任を共にしており、一門の中から謀反人がでた場合は、親族

---

[10] 牧・前掲注5) 243頁。牧は、その他に刑事裁判や土地財産権に関しての民事の訴訟法が発達したことを指摘している。また、御成敗式目の制定時に執権であった北条泰時は、制定理由を当時の武家庶民には律令が浸透していなかったこと、武家のならいや民間の法が律令と異なったものが多いこと、それゆえ適当な制定法を別に作らなければ、裁判の公平と確実を期し難いためとしている（高柳・前掲注6) 183頁）。

[11] 高柳・前掲注6) 190頁。ただし高柳は、このような権力は武士としての特別な社会的機能に基づいていたことから、一般的に当時の社会体制として、家督が常にこのような権力的地位にあったとみることはできないとしている。

[12] 高柳・前掲注6) 192-194頁。

[13] 石井・前掲注8)。

は縁坐することが規定されていた。このように、縁坐は犯罪人との親族関係から生じるもので、律の時代は罪人と親族関係がある以上、無条件で縁坐罪の成立が認められていた。しかし御成敗式目では、たとえば子が殺害を企てていたことを父親が知らなければ、縁坐罪は成立しないというように、縁坐罪の成否に条件を付したのである[15]。

したがって、鎌倉時代は統治機構が整備され、主従関係に基づく同族的結合が発達した時代ではあったが、縁坐罪を通しての〈当事者〉性付与は律令時代よりもさらに緩和され、〈当事者〉性付与の対象としてみなすか否かを罪人本人との親族関係で機械的に決定するのではなく、個別の状況にも配慮していたということができる。

③ 室町時代

室町時代おける刑罰は、鎌倉時代に制定された御成敗式目に条文を追加したものにより規定され、新たな法典編纂は行われなかった。とはいえ、室町時代になると縁坐や連坐は、広範囲かつ苛酷なものとなる。たとえば、鎌倉時代には縁坐罪の成否には個別の事情への配慮がなされていたが、室町時代には親の咎を子にかけるということが一般的に行われていたといわれている。また、隣人が責任を負わされたり、室町末期には一郷一村、つまり村全体が連坐させられるような例もあったという[16]。この時代に縁坐や連坐が苛酷なものに変化した理由として、牧は、戦国時代の不安な世相が地方の団体生活を自治に導いたのではないかと指摘している[17]。牧はこの点について詳細な説明を加えていないため、正確な意図は定かではないが、戦国時代は国の統治機構が混乱しており、治安が悪化し人々が強い不安を抱いていたため、人々が連帯性を強めたと推測される。

---

14) 石井・前掲注8) 52頁。この時代は刑罰の種類が律の時代と比べて増えてはいるが、死刑は比較的少なく、律の時代と比べて刑罰が残忍になったというわけではない。また、植田は、縁坐の有無や程度については、同じ殺害や刀傷でも犯行の動機、犯人との身分的関係によってさまざまなケースがあったが、謀反など国家・社会の平穏を害する罪の場合は、縁坐責任の追及は厳しかったと分析している（植田信弘「鎌倉幕府の〈検断〉に関する覚え書き(一)」『法政研究』58(4)九州大学（1992）573-604頁）。

15) 佐々波興佐次郎『続日本刑事法制史』有斐閣（1972）257頁。

16) 髙柳・前掲注6)。

17) 牧・前掲注5) 286頁。

このように、室町時代（戦国時代）は、不安定な社会情勢を背景に家族に対する〈当事者〉性付与が苛酷化した時期として理解することができる。

④　江戸時代

　室町時代にみられる苛酷な縁坐や連坐は、1603年に徳川家康が江戸幕府を開いてからも実施されており、8代将軍徳川吉宗が幕府の基本法典として「公事方御定書」（1742年／寛保2年）を制定するまで続いた[18]。

　高柳は公事方御定書について、戦国時代の慣習的刑法であり、武力を背景にした威嚇主義的色彩の濃い、一般予防主義的傾向の強いものであると論じている[19]。ただ、公事方御定書は典型的な事例を示したに過ぎず、君主の自由意志に左右されるところも多かったとの指摘がある[20]。公事方御定書が制定されると、縁坐は庶民については主殺・親殺の子のみに対して行われるというように、その対象範囲が狭められたが、武士については旧来の縁坐法が保持された[21]。縁坐制限の傾向は続き、制度の不条理性から、停止や廃止が進言されたこともあるが、幕末まで縁坐が廃止されることはなかった。

　他方、連坐制については公事方御定書以降、拡張される傾向にあった。その典型的な例として、町役人あるいは村方三役である名主の下に組織された五人組という自治団体がある[22]。五人組は相互扶助と連帯責任により、組内において過失を生じないよう構成された拘束的な組織である。五人組の中から罪人が出れば、同じ組内の他の者も連坐させられた。このように、当時の町村の生活では町村民の相互扶助と連帯責任が重んじられており、町村の自治は広範囲であった[23]。

　つまり、江戸時代における〈当事者〉性付与は公事方御定書が制定される

---

18)　高柳・前掲注6) 344頁。江戸時代は公事方御定書以外に、諸藩が自主的に立法権を有していた（牧・前掲注5) 298頁）。
19)　高柳・前掲注6) 342頁。
20)　牧・前掲注5) 298頁。
21)　大久保・前掲注6)。ちなみに江戸時代の法律では、親族が親類と遠類に分けられており、縁坐の責任があるのは親類のみであった（牧・前掲注5) 353頁）。
22)　町役人は名主、月行事、五人組、家主であり、村方三役は名主、組頭、百姓代のこと。五人組は自由意志に基づく自治ではなく、拘束により成立した自治。必ずしも5家とは限らなかった（牧・前掲注5) 325頁）。
23)　牧・前掲注5) 325頁。

までは、親族に対しては室町時代に引き続き苛酷なものであったが、御定書が制定されると武士以外については緩和される傾向にあった。他方、親族以外の者に対する〈当事者〉性付与は、町村内の拘束的自治組織である五人組に象徴されるように、厳しくなったということができる。

(2) 縁坐制・連坐制の目的と機能

このように、縁坐や連坐は律令時代から江戸時代の終わりまで、長きにわたり続いた制度であるが、いったいどのような目的で行われ、どのような機能を果たしたのか。

そもそも縁坐および連坐は律令制により本格的に日本で始められるようになった制度であるが、律令制自体は中国に由来をもつ。布施によると、中国の春秋時代(紀元前770年頃)において縁坐が行われるようになった理由には、世の中に対する見せしめと、復讐を未然に防ぐことがあったという[24]。縁坐や連坐が世の中に対する見せしめとして行われたということは、すなわち縁坐や連坐が犯罪の一般予防の目的で行われたということを意味する。日本における縁坐や連坐もまた犯罪の一般予防を目的としていたのではないかと考える論者として、たとえば大久保治男や石井良助がいる。

江戸時代の縁坐について論じた大久保は、縁坐が行われた理由を犯罪の一般予防、復讐の防止、警察事務を被治者に補助分担させる必要があったためとした上で、親子の道義上の責任を指摘している[25]。他方、石井は縁坐や連坐の苛酷さを一つの指標としつつ、律令時代から江戸時代にかけての刑罰の目的を分析している[26]。すなわち、縁坐および連坐に制限が加えられていた律令時代は、犯罪の一般予防と特別予防がその目的にあり、縁坐および連坐が緩和された鎌倉時代は刑罰の目的が特別予防に比重が置かれ、縁坐や連坐が苛酷化する室町時代は、鎌倉時代とは逆に一般予防中心になるということである。石井は縁坐や連坐が行われた理由を明確に述べてはいないが、このような分析からは、石井が犯罪の一般予防、つまり民衆に対する威嚇や見せしめという目的から、縁坐や連坐が行われていたと考えていることがわかる。

---

[24] 布施彌平治「縁坐法と連座法」『日本法学』17(3) (1951) 1-12頁。
[25] 大久保・前掲注6)。
[26] 石井・前掲注8)。

さらに、大久保と石井の両者が縁坐・連坐の目的として、犯罪の一般予防だけでなく、「道義的責任」を共通して指摘している[27]。つまり、誰かの犯した罪については、親族間あるいは同一の地域共同体内の他の者にも道義的責任があるため、縁坐・連坐を通してその責任を果たさせるというものである。この「道義」あるいは「道徳」はもともと中国から伝えられた儒教の考え方であり、律令制の目的の一つも儒教的道徳の実現であったといわれている[28]。

確かに、日本における縁坐や連坐には、道義的責任をとらせるという目的が全く無かったと判断するのは難しい。というのは、前近代は刑事責任と道徳的責任が未分離であり、当時の刑法には、道義的責任を果たすことにより、社会的危険性を排除せよという要求が、刑罰規範の形で内包されていたからである[29]。前近代の法が、道徳とは未分離であったといわれている理由として笹倉は、「集団や集団の伝統が最高価値の保持者であり、個人はそれに従うものとされていたところにある。ここでは個人は内面的に自立し何が正しいか自分で判断できる主体ではなく、既存の秩序に従うべき者とされた。既存の秩序とは道徳的であり法でもある掟であった」と述べている[30]。当時の刑法には、道義的作為義務を法で保障するために、多くの不作為犯の規定が存在したということも法的責任と道義的責任が未分離である表れといえよう。たとえば親が罪を犯すことを止めなかった子や、五人組という組織内で犯罪を防げなかった者には、道義的作為義務を果たさなかったということで、責任が生じていたのである。

以上で述べたように、前近代においては犯罪の一般予防、つまり見せしめという目的から、犯罪者といわれる者の家族に対して〈当事者〉性が付与されてきた。そして同時に、道徳的責任を課すという目的も内在していたということができる。このような〈当事者〉性付与は、犯罪者の家族だけでなく、江戸時代の五人組が象徴するような、罪人が属する組織の人々もその対象となっていたのである。すなわち、前近代における〈当事者〉性は犯罪に対す

---

27) 石井は、犯罪の一般予防と道義的責任以外に、社会的危険の惹起に対する責任も、縁坐の存在理由として挙げている（石井良助『日本法制史概要』創文社（1952））。
28) 石井・前掲注8) 34頁。
29) 高柳・前掲注6) 343頁。
30) 笹倉秀夫『法哲学講義』東京大学出版会（2002）52頁。

る一般予防という政策、および親族や共同体についての道徳的思想から出現したものであった。そしてとくに前者、つまり政策によりもたらされる〈当事者〉性は付与される者自らの意思にかかわらず外側から付与される性質をもち、また後者、つまり道徳的思想により出現する〈当事者〉性も「内面的に自立し何が正しいのか自分で判断できる主体」ではない個人にとっては、主体的選択によりもたらされるわけではなかったということができよう。

このような〈当事者〉性は、罪人に善悪の判断能力があるか否かにかかわらず、その家族や同一組織構成者に罪の深刻さや罪人の身分に応じて付与されるものであったのだが、前近代では責任能力ということは、どのように考えられていたのだろうか。

(3) 責任無能力者の位置づけ

犯罪に対する責任能力は律令制の時代から考慮されていた。たとえば律令時代は、7歳以下および90歳以上は無能力であり、80〜89歳、8〜10歳、および篤疾者は反逆罪や殺人・傷害・盗みのような罪については刑を軽減し、その他の罪については不問に付し、70〜79歳、11〜16歳、病者の罪は流罪以下にあたるときは贖銅（罰金）を納めさせ、犯行時に高齢や病気ではなかった者が、犯行発覚時に高齢や病気であったら、高齢者や病気の者と同様にみなし、犯行時に幼少の者が、犯行発覚時に大人になっていても幼少と同じようにみなすとされていた[31]。なお、精神障害は癲狂として「篤疾」に分類されていた[32]。

このように幼少者や高齢者の法的責任が免除されていた理由として、石井は、「老少及び疾を矜む故の為」という律令の文言に基づき、責任能力が劣っていたからではなく、刑罰に耐え得るような体力をもちあわせていないとみなされたからと分析している[33]。つまり責任能力というものが、罰に耐え

---

31) 高柳・前掲注6）117頁。病疾とは、一目盲一肢の類、篤疾とは両目盲二肢の類をいうとされている（石井・前掲注8）45頁）。
32) 昼田源四郎「日本の精神医療史」松下正明・昼田源四郎編『精神医療の歴史』（臨床精神医学講座Ｓ1）中山書店（1999）。
33) 石井・前掲注8）38頁。死刑の場合は、そもそも体力について問題にならないと考えられるが、この点について石井は、軽減措置についての標準ができたならば、それ以上それ以下の年齢の者や病気の者に、更にそれ以上、それ以下の減軽などを行いたいのが人情だろうと説明している。

うる能力として捉えられていたということである。

謀反のような重大犯罪を含め、精神障害者による犯罪を減刑の対象として考慮し、その供述を認めないという基本的枠組みは、朝廷の支配の及ぶ範囲においては、明治に至るまで効力を失わなかった[34]。

鎌倉時代以降は、朝廷の支配が及ぶ範囲は限られたが、武家の法制度でも精神障害者に対する特別な配慮は存在した[35]。また、室町時代には12歳以下は刑事責任が無いとされていたこと、15歳以下の喧嘩は見逃し、15歳以下が誤って友を殺害した場合は罰しないとされていたことが指摘されている[36]。

江戸時代には15歳未満の殺人および放火は親類に預け置き、15歳以上になると遠島へ送られた。15歳未満の犯罪は大人よりすべて一段軽く罰したものの、年少者でも責任を免除しなかった。また、女性や盲人については特別扱いや刑の軽減はあるが、全責任から逃れるということはできなかった上、老年者にいたっては全く斟酌されなかった。特筆すべき点は、江戸時代になると「気違」「乱心」「乱気」状態による犯罪について言及されるようになったことである。この時代は、乱心者による犯罪だからといって必ずしも減刑されるわけではなかったようだが、時期によって対応が若干異なっている。

たとえば、寛文（1661〜1672年）以前は乱心者による犯罪は、親類や被害者の親族等の願い出により刑を免除されていたが、延宝（1673〜1681年）から貞亨（1684〜1687年）はそのような場合でもすべて死刑になっていた[37]。さらに、元禄（1688〜1703年）から享保（1716〜1735年）の頃は、人を殺した乱心者は死刑にならずに「永牢」のままでいたという記録もある。

「御定書百箇条」以後は、これに基づき乱心者への仕置きが実施されており、親族や被害者の主人による「下手人御免」の訴えがあれば、親や親族への永預となっている。しかし主人や親が被害者の場合、死罪は免れなかった

---

34) 山崎佐『江戸期前日本医事法制の研究』中外医学社（1953）。
35) 山崎・前掲注34)。
36) 牧・前掲注5) 286頁。石井は、縁坐や連坐が苛酷になった室町時代に、15歳以下の喧嘩や過失殺人を処罰しなかったのは、鎌倉時代の制度をそのまま機械的に引き継いだだけと考えている（石井・前掲注8) 65頁）。
37) 石井・前掲注8) 71頁。

という。

　さらに、板原と桑原が示した資料には、乱心者が罪を犯した際に、親族や村役人が罰せられた事例もある[38]。これらの事例は、親族や村役人は乱心者に対して監督する責任が求められていたことを示している。実際、江戸時代は罪を犯すおそれのある乱心者に対しては、親族や村役人らにより「入檻」「入牢」「溜預」のいずれかの対応策がとられていたとみられている[39]。

　高柳は、江戸時代でも刑事責任が生じるためには犯罪に対する弁別心が備わっていることが必要であったが、場合によっては罰を免れなかった背景には、判断能力に欠けていたとしても、犯罪に対する責任を免れないとする客観的刑法思想が捨てられなかったことがあるとみている[40]。これらの指摘は、当時の刑罰が結果主義に基づいていたということを示している。

　ここまでみてきたように、前近代は乱心者は病気とみなされ、刑の軽減や免除の対象になっていたものの、刑罰が結果責任主義に基づいていたことから、乱心者も処罰の対象としてみなされていた。刑が軽減あるいは免除される際は、乱心で罪を犯した者を親族が引き取り監督することが、その前提としてあった。仮に乱心と知りながら、周囲の親族や村役人らが手を尽くさなければ、犯罪が発生した際に、親族や村役人も処罰の対象となることもあっ

---

[38] 板原和子・桑原治雄「江戸時代後期における精神障害者の処遇(3)」『社会問題研究』49(2) (2000) 183-200頁。当時は縁坐を免れるために勘当、離縁等により、罪人との親族関係を断ち、または親戚等が集まって、被害者の治療を医師に依頼し、縁坐の刑責を免れようと努めるようになり（当時は傷害を加えても一定期間内に死亡せずまた治癒すれば刑罰がいちじるしく軽減された）、これが医事制度にも重要な働きをするようになったといわれている（山崎・前掲注34) 317頁）。

[39] 「入檻」は乱心者の行動に家族が対応できず処遇に窮した際に、親族や町村役人一同が一致して願い出て、奉行所の承認を得て乱心者を自宅に作った檻に閉じ込めておくことであり、1900年の精神病者監護法の「私宅監置」と同じ。「入牢」は乱心者をいわば未決囚を入れ置く牢に入れ置くこと。「溜預」は行路病者、病気の罪人、幼年の罪人等を収容し、非人頭に管理させた溜という施設に収容することである（板原和子・桑原治雄「江戸時代後期における精神障害者の処遇(1)」『社会問題研究』48(1) (1998) 41-59頁）。「入牢」は、乱心による社会的問題行動への懲戒側面の処遇として子弟らに行われ、「入檻」はそのような処遇にはなじまない父、母、伯父といった目上の者や家督相続者がその対象となったことが多いという。また溜預には届出は不要であった（板原和子・桑原治雄「江戸時代後期における精神障害者の処遇(2)」『社会問題研究』49(1) (1999) 93-111頁）。

[40] 高柳真三「徳川時代に於ける幼年者の刑事責任能力」『法学』10(3)東北大学 (1941) 54頁。石井も高柳と同様に解釈している（石井・前掲注8) 78頁）。

た。注目すべきは、乱心者の親族や村役人に対するこのような処罰は、健康な罪人の場合に、単に罪人の父であるから、母であるから、兄弟であるからという理由で見せしめとして行われる縁坐とは、その目的が異なり、監督不行届に対する罰が目的であったということである。すなわち、この時代から親族および村役人らには乱心者に対する〈当事者〉性が付与されていたということができる。

(4) 近代市民社会の成立と縁坐制の消滅

近代になると、日本における縁坐制は消滅する。この背景には、ヨーロッパ刑法思想が法典化され、明治13年に「刑法典」(旧刑法典)が制定されたことがある[41]。その基本的特色として次の3点が挙げられている[42]。第1に、新律綱領や改定律令等が官吏の職務執行上の準則であったのに対し、旧刑法典は、一般国民に対して公布するというかたちをとっている点、第2に、罪刑法定主義の原則を明文化している点、第3に、犯罪の成立要件に故意・過失・責任能力を要求し、結果責任主義を退け、近代刑法の基本原理である責任主義を確立している点である。

すなわち、近世から近代にかけて西欧においては、法と道徳の分離が進み[43]、日本もまた、近代以降はフランスやドイツの法律を継受しているため、原理的には法と道徳は分離していることが前提となったのである。したがって、前近代に求められていた「責任」は法的責任と道徳的責任の重なり合い

---

41) もっとも、大政奉還後も幕藩体制を支えた儒教イデオロギーに代わるべきイデオロギーや、新たな国家形成への展望をいまだに見出しえなかった明治政府は、「仮刑律」として、ひとまず徳川時代の刑律に依っていた。しかし明治政府は、政情安定に向けて民衆の支持を得る必要があったため、旧幕政の酷政に対する仁政を主張していた。それを受けて、明治元年に寛刑主義に基づく行政官布達916号を示している。「仮刑律」はこの布達の方針に則り、明治3年に「新律綱領」に引き継がれた。その後、明治6年には「改定律例」が制定されている。ヨーロッパ刑法思想は津田真道による明治元年公刊の『泰政国法論』で初めて紹介されているものの、その影響が明確に見られるのは、明治13年の旧刑法になってからである。詳細は、石井・前掲注8) 参照。

42) 石井・前掲注8) 71頁。

43) 法と道徳の分離が進んだ背景について、ここでの詳述は避けるが、国民市場経済が発展したこと、法的諸関係の技術性や体系性、画一性が進行したこと、宗教改革の中で個人の内面的自立が覚醒されたこと、ローマ法の継受により法と道徳の区別の上に立ち客観的で技術的である私法体系が定着していったこと等が指摘されている(笹倉・前掲注30))。

であり、一方、近代以降に公的に求められるようになる「責任」は法的責任という違いが出てくる。

とはいえ、法に正当性をもたらし、法の規制力を増幅させるものが道徳であり、他方で道徳が効果を発揮するためには法的ルールにすることが必要となることからもわかるように、法と道徳とは完全に独立したものではなく、相互に密接にかかわっている。とりわけ日本では、政治的および社会的理由により、第二次世界大戦終結まで法と道徳の未分離が温存され、その後も法的ルールの中に倫理的規範が共存する傾向が持続しているといわれている[44]。近代以降の害を加えた者の家族に対する、立法を通した公的な〈当事者〉性付与のあり方にも、このような傾向が反映されていくことになる。

縁坐制消滅の背景には、個人の自由や権利を中心的に考えるヨーロッパ的な個人主義・自由主義思想が近代日本の法制度の基礎になったことも関係がある。前述のように、前近代における日本の法律制度は、個人が罪を犯すと、その親族および同一共同体の他の者までも連帯して責任をとらされるというように、自律した主体として一人ひとりを想定していなかった[45]。しかし、近代市民社会の成立過程において、ヨーロッパ刑法思想を参考に日本の法制度が考案され、その個人主義的・自由主義的変化がもたらされると、個人が法律上の主体として捉えられるようになった[46]。ゆえに、明治期における縁坐制消滅の背景には、個人の自由や権利を中心的に考える西欧的な個人主義・自由主義思想が近代日本の法制度の基礎になったことがあるといえよう。すなわち、縁坐制に限定していえば、近代法における個人主義的・自由主義的思想の導入により、法律の主体が村や家族ではなく個人となったことが、その消滅につながったと解釈できる。

このように、前近代は犯罪の一般予防という目的や道徳的思想から、縁坐

---

44) 笹倉・前掲注30)。
45) 細川は、明治維新以前の日本の法律制度は国体主義的色彩が濃く、村や家族が法律上の単位のようになっており、自由にして自主・独立なる人格者としての個人というものは、法律上の主体として明確に意識されていなかったと指摘する（細川亀市『史的研究　日本法の制度と精神』青葉書房（1944））。
46) 幕末に締結された不平等条約の早期是正を意図していた政府は、刑法をもっとも日本の発展具合を示すものと考え、東洋的刑法典からの離脱と、近代的刑法典の編纂を緊急かつ不可欠のこととみなしていた。そのためヨーロッパの近代的刑法思想へと舵を切ったと指摘されている（石井・前掲注8)）。

制というかたちで親族は司法の場に登場し、親族の中の誰かが犯した罪に対して連帯責任をとらされ、〈当事者〉性を付与されていた。このような縁坐や連坐を通しての〈当事者〉性付与は、近代になると旧刑法の制定によって消滅する。しかし近代以降もなお、個人が行った行為に関連してその家族が責任を問われるという現象は、民法という規定の中で、いわば形を変えて続くことになる[47]。それは、行為を行った者が責任の主体としてみなされない場合、つまり「主体ならざる者」の場合である。

　なお、以降では、近代以降の〈当事者〉性の付与の制度的背景について論じるが、本書が成人による犯罪に限定して論じていることから、個人が成人している場合に焦点を当てて検討していく。

2．監督義務者──民法714条

　成人した子や、親が行った行為に対して、その家族が民法上の責任を問われる（〈当事者〉性を付与される）場合の法的根拠は、民法709条（不法行為による損害賠償）、711条（近親者に対する損害の賠償）、そして713条「精神上の障害により自己の行為の責任を弁識する能力を欠く状態にある間に他人に損害を加えた者は、その賠償の責任を負わない。ただし、故意又は過失によって一時的にその状態を招いたときは、この限りでない。」を前提とした、714条（責任無能力者の監督義務者等の責任）がある。これらの法的根拠に基づき、被害者やその家族は民事訴訟を提訴するのであるが、その主たる動機としては「監督義務者に当たる者が自らの責任を怠ったことに対して損害賠償責任を問いたい」ということ以外にも、「加害を加えた本人に損害賠償責任を求めることが法律上不可能なので、その監督義務者に対して損害賠償責任を求めたい」という動機がありうる。換言すると、加害行為を行った者の家族に対し公的に〈当事者〉性を付与したいという主たる動機は、このような点にあるということができる。

---

47) 精神障害者に対する責任という意味では、刑法217条（遺棄）、218条（保護責任者遺棄等）、219条（遺棄等致死傷）による規定があるが、本論文では精神障害者による行為によって発生する責任（〈当事者〉性）に限定して論じているため、刑法217条〜219条はここでは分析の対象外とする。

しかし、民法714条第1項では「前二条の規定により責任無能力者がその責任を負わない場合において、その責任無能力者を監督する法定の義務を負う者は、その責任無能力者が第三者に加えた損害を賠償する責任を負う。ただし監督義務者がその義務を怠らなかったとき、又はその義務を怠らなくても損害が生ずべきであったときは、この限りではない」と規定されているものの、具体的に誰が714条1項の「監督する法定の義務を負う者」にあたるのかについては当該条文では規定されていない。そこで損害賠償責任を追及された者が、条文中の「監督義務者」に該当するかどうかが裁判の争点の一つとなる。つまり、損害賠償を追及された者が〈当事者〉性付与の対象に該当するかどうか、公的に〈当事者〉性を付与されるべき者が誰なのかが問題になるのである。

　前近代における〈当事者〉性は、犯罪に対する一般予防という政策や、親族や共同体についての道徳的思想により、刑事責任の一環として付与されていた。しかし、現代における〈当事者〉性は民法714条に基づき「監督義務者」という位置づけを通して付与されるということができる。したがって、前近代の〈当事者〉性が国家により付与されるものであるのに対し、近代以降の〈当事者〉性が個人あるいは社会により付与されるという相違がある。

　さて、損害賠償責任を追及された者が、責任無能力者の監督義務者に該当するか否か、つまり公的な〈当事者〉性付与の対象にあたるかどうかを判断する手がかりの一つは、2014年4月までは、精神保健福祉法に基づく保護者の選任状況であった。精神保健福祉法20条では、「その後見人又は保佐人、配偶者、親権を行う者及び扶養義務者が保護者となる」と「保護者」について規定していた。法定の保護者になるためには、家庭裁判所による選任が必要であった。法定の保護者は、精神障害者に治療を受けさせる、精神障害者の財産上の利益を保護する、精神障害者の診断が正しく行えるよう医師に協力するといった義務が課せられていた（22条）。このような義務が監督義務と判断されることから、保護者選任を受けている場合は、監督義務者とみなされ、〈当事者〉性を付与される可能性が極めて高くなっていたのである。

　しかし、仮にある父親Aが家庭裁判所において保護者の選任を受けていない（法定の保護者ではない）場合は、父親Aの保護者としての法的責任が曖昧になった。そのため、いざ事件が発生した際に、父親Aは実質的に民法714条の監督義務者に該当するかどうかが裁判における争点の一つとな

っていたのである。

　ちなみに、法定の保護者ではない親族が不法行為責任を負う理論的および実質的根拠としては、次のような事柄が指摘されていた。①保護者の選任手続を怠っている親族を免責する必要はないこと（公平論）、②同居している親族であり、職業、年齢、心身の状況、生活状態等から監護が可能であり、精神障害者の言動等から他害の危険を予測できる場合には、親族である事実上の監督者に危害防止の作為義務が生じるとみるべきこと、③精神障害者の事実上の監督者が家族共同体の統率者であり、精神障害者がその家族共同体の一員であるところに、社会通念上の監督義務の発生原因を求めるべきであること[48]。これらは、法定の保護者ではない親族が〈当事者〉性を付与される根拠といい換え可能であり、その根底には社会における家族共同体の機能を重視する考え方があったと指摘できよう。

　精神保健福祉法20条2項では、保護者が数人ある場合は、その義務を行うべき順位は、後見人または保佐人、配偶者、親権を行う者、前二号の者以外の扶養義務者のうちから家庭裁判所が選任した者となっていた。換言すると、成年後見制度に基づく後見人または保佐人が、監督義務をもつ者（公的に〈当事者〉性を付与される者）として優先されることになっていた。であれば、成年後見人は、精神保健福祉法20条が規定していた保護者の義務を果たすことや、義務を怠った場合は〈当事者〉性付与の対象となることも射程に入れた上で位置づけられていなければならなかったことになる。では、成年後見人は、そもそもどのような目的で置かれ、どのような役割が求められているのか。2011年現在、成年に対する後見や保佐の役割や申し立て方法等については、1999年12月に成立した成年後見制度により取り決められており、民法7条から14条にかけての一連の条文により法的に根拠づけられている[49]。ただし後見制度は旧民法成立以前からのものである。次節では、後見制度を歴史的に振り返ることにより、その役割の変遷についてみていくことにする。

　48）　辻伸行「精神障害者による殺傷事故および自殺と損害賠償責任(5)・完——精神病院・医師の責任および保護者・近親者等の責任に関する裁判例の検討」『判例時報』1561（1996）171頁。
　49）　平成11年に、新たな成年後見制度の創設を内容とする四つの法律（「民法の一部を改正する法律」「任意後見契約に関する法律」「後見登記等に関する法律」「民法の一部を改正する法律の施行に伴う関係法律の整備等に関する法律」）が成立した。

3．成年後見人——民法 7 条〜14 条

(1) 明治期・大正期

　責任無能力者を保護する制度的仕組みとしての後見制度は、旧民法成立以前から存在していた。

　それを具体的にみることができるのは、民法会議で編纂された「皇国民法仮規則」（明治 5 年）の第 118 条であるが、この時代の後見制度は、未成年後見制度をさし、「家」制度において戸主が幼年の場合のみ、親族が後見人として置かれた[50]。後見人の役割は、同規則 122 条に「幼者ヲ管督シ財産ヲ支配シ民法ニ管スル緒件ニツキ幼者ニ代ルヘシ」と規定されており、また翌年の「後見人規則」（明治 7 年）の第 7 条では、「後見人ハ幼者ノ身體ヲ看護シ産業ヲ支配スベシ」となっており、後見人の身上監護と財産管理の義務が明記されている。

　一方、成人の責任無能力者については、同規則の 132 条から 137 条に記されている。132 条「白癡狂疾等ノ者ハ時アリテ平常ニ復スルコトアリト雖トモ戸主トナルコトヲ許サス之ヲ治産ノ禁受シ者ト云フ」、134 条「治産ノ禁ヲ受シ者其相続人定ル迄ハ戸長ヨリ假ニ支配人ヲ命シ其身体及ヒ財産ヲ管督スヘシ」とあり、「白癡狂疾等」の者はたとえ回復しても戸主になることは禁じられており、禁治産者として届出をし、相続が開始される仕組みになっていたことが理解できる。しかし実際には、各地において後見は慣習に依存しており、このような規則や法令は裁判規範ないし紛争解決規範として機能したに過ぎないともいわれている[51]。

　後見制度が、このような家制度の維持強化を目的とするものであることから、被後見人個人のためのものへと、その目的を変容させるのは、明治 23 年に制定された旧民法典（明治 23 年法律第 28 号、第 98 号）からである。

---

50) そのため、戸主以外の者については、管財人を置くことも許されていなかった（明治 17 年内務省指令）。
51) 田山輝明『続・成年後見法制の研究』成文堂（2002）。後見に関する民事慣例の特徴として、田山は、親族後見が基本形であったことや、管理すべき財産が無いような場合には問題にならなかったこと、幼年戸主後見が中心であり、知的障害者や高齢者のための後見制度を明確に規定している例は少ないこと等を挙げている。

旧民法典は、1880年から明治初期に日本の法学教育や立法などで功績を挙げたフランス人法学者ボアソナードの提出する草案について、民法編纂局が審議をするという形式で作成が進められ、1890年にはその一部が公布され、1893年より施行する予定となっていた。しかし、日本の国情に合致しないものが多い等の理由により猛烈な反対論が起こり、施行延期となった[52]。旧民法典では、無能力者を若齢で心神の未発達の者（未成年者）、疾病その他の原因により心神を喪失したため治産を禁じられた者（民事上の禁治産者）、法律の制裁として治産を禁じられた者（刑事上の禁治産者）に分類し、それぞれについて後見人を置くことを認めた。

このうち民事上の禁治産者には精神障害者も含まれると考えられるが、その後見人となるのは、配偶者、父、母の順とされていた（第224條）。その理由は以下のように説明されている。すなわち、「婦カ夫婦財産契約ニ因リ自ラ財産ヲ管理スルノ特約ヲ為シタル場合及ヒ婦ノ子孫ノ教育、婚姻若クハ営業ノ資ニ供スル為メ親族會ノ許可ヲ得テ其財産ヲ処分スルニ付キ必要」というものである[53]。当該規定からは、両親や祖父母など特定の血縁関係がなければ後見人になれなかったということがわかる。つまり、精神障害者の場合、血縁関係のある者がその後見人になるということである。

民事上の禁治産者に対する後見人の役割は、226條で、未成年者に対する後見を適用すると定められていた。なお、禁治産を受けた者を入院させたり自宅監置するときは、区裁判所の許可を得なければならなかった。これは、「瘋癲」に名を借りての監禁を防ぐためといわれている[54]。ただし、前述の通り、この旧民法典は「民法出て忠孝滅ぶ」との反対を受け、その後は個人主義的色彩を薄めた明治民法典の編纂が進められていくことになる。

明治初期の後見制度では、後見人と被後見人に血縁関係がなくてはならなかったり、後見人に扶養の義務が課せられたりしていたことから、後見人の資格は家族制度上のさまざまな拘束を受けていたという指摘がある[55]。またその一方で、この時代は後見人が被後見人の財産からの収益の一部を受ける、

---

52) 牧・前掲注5) 378-379頁。
53) 井上正一・亀山貞義「民法正義人事編巻之弐（上下）」『日本立法資料全集別巻64』信山社 (1996)。
54) 田山・前掲注51)。
55) 田山・前掲注51)。

いわゆる自益的後見ということで、後見人は被後見人の財産に対する強力な支配権が認められていた[56]。

　旧民法典にあった責任無能力者のカテゴリーのうち、1898年に公布された明治民法典（明治29年法律第89号）に承継されたのは、未成年者と民事上の禁治産者に対する後見についてであった。ちなみに明治民法典は、日本と外国の立法例と民族慣習とを参考に、旧民法典を改修したものであり、総則、物権、債権の3編は1896年議会の可決を経て公布され、親族、相続の2編は1898年に公布され、施行された[57]。旧民法典同様、明治民法においても、未成年者と禁治産者に対する後見はほぼ同一視されていたという指摘があるが[58]、実際はいくつかの相違がある。たとえば明治民法では、未成年者に対する後見人は、最後の親権者が遺言により後見人を指定する指定後見人の制度があったが、禁治産者の場合は、指定後見人はなく、第902條で「親權ヲ行フ父又ハ母ハ禁治産者ノ後見人ト為ル」「妻カ禁治産ノ宣告ヲ受ケタルトキハ夫其後見人ト為ル夫カ後見人タラサルトキハ前項ノ規定ニ依ル」と規定され、配偶者、父、母というように後見人が考えられていた[59]。また、富井は次のような双方の違いを浮き彫りにしている[60]。まず、未成年者の後見人の場合は、親権者がいない場合のみ付けられていた（900條）のに対し、禁治産者の後見は親権を行う両親がなることが多いだろうが、いかなる場合も後見人を付けることになっている（902條）ことに注目している。さらに、後見人の役割については未成年者の場合、大部分が親権と同一であるとしている（921條）のに対し、禁治産者の後見は被後見人に対する療養看護の役割を強調している（922條）[61]。

---

56) 田山・前掲注51)。
57) 牧・前掲注5) 379頁。
58) 田山・前掲注51)。
59) 戦後の改正により、親族会は廃止されたが、明治民法904条には、「前三條ノ規定ニ依リテ後見人タル者アラサルトキハ後見人ハ親族會之ヲ選任ス」として、現在の家庭裁判所の後見人選任の役割を親族会が担っていた。
60) 富井政章『民法原論第1巻』合冊発行、有斐閣書房（1907）136-137頁。
61) 富井は、これらの他に未成年者の後見人は、被後見人が成長し判断能力がつくにしたがい、被後見人本人が同意して物事を進めることが増えてくるが、禁治産者の後見人は民法上は常に健全な精神をもっていない人と看做されているので、常に後見人の同意がなければ物事を進められない点を指摘している（富井・前掲注60)）。

このように、明治民法では、禁治産者の後見人には、財産管理の他に、第922條で「禁治産者ノ後見人ハ禁治産者ノ資力ニ応シテ其療養看護ヲカムルコトヲ要ス」「禁治産者ヲ瘋癲病院ニ入レ又ハ私宅ニ監置スルト否トハ親族會ノ同意ヲ得テ後見人之ヲ定ム」と療養看護義務が規定されていた。川名と中島は、明治民法における禁治産制度の目的として精神病者の保護、そして精神病者と取引を行う相手方の保護を挙げている[62]。禁治産者に対する後見人の役割や、制度の目的のみに注目すると、被後見人を経済的かつ身体的に庇護する目的から、あるいは被後見人と契約を結ぼうとする者を経済上保護する目的で後見人が置かれていたように見受けられる。

しかし、明治民法 7 條では禁治産の請求権者として本人、配偶者、四親等内の親族、戸主、後見人、保佐人または検事を規定している。「検事」が請求権者として規定されている理由として、川名と中島は、「公益保護ノ責務上請求權アリ」としている[63]。では、ここでいう公益保護とは、どのようなことを意味するのか。先の川名と中島による制度の目的からいえば、契約を結ぶ者を保護するという意味に解釈できよう。しかし、このような意味だけでなく、社会防衛的な意味も含まれていたと考えられる。

たとえば、日本の民法典を起草した梅謙次郎は、検事が請求権者であるのは「瘋癲者カ直接ニ公安ヲ害スルヲ慮リ之カ監督者ヲ設クル爲メ或ハ直接ニハ社會ノ一員タル瘋癲者ノ利益ヲ謀リ其身體、財産ヲ保護シ以テ間接ニハ國家ノ公益ヲ謀ランカ爲メ」と述べている[64]。したがって、禁治産者に対する後見には、財産保護や療養看護といった本人の庇護だけでなく、治安維持という目的が含まれていたということができる。このことはまた、当時は禁治産者である心神喪失者が、自らの財産管理や身体の管理ができない者、公安・公益を乱す危険性のある者として受け止められていたことを意味している。

留意すべきことは、明治民法における禁治産者の場合、ときには「本心」に戻ることがあっても、法律行為当時「本心」だったかどうかは判定が困難であるから、少しでも心神喪失状態がみられたら、禁治産者として法律上は

---

62) 川名兼四郎・中島玉吉『民法釋義第 1 巻総則編』金刺芳流堂（1911）126 頁。
63) 川名・中島・前掲注 62) 126 頁。
64) 梅謙次郎『民法要義巻之一　総則編』（訂正増補第 20 版）和佛法律学校（1902）24 頁。

みなすと解釈されていた点である[65]。さらに、裁判所に禁治産者とみなされたら公告されるという仕組みが存在していた。したがって、しばしば「本心」に戻ることがあるような者でも、自己管理能力のない、危険な存在としてみなされていた可能性がある。

明治民法典編纂の議論の中では、たとえば「妻が夫の後見人になるのは、夫の親を飛び越えることを意味するから面白くない」とか、妻のような「戸主以外の者に後見人をつけるのは、習慣に合わない」との意見もあがっていた[66]。しかし、明治23年の民事訴訟法の施行以来、家族が訴訟の〈当事者〉となるような場合が生ずるようになったにもかかわらず、家族に後見人がいないために不便をきたすことが多かったことや、民法の制定で私法関係が整理されたことを契機に、戸主以外の家族に後見人を付けることにしたのではないかと推測されている[67]。このことから、後見人を付けるということが、被後見人の財産管理や療養看護という目的だけでなく、治安維持、そして円滑な紛争解決という便宜的理由も考慮されていたといえよう。

明治民法における禁治産制度は、後見人が配偶者や直系血族でない場合に、被後見人の資力に応じての報酬の支払いを定めた規定（第925条）や、有給の財産管理者についての規定（第926条）があるのも、その特徴として挙げられる。これは親族後見から社会的後見への流れとしてみることができる。

(2) 昭和期（昭和23年以降）～平成期

明治民法の後に禁治産者に対する後見制度が大きな転換点を迎えるのは、1946年に新憲法が成立し、個人の尊厳と両性の本質的平等という理念の元、戸主制度や家督制度が廃止されたことによる。昭和23年1月1日施行の民法中の後見制度と、明治民法のそれとを比較し、田山は、「明治民法の規定は、家のための後見という理念に貫かれていた。これに対して、新法はたとえ旧来の規定を残していても、その根本の趣旨は「被後見人のため」という趣旨に変更されたものと解すべき」としている[68]。このときに見直された後

---

65) 富井・前掲注60) 134頁。
66) 法務大臣官房司法法制調査部監修『日本近代立法資料叢書2 法典調査会 民法総会議事速記録』商事法務（1984）。
67) 梅謙次郎『民法要義巻之四 親族編』（第14版）法政大学（1903）。
68) 田山・前掲注51) 146頁。

見制度(禁治産制度)は、その後、本人の意思や自己決定権の尊重、ノーマライゼーションの理念の重視といった社会変化に伴い、1999年に再び見直されることになる[69]。新憲法成立を機に見直された禁治産制度には、どのような特徴があったのか[70]。1999年に新たに創設された成年後見制度に照らして確認しておこう。

戦後の禁治産制度と1999年に改正された成年後見制度では、その理念から異なっている。法制審議会民法部会の部会長であった星野英一は、この点について、戦後の禁治産制度は判断力が衰えているような人を「法律的に保護すること」が理念であるのに対し、1999年に見直された新しい制度では、「保護と自律・自己決定との調和」が理念になっていると述べている[71]。

また、1999年改正では、後見人の役割の一つである身上監護が争点の一つとなった。禁治産制度では、民法858条1項「禁治産者の後見人は、禁治産者の資力に応じて、その療養看護に努めなければならない」と、後見人による禁治産者に対する身上監護義務が規定されていた。戦後50年のうちに超高齢化社会を迎えた日本では、判断能力が衰えたり失った高齢者に対する社会的介護の必要性が認識されるようになっていた。そのため、民法学説のうちに身上監護という概念を利用して、成年後見制度によって介護労働を保障しようという考え方、つまり後見人を介護について最終責任を負う者と位置づけ直そうとする考えが出てきた[72]。しかし1999年の改正では858条は

---

69) 小川秀樹「新しい成年後見制度の概要」『ジュリスト』1172 (2000) 17-22頁。
70) 当時法務省民事局参事官だった小川秀樹は、次の四つを戦後50年の禁治産制度の問題点として挙げている(小川・前掲注74))。①硬直的な制度であるため、個々の事案における各人の状況に合致した弾力的な措置を取ることが困難、②「心神喪失」「心神耗弱」という要件が重く厳格であるため、軽度の痴呆・知的障害・精神障害等に対応することができない、③「禁治産」という用語について社会的な偏見がある、④禁治産宣告の公示が戸籍への記載をもってされており、関係者の抵抗感があった。
71) 星野英一「インタビュー 成年後見制度と立法過程——星野英一先生に聞く(特集 新しい成年後見制度)」『ジュリスト』1172 (2000) 4頁。
72) 新井誠『高齢社会の成年後見法』有斐閣 (1994)。水野は、このような問題に対する危機感が、成年後見制度の改正を短期間に推し進めた要因の一つとして挙げている(水野紀子「成年後見制度——その意義と機能と限界について」『法学教室』218 (1998) 92-97頁)。この考え方について水野は、「介護サービスを購入して供給できなければ、自ら提供する義務を負う者と位置づける」ことであり、「介護について最終責任を後見人に負わせることは、後見人に介護労働義務を強制することになる結果になり、是認できない」と述べている(水野紀子「成年後見人の身上監護義務」『判例タイムズ』1030 (2000) 100頁)。

「成年後見人は、成年被後見人の生活、療養看護及び財産の管理に関する事務を行うに当たっては、成年被後見人の意思を尊重し、かつ、その心身の状態及び生活の状況に配慮しなければならない」というように、成年後見人はあくまでも意思決定の代行制度であるという原則を貫く条文となった。

　さらに、改正前は民法858条2項で「禁治産者を精神病院その他これに準ずる施設に入れるには家庭裁判所の許可を得なければならない」と規定されていた。この規定があるため、民法では禁治産宣告を受けている場合は、入院に際し家庭裁判所の許可が必要であり、受けていない場合は精神保健法に基づき保護者の同意だけで入院させることができるという事態が生じていた。そこで新制度では、精神保健法との整合性に鑑みて、この項目は削除された。

　ここまでで論じたように、成年後見制度は「禁治産制度」として成立した当初から1999年改正までに、その目的に変化がみられる。「禁治産制度」として成立した明治時代は、財産管理や療養看護といった被後見人本人に対する庇護的側面だけでなく、契約を結ぶ者に対する保護、さらには社会防衛的な側面も含まれていた。これらの背景には「家」の存続という大目的があった。そして1946年の新憲法成立とともに、「家」の存続という大目的が崩れ、被後見人の保護という趣旨に変化する。さらに自己決定権の尊重や、ノーマライゼーションの理念の浸透とともに、1999年には保護と自律・自己決定という、被後見人本人の主体性に配慮した制度となった。この流れの中で、もともとあった社会防衛的な目的は消滅していった。

　このことは、成年後見制度の理念に関する前述の星野の発言や、1999年改正により、本人の自己決定や残存能力を尊重するようになったことからも明らかであるが、現民法で使用されている語句からも読み取ることができる。後見人の実際の役割は、戦前から継続的に被後見人の財産管理と療養看護であることは前述の通りである。禁治産制度から成年後見制度に移行した後も、しばしば療養「看護」を身上「監護」と呼ぶことがある。しかし現民法の法文中では「監護」という文言は未成年の場合にのみ用いられており、成人については用いられてはいない。たとえば、「成年被後見人の意思の尊重及び身上の配慮」について規定した民法858条は、「成年後見人は、成年被後見人の生活、療養看護及び財産の管理に関する事務を行うに当たっては、成年被後見人の意思を尊重し、かつ、その心身の状態及び生活の状況に配慮しなければならない」となっている。つまり、現民法下においては、成年後見人

の役割である療養看護の中には、未成年に対するような「監視、監督する」という意味合いがほとんど含まれてはないと解釈できるのである。

　さて、このように1946年以降の成年後見人は本質的には被後見人を保護するために位置づけられており、社会防衛的役割は想定されていないのだが、平成25年の改正前の精神保健福祉法20条に基づくと「保護者」となり、社会防衛的な側面をはらみながら、被後見人を管理・監督する義務をもつようになっていた。法定の「保護者」となった成年後見人による監督が不十分で、被後見人が過失を犯した場合は、〈当事者〉性を付与され被後見人に代わって損害賠償責任を負う可能性が出てきていた。

　ところで、後見の担い手は親族後見から社会的後見へと時代とともに推移してきたといわれている。しかし、成年後見人等と本人の関係を示したデータでは、配偶者・親・子・兄弟姉妹といった親族が選任されているケースが全体の6割程度を占めており、いまだ親族後見が支配的である。

　第三者後見が増えにくかった理由として、とくに精神障害者が対象の場合、後見人が同時に精神保健福祉法上の保護者になるという2階建ての構造になっていたため、就任の大きな障害になっていたことが指摘されている[73]。このような2階建て構造に、第三者後見人のなり手不足という問題が拍車をかけ、その結果、精神保健福祉法上「保護者」としての義務を果たすべき順位が最優先されるのは後見人ではあっても、法定の「保護者」となるのは、必然的に親族であることが多くなっていた。あるいは親族が後見人になり、後見人となった親族が法定の「保護者」であったという言い方もできる。

　すなわち、精神障害者が過失を犯した場合、その時点で第三者後見が選任されていなければ、配偶者あるいは親権を行う者といった親族が法定の「保護者」として選任され、〈当事者〉性が付与された可能性が高かったということである。さらに興味深いことは、精神保健福祉法20条2項で規定されていた保護者の義務を果たすべき順位は1．後見人または保佐人、2．配偶者、3．親権を行う者、4．前2号の者以外の扶養義務者のうちから家庭裁判所が選任した者となっており、親権を行う者よりも配偶者が上位に位置づけられていたことである。つまり、害を加えた者に配偶者がいる場合は、親

---

[73]　大塚昭男「精神障害者による成年後見制度の利用」『法律のひろば』58(6) (2005) 41-45頁。

権を行う父母の責任よりもむしろ夫や妻のような配偶者の責任が重いとみなされており、したがって順位のみにより判断すれば、公的な〈当事者〉性は親権を行う父母ではなく配偶者に付与される可能性が高かったことになる。これは民法が定位家族（子どもとして生まれ育てられる家族）よりも生殖家族（自らの選択によって配偶者を得て形成する家族）の保護機能をより重視していることの現われと捉えることができる。ただ、実際は精神障害者に配偶者がいるケースは多くない。

4．扶養義務者——民法877条

(1) 民法上の扶養義務

　では、法定の保護者も後見人も選任されていなかった場合はどのようなことが起こりえたのだろうか。平成25年の改正以前の精神保健福祉法33条2項では、家庭裁判所による保護者選任がされていない場合であっても、精神障害者が移送されてきた場合は、その扶養義務者の同意があるときは、本人の同意がなくても、一定期間入院させることができるとされていた。また、33条3項で、この間は、精神障害者の入院について同意をした扶養義務者を、20条が規定する保護者とみなすとされていた。これらのことが示すように、精神保健福祉法上は、扶養義務者を法定の保護者と同格に重視していた。したがって、法定の保護者も後見人も選任されていない場合、法定の保護者と同格に重視される扶養義務者が、民法714条の監督義務者としてみなされた可能性が高いといえる[74]。

　民法では、親族間の扶養義務を次のように定めている。まず民法877条では、「直系血族及び兄弟姉妹は、互いに扶養をする義務がある」（1項）、「家庭裁判所は、特別の事情があるときは、前項に規定する場合のほか、三親等内の親族間においても、扶養の義務を負わせることができる」（2項）と規定している。

　このような扶養義務を担う者、つまり扶養義務者は、法律上は監督義務者としてしばしばみなされるのであるが、果たして扶養することと監督するこ

74）　ただし、精神保健福祉法上、選任された保護者に扶養義務はない。

とは本質的に同一といえるのだろうか。両者にはどのような関係があるのか。ここではまず扶養が法的義務として捉えられるようになった背景を検討し、次に扶養がもつ三つの側面について簡単に整理しておくことにする。

扶養法は明治以前にもあったが、それより後の扶養法はこれとは独立に発達したといわれている[75]。ここでは民法上の扶養の概念について論じる理由から、明治以前の扶養法については必要最小限の言及にとどめることにする。

明治31年（1898年）に公布された明治民法では、私的親族扶養義務は条文構造上、次の4種に分かれていた[76]。夫婦相互の扶養義務（（旧）民790条）、直系血族及び兄弟姉妹間の相互の扶養義務（（旧）民954条1）、夫婦の一方と他方の直系尊属にして家を同じくする者との間の相互の扶養義務（（旧）民954条2）、戸主の家族に対する一方的扶養義務（（旧）民747条）である。なお、（旧）民法747条の規定が示すように、明治民法は封建的な家父長的家族制度観が反映されたものであった[77]。

それぞれの扶養義務の根拠としては、夫婦の扶養義務については「自然ノ愛情ニ因リ」、親ならびに直系尊属の子ならびに直系卑属に対する扶養義務については「自己ガ直接又ハ間接ニ其者ヲ此世ニ生マレシメタル」こと、子の親に対する扶養義務については「鞠育（きくいく）ノ恩ニ報フベキ」こと、家を同じくする直系姻族間については「互ニ相扶クベキコトヲ約シタル」こと、そして戸主の家族に対する扶養義務については「之ヲ養フ為メ家産ヲ相続シタルニ因」ると説明されている[78]。扶養の根拠は、このように五つに分けられていたが、実際の扶養の方法はすべて（旧）民法961条に「扶養義務者ハ其選択ニ従ヒ扶養権利者ヲ引取リテ之ヲ養ヒ又ハ之ヲ引取ラスシテ生活ノ資料ヲ給付スルコトヲ要ス」と規定されていた。そして、扶養義務が発生する場合として、（旧）民法959条では「扶養ノ義務ハ扶養ヲ受クヘキ者カ

---

[75] 石井良助「日本における扶養制度」中川・青山・玉城ほか編『家族問題と家族法Ⅴ　扶養』酒井書店（1958）98-132頁。

[76] 深谷松男「生活保持義務と生活扶助義務」川井健ほか編『講座・現代家族法第4巻』日本評論社（1992）187-205頁。

[77] 菅野耕毅『家族法の基本問題――民法の研究Ⅲ』信山社（1998）。明治23年に公布された民法典に対しては、家長制大家族主義的立場から批判が起こり、明治29年に廃棄されている。この所謂民法典論争の詳細については、石田（石田穣「Ⅴ法典編纂と近代法学の成立」石井編『日本近代法史講義』青林書院（1972）95-111頁）を参照。

[78] 梅・前掲注67) 529頁。

自己ノ資産又ハ労務ニ依リテ生活ヲ為スコト能ハサルトキニノミ存在ス自己ノ資産ニ依リテ教育ヲ受クルコト能ハサルトキ亦同シ」とされている。つまり、配偶者や子、親、兄弟姉妹、義父母等が自力で生活していけない、あるいは自分自身の資産で教育を受けられない場合に、自分のところに引き取って養うか、あるいは引き取らずに生活物資を給付して、生活を支える義務ということになる。

　菅野は、資本主義経済の発達につれて弛緩していく親族関係を「家」という枠の法制度化によって守ろうとしたと指摘する[79]。しかし梅は、扶養義務を明治民法に規定したことについて、仮に貧しさのあまり路頭に迷う人が続出したとしても、国はすべての人を救出することなど財政的に不可能であるから、そのようなことがないよう、国家に代わって人々の生活を維持させるために扶養を法律で義務づけたと述べている[80]。そして、扶養する範囲を限定した理由については、必要以上に扶養範囲を広げてしまうと弊害が出る可能性があるので、法律に定めていない者に対する扶養については、道徳上の義務として判断されるべきとしている[81]。梅によるこれらの説明からは、扶養義務は道徳上の義務としての要素が強いが、国家負担の過度の増大を予防するために法的義務として位置づけたと解釈できる。すなわち、「親族関係を「家」という枠の法制度化によって守ろうとした」というよりも、むしろ「親族関係を守ることによって、国家財政を守ろうとした」という方がより適当であろう。このように、明治時代における扶養には、道徳規範の側面および法的義務としての側面があった。さらに、扶養義務の根拠に鑑みると愛情としての側面もあったということができる。

　さて、昭和21年に日本国憲法が公布されると、封建的家父長的家族制度観に基づく「家」制度は廃止され、個人の尊厳と両性の本質的平等とを根本原理（憲法24条2項）とした家族法が制定される。

　では、現行の民法における扶養の考え方は、明治民法の頃から大きく変化したのだろうか。たとえば扶養の根拠についていえば、現行の民法では、未成熟な子に対する親の扶養の根拠は、親は子に生を与えた者であるため、そ

---

79) 菅野・前掲注77)。
80) 梅・前掲注67) 529-530頁。
81) 梅・前掲注67) 530頁。

の子を養育しなければならないとされており[82]、老親扶養の根拠は、親が子を養育した事実そして子が第一順位の相続人であることおよび子がもっとも近い親族の直系血族であることにより、強い協働関係があることが挙げられている[83]。また、扶養の方法についての規定としては、民法752条および760条による生活保持義務、民法877条による生活扶助義務がある[84]。加えて、戦後の民法改正により、新しく民法730条に「直系血族及び同居の親族は、互いに扶け合わなければならない」という「親族間の扶け合い」について定められた。この規定は戦後の民法改正の際に、「家」制度擁護論者への対応として、民法上の「家」は廃止するが、道徳上および習俗上の「家」は残すという形での妥協として設けられたものといわれている[85]。

こうしてみると、「家」制度の廃止に伴い、確かに戸主による一方的な扶養義務はなくなっているが、それ以外の扶養義務に関する対象、根拠、方法については考え方の上で大きな変化はないように見受けられる。次に扶養がもつ三つの側面についてみてみよう。

(2) 「扶養」に内在する諸側面

明治民法において法的義務として扶養が位置づけられ、これらの規定が元となり修正を加えられて現行法に至っているのだが、日常生活を振り返ると、必ずしも義務だからという理由から、夫婦や親子あるいは親族が共同生活をし、互いに助け合っているわけではないだろう。むしろ、慣習として、あるいは愛情や労わりといった感情に基礎づいてなされていることが多いのではないだろうか。明治民法における扶養義務の根拠や、民法730条が定められた背景に照らしても、扶養という行為が、従来から遵法行為である前に、精神的、道徳的・慣習的行為であることがわかる。

---

[82] 深谷・前掲注76)。
[83] 渡頼勲「老齢の親に対する子の扶養義務」『家事事件の研究Ⅱ』有斐閣(1973)127頁。
[84] 扶養の方法としては、当事者間の協議が困難な場合の家庭裁判所の処理について定めた民法879条がある。
[85] 菅野・前掲注77)。明治民法においては、戸主を中心とする「家」と「家」との協力関係は、親族会議により規定され、親族間の扶助関係が成立していたが、戦後の民法改正により「家」制度が法律上廃止されたため、家族員と家族員との関係を「親族」という関係概念で規定し、親族個人相互間に扶け合いの義務を法定した(菅野・前掲注77))。

扶養は、その経済的側面に主眼が置かれることが多い。たとえば西原は、扶養を「自力で生活していけない者に対する他の個人からの経済的給付」とし、その原動力を労働力の維持確保にあると述べている[86]。具体的には、幼児等に対する扶養は将来の労働力の保全を意味し、夫の妻に対する扶養は夫の労働にとって妻の存在が重要と意味づけられていたからと考える。

しかし、子が成長し、労働力として確立した後も扶養の要素が継続されることがある。内閣府の国民生活選好度調査[87]によると、全体の22.4％が「子どもになるべく多くの遺産を残したい」と考えているという。その理由としてもっとも多かったのが「子どもの幸せのために役に立つから」（59.1％）であり、「介護や同居など、老後の面倒を見て欲しいから」といった代償的な考え方は8.6％にすぎなかった。財産を残すということが、必ずしも残された子どもを扶養するということを意味するわけではない。しかし先の調査結果からは、子が成人して経済的に養う必要性がなくなっても、親は子に対して経済的援助を提供したいと思い続けることが推察される。しかも、それは自己利益ではなく、子どもの利益が目的となった自発的行動であることが多い。このように、扶養には被扶養者に対する愛情行動としての側面がある。

また、扶養には道徳的規範としての側面がある。つまり、家族を扶養することは善であるから、自発的に良心に従って家族を扶養するという意味である。このように道徳は、単に「善い」から、「悪い」から、規範によって命じられているからというそれだけの理由で自発的に規範に従って行動することを要求するものである。しかし実際には、「扶養をすることは善であるから」という理由で、動機づけられ、行動が決定されるということは稀であると川島は指摘する[88]。川島によると、道徳的動機づけだけが単独に機能する場合は少なく、むしろ多くの場合、他のさまざまな動機づけと競合しているという。たとえば、扶養しなかった場合の社会からの反応や評価といった、行為の結果に対する考慮が動機づけとして考えられよう。

---

86) 西原道雄「扶養制度と社会」中川・青山・玉城他編『家族問題と家族法Ⅴ　扶養』酒井書店（1958）。
87) 回答者は全国の15歳以上80歳未満の男女3,647人（内閣府『平成17年版国民生活白書―子育て世代の意識と生活』国立印刷局（2005））。
88) 川島武宜『法社会学4――法意識』岩波書店（1982）。

扶養にかかる道徳的規範に違反した者に対する社会的非難について、西原は、「誰でもが扶養するような近親を、一般の人ならば扶養するような事情にありながら扶養しない者に対して、不道徳だとの非難」が浴びせられると述べる[89]。しかし、扶養の動機として、道徳的動機づけよりも社会的非難からの回避が強いと、自発的意思に基づく扶養ではなく、強制による扶養の要素が強くなると考えられる。西原は、とくに肉体や精神の保護育成のための事実上の世話は、扶養者の自発的な意思を欠いては不可能に近いと指摘する[90]。

　したがって、扶養する側が自発的意思を感じながら扶養する必要が出てくる。つまり、扶養がもつ道徳的側面が、動機づけとして適切に機能することが求められる。仮に、扶養しなかった場合の社会的非難があまりに強まれば、「やらされ感」が強く、結果的に扶養に支障が出てくることになるだろう。

　しかしながら、前述の通り実際は民法上の義務として、程度の差こそあれ、扶養に法的強制が加えられている。仮に親族による扶養が適切になされない場合は、国家が代わって扶養をするようになる。扶養制度の変遷を概観して西原は、資本主義の発展に伴って生じた生活困窮者の生存を維持するために救貧制度が成立し、これが社会保障制度へと発展するが、国家の負担の限度を超えて困窮者が存在するときは、これにかかる負担を国民に転嫁する必要が発生し、その一つの方法として親族の扶養義務を強化・拡大しようとすると述べている[91]。さらに、家族制度が崩壊しつつあるときには、親族間の扶養を法の強制力により実現してこれを食い止めようとすると指摘する。西原と同様に、福島もまた社会保障を補うための扶養義務について、「一般的に、資本主義諸国の立法例として、民法の扶養が先行し、社会保障はこれにおくれその補足として働く。これが原則である」「日本の場合では、社会保障の経費を節約するために、先行する親族扶養の適用拡張を意識して行ったことに注意しなければならない」「戦前においては「家」の原理が強く活用され、また戦後にも「従来の慣行」としての家族制度が現実の生活規範として採用されることをみる[92]。これはまた、憲法において福祉国家をうたいながら、

---

89)　西原・前掲注86)。
90)　西原・前掲注86)。
91)　西原・前掲注86)。

実際には社会保障の受益についての権利意識がまだまだ微弱である民衆の実情と対応するものである」と論じている。民法730条については、「国民の生活を保障すべき国家の責任を親族に肩代わりさせる結果に終わっている」との批判がある[93]。

ここまでみてきたように、扶養には愛情としての側面、道徳的・規範的側面、そして法的側面があり、これらの側面が複雑に絡み合って「扶養」という行為が成立しているということができる。本人に対する保護の要素が強い「扶養」は、社会に対する治安維持や社会防衛を目的とした「監督」とは非なるものなのである。したがって、被扶養者である精神障害者が重大な他害行為を行った際に、仮に扶養義務者に〈当事者〉性を付与し、その責任を求めるのであれば、このとき求められる責任は、精神障害者を監督しなかった責任ではなく、本人を適切に扶養しなかった責任となるはずである。

適切に扶養しなかった責任を法的に求めることができるのは、「扶養」に法的側面があるからである。換言すると、「扶養」に法的側面があるからこそ、扶養義務者に公的〈当事者〉性を付与しやすくなるのである。また、たとえ法的責任を問われないとしても、道徳に背き、規範に沿って「扶養」しなかったという理由から、社会的非難を浴びる可能性がでてくる。この意味で、扶養義務者は法的〈当事者〉性のみならず、社会的〈当事者〉性、つまり社会的責任を付与される可能性が高いといえよう。

さて、ここまで精神障害者の監督義務者となり〈当事者〉性付与の対象とみなされる可能性が高い成年後見人と扶養義務者について論じてきた。しかし、監督義務者として〈当事者〉性付与の対象とみなされやすかったのは、精神保健福祉法上の保護者であった。そこで、次節では精神障害者家族に求められる機能がどのようなものなのか、精神保健福祉法を通して検討しよう。

5．保護者──精神保健福祉法20条、医療観察法2条（改正後23条の2）

(1) 精神保健福祉制度にみる保護者の役割変化

精神障害者の家族の役割は、明治33年成立の精神病者監護法（法律第38

---

92) 福島正夫「課題」中川・青山・玉城ほか編『家族問題と家族法Ⅴ　扶養』酒井書店 (1958)。
93) 菅野・前掲注77)。

号)から、法律として規定された。それから100年以上の間、厳密には113年間、家族は継続的に「保護義務者」「保護者」と名称を変更しながらも、精神障害者との関係で一定の役割を担う存在として規定されてきた。ただし、この間継続的に同じ役割を期待されていたというわけではなく、制度の上で精神障害をもつ人の家族に期待される役割は徐々にその性質を変えていった。すなわち、従来は治安維持のために精神病のある家族メンバーを管理・監督する役割が中心であったのが、時代を経て、精神障害のある家族メンバーが不当に権利を侵害されないよう、本人に代わって注意を払い、行動を起こす権利擁護者的役割が中心になったのである。この変遷について以下で詳しくみていこう。

① 精神病者監護法における保護義務者

精神障害者の家族の役割を初めて法文中で規定した精神病者監護法は、精神障害者の私宅監置を合法化したもので、精神障害の医療施設の拡充や治療の整備などについては規定されていないことから、治安立法であったとの見解が示されている[94]。当該法律が制定される以前もいくつかの精神病者取締規定が布告されていたが[95]、制定時は日英通商航海条約の実施に向けて、全国で統一した法律を公布する必要性に迫られていた。実際、第13回帝国議会貴族院特別委員会では、当時の司法官である名村泰蔵が、

「此法律ハ條約實施モ近キニアッテ、矢張條約實施ノ準備ノタメニ設ケタルヤウニ承ツテ居リマスガ、全國ニ瘋癲病院ノ設備ガ出來テ始メテ此法ガ行ハレルト云フコトデアリマスレバ條約準備ノタメノ法律デハナイノデゴザイマスカ、ドンナ次第デアリマスカ」

---

94) 日本精神衛生会編『日本の精神衛生』日本精神衛生会(1973)。精神病者監護法が治安維持のための立法であったことは、多くの研究者らが主張している。たとえば加藤久雄もその1人である(加藤久雄「わが国における精神障害者法制の歴史的考察」『精神医療と法』弘文堂(1980)190頁)。
95) 明治17年(1884年)「瘋癲監禁に関する取り締まり規則」(警視庁布達甲第3号)、同年「瘋癲人取扱心得」(警視庁布達第56号)、明治27年(1894年)「精神病患者取扱心得」(警視庁令訓令甲第25号)がある。

と、条約実施に向けての法律とはいえ、病院設備が全国に不足している段階での法施行に危惧を呈した[96]。それに対し説明員である松本郁朗は、精神病者を治安を乱す危険な存在として捉え、政府が条約実施に向けて、開港する港の治安を守ることを重視する発言をしている。

他方、永井は、加持祈禱対象としての「狐憑き」から、治療対象としての「精神病」へと変化を遂げる過程についてフランスの現代思想に照らしつつ論じている[97]。永井は、「狐憑き」から「精神病」になったことで「危険」であると同時に「もっとも不幸な」ものとして、精神病者が一つの見世物になっていったことを指摘している。すなわち「狐憑き」から土着性を切り離すことにより、「精神病」は「狐憑き」のような、共同体が一致団結して解決に当たる対象ではなくなったのである。

さて、精神病者監護法は、その1条で「精神病者ハ其ノ後見人配偶者四親等内ノ親族又ハ戸主ニ於テ之ヲ監護スルノ義務ヲ負フ但シ民法第九百八条ニ依リ後見人タルコトヲ得サル者ハ此ノ限ニ在ラス」と規定し、危険な存在である精神病者を監置する役割を家族に付与した。そして第2項では、「監護義務者数人アル場合ニ於テ其ノ義務ヲ履行スヘキ者ノ順位ハ左ノ如シ但シ監護義務者相互ノ同意ヲ以テ順位ヲ変更スルコトヲ得」とし、後見人を第1に、配偶者を第2に、そして親権ヲ行フ父又ハ母を第3に挙げていた。このように、家族に精神病者を「監護」する役割を担わせたことについて山下は「家族制度を国家支配の重要な武器としていた明治政府は、これを巧みに利用して精神病者の監置とその費用負担を家族におしつけた」と述べている[98]。

そもそも精神病者監護法と民法（とくに禁治産制度）との関係は深い。前節で論じたように、明治民法922條では後見人の療養看護義務が規定されて

---

96) 貴族院『第13回帝國議會貴族院精神病者監護法案特別委員會議時速記録第1號』明治32年2月8日（1899a）。

97) 永井は、「狐憑き」から「精神病」へと変化する過程において「入院」が必要であったことを指摘する。つまり、土着性が強く、治療不可能である「狐憑き」がもつ（憑き物という）過剰性を、妄想として「身体」に閉じ込め内面化し、医師が治療できる「身体」を構成するために、入院というものが必要であったという。永井は、精神病者を「危険」と考えるのは、「閉じ込め」の後「身体」が形成された上で、これを内面の欠損とするゆえんのことであると述べている（永井順子「『狐憑き』の言説／『精神病者』の言説」『社学研論集』1, 早稲田大学大学院社会科学研究科（2003）293-308頁）。

98) 山下剛利『精神衛生法批判』日本評論社（1985）9頁。

いた一方で、精神病者監護法は後見人を定めていない場合の監護義務を規定していた。また、法案が議論された際、監護義務者の順位についての疑問が呈せられると、松本説明員は民法との整合性を認める説明をしている[99]。このことは、明治民法における療養や扶養にまつわる家族の責任規範が、そのまま精神病者監護法にも反映されていたことを示している。

注目すべきは上記特別委員会において、監護義務を怠った場合の制裁についてのやりとりがなされていた点である[100]。村田保議員は、法案文中に監護義務者への制裁が記述されていなければ、義務を蔑ろにするのではないかとの危惧を示した。これに対し松本説明員は、当該法律案では制裁については規定していないことを認め、また刑法上の制裁を加えるというのも「甚ダ酷薄」なため設けていないとした。その上で、民法714条の規定が監護義務を怠った者に対する制裁を意味していると説明した。精神病者の監置とその「費用負担を家族におしつけた」当該法律は50年間施行されたが、1950年に精神衛生法（昭和25年法律第123号）が精神障害者への処遇を規定する新しい法律として立法化されたことを機に廃止された。しかし、精神衛生法が成立しても精神病者監護法でとられていた家族に対する姿勢はそのまま踏襲されることとなった。

② 精神衛生法における保護義務者

精神衛生法では保護義務者の役割は、精神衛生法20条から22条、41条、43条で規定していた。具体的には20条1項では「精神障害者については、その後見人、配偶者、親権を行う者及び扶養義務者が保護義務者となる。但し、左の各号の一に該当する者は保護義務者とならない」とし、行方の知れない者、当該精神障害者に対して訴訟をしている者、またはした者ならびにその配偶者および直系血族、家庭裁判所で免ぜられた法定代理人または保佐人、破産者、禁治産者および準禁治産者、未成年者は保護義務者にならないと定めていた。また20条2項では「保護義務者が数人ある場合において、

---

99) 貴族院法案委員会では、精神病者監護法が、民法の特別法であることが説明されている（貴族院『第13回帝國議會貴族院精神病者監護法案特別委員會議時速記録第2號』明治32年2月14日（1899b））。
100) 貴族院・前掲注96）。

その義務を行うべき順位は、左の通りとする。但し、本人の保護のため特に必要があると認める場合には、後見人以外の者について家庭裁判所は利害関係人の申立によりその順位を変更することができる」とし、保護義務者の義務が生じる順位が「1．後見人、2．配偶者、3．親権を行う者、4．前二号の者以外の扶養義務者のうちから家庭裁判所が選任した者」と列挙していた。22条1項では「保護義務者は、精神障害者に治療を受けさせるとともに、精神障害者が自身を傷つけ又は他人に害を及ぼさないように監督し、且つ、精神障害者の財産上の利益を保護しなければならない」と規定し、同条2項では「保護義務者は、精神障害者の診断が正しく行われるよう医師に協力しなければならない」とし、同条3項では「保護義務者は、精神障害者に医療を受けさせるに当つては、医師の指示に従わなければならない」としていた。さらに41条では「保護義務者は、前条の規定により退院又は仮退院する者を引き取り、且つ、仮退院した者の保護に当つては当該精神病院の長の指示に従わなければならない」と保護義務者の引き取り義務を規定し、43条では「自身を傷つけ又は他人に害を及ぼすおそれのある精神障害者で入院を要するものがある場合において、直ちにその者を精神病院に収容することができないやむを得ない事情があるときは、精神障害者の保護義務者は、都道府県知事の許可を得て、精神病院に入院させるまでの間、精神病院以外の場所で保護拘束をすることができる」と保護拘束について規定していた。

　池原は、当該法律について、精神障害をもつ人に治療を受けさせる義務を家族に負わせることで、精神障害のある人が監置の対象ではなく治療の対象であることを明らかにしようとしたと述べている[101]。確かに精神衛生法1条には「この法律は、精神障害者の医療及び保護を行い、且つ、その発生の予防に努めることによつて、国民の精神的健康の保持及び向上を図ることを目的とする」とあり、当該立法では、精神障害者を医療、保護、予防の対象として位置づけようとしたことがうかがえる。また、1950年4月5日の厚生委員会では中山参議院議員が法案提出の理由として、精神障害の可能性のある者すべてに対して医療および保護が行き届くよう、態勢を整えようとしたことを説明している[102]。

---

101) 池原毅和「精神障害者の保護者」町野朔編『ジュリスト増刊　精神医療と心神喪失者等医療観察法』有斐閣（2004）196頁。

南山は、精神衛生法で、家庭から医療へと精神病者を隔離・監督する位置が移された代わりに、家族は精神病のある者を管理し、精神医療と患者とをつなぐ位置に置かれたと指摘している[103]。同法で保護義務者による同意入院制度が新たに導入されたことは、保護義務者に「つなぎ役」としての機能が求められていたことの象徴と捉えることができる。しかし、「つなぎ役」は保護義務者にのみ課せられたわけではなく、警察官（24条）や検察官（25条）、矯正保護施設の長（26条）にも課せられていた上、23条では「精神障害者又はその疑のある者を知った者は、誰でも、その者について精神衛生鑑定医の診察及び必要な保護を都道府県知事に申請することができる」とし、その責任の重さに相違はあるものの広く一般の人々の「つなぎ役」をも規定していたことに留意すべきであろう。

　国がさまざまな「つなぎ役」を設定し、入院に対する本人の同意を必要としない措置入院制度や同意入院制度を整え、精神障害者を治療に結びつけようとした理由はどのようなものだったのだろうか。このことを考えるにあたり、精神衛生法が成立する前年の1949年に設立された「日本精神病院協会」の設立趣意書が参考になる。そこには、

「終戦当時、殺人、傷害、放火等の凶悪犯罪が頻出した主因の一つに、精神障害者に対する公衆衛生施設に不備不完のあることが指摘されたが、その後8年が経過し、やや世相も安定した現在でもなお精神病者、精神薄弱者等の精神障害による殺人、傷害、放火等の危険犯罪や、精神障害者に対する血族等からの殺人、殺人未遂等の重大犯罪が、連日の新聞記事になり不安感を漂わせ、民生安定を妨げておることは、精神障害者に対する公衆衛生施設に欠陥が多い証拠である。」

とある[104]。この文章からは、精神障害者が重大な他害行為を行う可能性が高く、事件の発生を防ぐためには、公衆衛生施設を整備し、精神障害の可能性のある者すべてに治療を提供する必要があると考えられていたことが推察

102）衆議院事務局『第7回国会衆議院厚生委員会議録第22号』衆議院事務局（1950a）2頁。
103）南山浩二『精神障害者——家族の相互関係とストレス』ミネルヴァ書房（2006）12頁。
104）芹沢一也『狂気と犯罪』講談社プラスアルファ新書（2005）190頁。

される。

　池原は、精神衛生法における保護義務者の自傷他害防止監督義務（22条1項）を指して、監護義務の残滓であったとの解釈を示している[105]。確かに同法43条の保護拘束についての規定では、自傷他害のある精神障害者に対する措置として、精神病院に入院させる以外に保護義務者による保護拘束の権限が与えられていた上、48条2項では精神衛生法施行後1年間は、精神病者監護法による私宅監置の継続実施を一部認めていたのである。これらの規定からも、精神病者監護法に引き続き精神衛生法でも、保護義務者に監視・監督の役割を期待していたとみることができる[106]。

③　改正精神衛生法における保護義務者

　精神衛生法は、1965年に改正されている。その背景には薬物療法や精神療法、作業療法の進歩により、精神障害の寛解率がいちじるしく向上したため、精神障害への予防対策、治療法、社会復帰などの一貫した施策を再提示する必要が出てきたことがある[107]。ところが、1964年にライシャワー事件が発生したことにより、精神医療のあり方が大きな社会問題になった[108]。警察庁は厚生省に対し、精神衛生法の改正（他害の危険性のある患者に関する警察への通報義務の規定等を主とする）、精神障害者収容体制の制度化、土日の警察官による通報受理の体制整備について検討するよう申し入れ、警察庁による精神衛生行政に対するこうした介入が、精神衛生法改正の機運を高めたといわれている[109]。

　1964年10月9日の法務委員会では、高橋等国務大臣が保安処分の必要性

---

105)　池原・前掲注101）196頁。
106)　1960年から京都府内で精神障害者地域家族会活動を推進していた水上は、患者の家族の悩みの多くは「治療費負担、借家権の紛争、退院受け入れ、入院時の措置入院の少なさ等金銭の問題であると指摘している（水上嘉市郎「家族会の歩みと考え方」『社会医学研究』10・11（1965）23-296頁）。
107)　白石大介『精神障害者への偏見とスティグマ：ソーシャルワークリサーチからの報告』中央法規（1994）11頁。
108)　ライシャワー事件は、1964年3月に当時の駐日米国大使ライシャワーが19歳の少年に大腿部を刺された事件。少年に精神障害による入院歴があることがすぐに発覚し、日本政府はアメリカに陳謝するとともに、国家公安委員長は引責辞任した（芹沢・前掲注104））。
109)　金子嗣郎・斉藤正彦「Ⅲ日本における精神医療関連法規の歴史」松下正明編『臨床精神医学講座22——精神医学と法』中山書店（1997）40頁。

を訴えており、実際、法制審議会では精神障害者に対する保安処分についての検討がなされた[110]。この動きからも、精神障害者を危険とする見方が強まったことが明らかである。

結果的に、1965年の精神衛生法改正によって、都道府県精神衛生センターの設置や外来通院を促進するための通院公費負担制度の導入、保健所の精神衛生業務の確立、訪問指導体制の確立、保護拘束制度の廃止など、入院中心から通院中心への方向転換と地域医療の推進が図られた。しかしその一方で、精神障害者に関する申請通報制度の強化や緊急措置入院制度の新設など、措置入院制度の強化が図られることとなった[111]。

ライシャワー事件により家族の精神障害者に対する監視者としての役割期待が一層高まるのであるが、この傾向に反発する動きもみられる。たとえば、1973年の第70回日本精神神経学会では山下が高知県で起こった精神障害者による殺害事件に関連して、保護義務者に900万円の損害賠償を命じた判例を取り上げ、精神衛生法による保護義務者が文字通り患者の保護者となれるように、保護義務者を民法714条の「法定の義務のある者」の中から除外すべきと主張している[112]。また、精神衛生法改正の頃になると精神障害者の家族による、国や行政への発言権が増大してくる。その背景には、精神障害者家族会運動の全国的な広がりがあった。

ライシャワー事件を機に、社会防衛的目的に基づく日常的なポリスパワーの介入に危機感を抱いた精神障害者家族会は、精神衛生法改正や保安処分についての論議、法曹界における精神障害をもつ人の人権擁護への取り組みに積極的に参加し、結束するようになった[113]。この経緯について、元全家連事務局長の滝沢武久は次のように述べている[114]。

---

110) 衆議院事務局『第46回国会衆議院社会法務委員会第50号』衆議院事務局 (1964b) 4頁。保安処分新設に関しては、医学、法学、労働団体など多くの団体からの激しい反対を受け挫折している（金子・斉藤・前掲注109) 43頁)。
111) 1965年に開催された第61回日本精神神経学会総会では、精神医療における強制力の発動に司法の関与が大きくなることへの警戒感が示されたという（林暲「学会委員会の精神衛生法改正案」『精神神経学雑誌』67 (1965) 143-144頁)。
112) 山下剛利「精神衛生法の問題——特に保護義務について」『精神神経学雑誌』76 (1974) 814-816頁。
113) 南山・前掲注103) 13頁。1964年には、全国精神障害者家族会連合会（全家連）の前身である「全国精神障害者家族会」が結成されている。

「そうした時期に、必死に家族の声を国の政策に反映させようとして家族会の連合化をおしすすめていた。しかし、我が国では、精神病に対する偏見が余りに強いため、家族は表面に出たがらず、全国団体の役員のなり手が少なかった。一方、厚生省では、上記二つの相反する目的を内に持ったまま精神衛生法の改正が進められ、その予算編成も併行していた。結局、医療施策充実を求める家族の全国組織結成派が大勢の会員を擁し、声を大にして為政者に働きかけることが効果的であることが理解され、どうにか「全国精神障害者家族会」として結集することとなった。翌年、1965年9月（中略）いまの全国精神障害者家族会連合会が誕生したのである。」

　この説明からは、表舞台に出ることなく可能な限り目立たないよう隠れるように生活していた家族が、精神障害をもつ子や親、あるいは兄弟姉妹の人権を守るために、表舞台に押し出されていく姿が想像される。とはいえ、当時、精神障害者家族に公的に求められていたのは精神障害者の人権擁護者としての役割ではなく、精神障害者を監視・監督する役割であったことに注意したい。

④　精神保健法における保護義務者
　精神衛生法は、その後1987年に精神保健法（昭和62年法律第98号）に改められる。法改正の契機となったのは1984年の宇都宮病院事件である[115]。宇都宮病院事件は、日本における当時の劣悪な精神医療制度に対する、マスコミの報道や人権団体の運動により国際的批判を呼び、早急な精神衛生法制の見直しが必要となった。
　新たに成立した精神保健法は、入院患者の人権保護と、社会復帰の促進が

---

114)　滝沢武久「精神障害者家族の組織と活動」『リハビリテーション研究』58・59（1989）79-82頁。
115)　宇都宮病院事件は、①男性患者が食事の内容に不満を述べたことから看護スタッフと口論になり、看護スタッフがこの男性患者の腰や背中を金属パイプで殴りつけた事件と、②入院中のアルコール中毒患者が、見舞人に病院の不満を訴え、その後他の患者と言い争いを始めると、看護スタッフが3人加わり患者を滅多打ちにし、さらに消灯前にもスタッフが暴力を加え、患者を死亡させた事件。

その主たる内容となっていた。具体的には人権保護に関連して、精神医療審査会、入院時の告知義務、患者や保護義務者からの退院請求や処遇改善請求、処遇の基準、定期病状報告の審査などの制度が設けられ、社会復帰の促進に関連して、精神障害者社会復帰施設の制度が創設された。これらの内容からは、精神障害者に対する見方が監視・監督の対象から、その人権を擁護すべき対象に変容したことがわかる。

　法改正に先立ち、厚生省の求めに応じて全国自治体病院協議会が出した意見書の一つには、保護義務者の行動監督義務規定を削除し、患者の代理人としての権利擁護、社会復帰援助などを義務とすることが含まれていた[116)]。また、日本弁護士連合会による意見書には、保護義務者が適切に選任され、保護義務が適切に遂行されるように手続を改善することや、患者や家族からの不服申し立ての権利を明確にすることなどが含まれていた[117)]。このとき、全家連も意見書を提出しており、精神障害者のための住居や仕事、地域内社会復帰システム、生活、医療費、医療内容等の社会復帰施策の改善を求めている他、家族の実情について「本人も家族も老齢化、兄弟姉妹、両親の核家族化、保護義務、扶養能力の低下、また入院費の負担が重い」と述べ、家族が抱える負担の重さを訴えている[118)]。これらの提言を参考に、患者の人権擁護と社会復帰の促進を主眼とする法律へと改正されたのである。

　全家連の意見書には家族の重い負担を訴える内容も含まれていたが、法改正により精神衛生法20条にあった保護義務者の規定に変更が加えられることはなかった。ただし、法改正により精神衛生法が人権擁護と社会復帰を主眼とする精神保健法に改正されたことで、精神障害者に対する見方が人権擁

---

116)　厚生省保健医療局精神保健課編『精神衛生法改正に関する意見書（まとめ集）』(1986)。
117)　厚生省・前掲注116)。一方、国際法律家協会の調査団によるレポートの中では、強制入院のすべてのケースについて独立した審査がなされることや、自治体レベルで機能しうる、医師、法律家、非専門職からなる独立した審査機関システムを置くことなど、患者の人権擁護に関する勧告が中心であり、保護義務者についてはふれていない（金子・斎藤・前掲注109) 43頁）。
118)　同意見書の中では、全家連が行った「家族福祉ニーズ調査」「患者・回復者福祉ニーズ調査」「全家連組織調査」の1986年3月15日時点の集計結果を示している。回答者はそれぞれ2,366人、1,000人、598人となっており、一部重複があると考えられる。調査の結果では家族の64％が「退院しても家で引き取るのは困難」と訴えており、とくに親亡き後に兄弟が入院患者を引き取り同居することは84％が難しいと訴えていた（㈶全国精神障害者家族会連合会「「精神衛生法」改正ならびに関連法規の整備に対する意見書」前掲注116) 72-81頁）。

護の対象となっただけでなく、保護義務者もまたその人権を擁護する者として位置づけられるようになった[119]。また、精神衛生法41条では「保護義務者は、前条の規定により退院又は仮退院する者を引き取り、且つ、仮退院した者の保護に当つては当該精神病院の長の指示に従わなければならない。」とし、引き取り義務が規定されていた。この規定は精神保健法でも同様に規定される結果となったが、1986年4月2日の社会労働委員会では政府委員の仲村英一が、退院してくる精神障害者の引き取り手として保護義務者がもっとも適任と考えながらも、社会復帰施策充実の必要性に言及している[120]。

家族を精神障害者の権利擁護者や退院後の引き取り手として位置づけようとする根底には、「家族は患者の味方である」「家族は患者の利益を最優先させる存在である」という考え方がある。たとえば、1984年4月17日の国会審議で、当時国務大臣だった渡部恒三は家族は患者本人のことを一番に心配し味方になるべき立場にいるにもかかわらず、実際はそれを怠っており、患者は気の毒な立場にあるという趣旨の発言をしている[121]。一方、家族の精神障害者に対する監督者としての役割は依然として課せられていた。それは、精神衛生法22条にある保護義務者の自傷他害防止監督義務が精神保健法上でも規定され続けていたことに示されている。つまり、精神保健法に改正されたことで、家族には精神障害者を監督する役割と同時に、人権を保護する役割が期待されることとなったのである。

ちなみに、精神衛生法20条が規定する保護義務者がいない場合や保護義務者がその義務を行うことができない場合は、21条の規定に基づき精神障害者の居住地を管轄する市町村長が保護義務者となるのであるが、精神衛生法改正時には当該規定に基づく行為の問題点が指摘されている[122]。具体的には、21条の規定に基づき市町村長が保護義務者になり精神障害者の入院同意を行う場合、市町村長が日常的に精神障害者の保護に関与しているかど

---

119) この点について池原は、「保護義務者の役割を患者の権利擁護者としての方向に大きく踏み出させる改正であった」と述べている（池原・前掲注101）197頁）。
120) 参議院事務局『第104回国会参議院社会労働委員会会議録第5号』参議院事務局（1964b）1頁。
121) 参議院事務局『第101回国会参議院社会労働委員会会議録第7号』参議院事務局（1964a）2頁。
122) 宇都宮病院事件においては、市長が病名や症状等を確認せずに、保護義務者として入院に同意したことが違法措置であるとし、その法的責任が問われた。

うかという疑問である。結論からいえば、この問題については 1987 年の法改正時には具体的な対応は示されていない[123]。

⑤ 「保護義務者」から「保護者」へ

1987 年に精神衛生法から改められた精神保健法は、改正時に予定されていた新法公布 5 年後の見直しに基づき、1993 年に一部改正がなされた。具体的改正内容は、社会復帰促進事業の推進に関する事項、「保護義務者」から「保護者」に名称変更し保健医療福祉の分野で必要な援助を受けられるようにすること、仮入院期間の短縮化、法定施設外収容禁止規定の削除、精神障害者社会復帰促進センターを 1 ヶ所指定し精神障害者の社会復帰に関する啓発、研究、研修を推進すること、大都市特例の設定であり、精神保健法の目的等の大きな変更はなかった[124]。

法改正にあたって、1992 年 3 月 12 日の予算委員会第 4 分科会では当時社会党の常松裕志議員が、精神障害者家族から大臣宛に寄せられた手紙を引用し、精神障害者を国や自治体が保護する必要性について指摘している[125]。その手紙は、家族会会員の高齢化と生活苦の実情を訴え、精神保健法からの親の保護義務規定の削除を望むものであった。さらに、1993 年 6 月 12 日の厚生委員会では、網岡雄議員が保護義務者の自傷他害防止監督義務の削除を求めている[126]。これに対し、政府委員である谷修一は、自傷他害防止監督義務の削除は困難であるとし、その理由を精神障害者が「病識を欠き、医療の機会を逸する」おそれがあるためとしている。さらに、谷政府委員は、「保護義務者」から「保護者」へと改称する理由について、罰則規定がないという点から考慮して改称したと説明している。精神病者監護法の時代は、民法 714 条の規定が監護義務を怠った者に対する制裁を意味していたが、こ

---

123) ただし、公衆衛生審議会精神衛生部会の提出した「中間メモ」は、「保護義務者に係る問題については、市町村長が保護義務者として入院の同意を行うことを含め、更に検討を行う必要がある」との見解を明記するにとどまり、1993 年の一部改正時にも担当職員の資質向上が必要とされながらも、この課題は未解決となっている（広田伊蘇夫「IV精神保健福祉法概論」松下正明編『臨床精神医学講座 22 ——精神医学と法』中山書店（1997）53 頁）。

124) 厚生省保健医療局精神保健課監修『精神保健法——新旧対照条文・関係資料』中央法規（1995）。

125) 衆議院事務局『第 123 回国会予算委員会第 4 分科会第 2 号』衆議院事務局（1992）1 頁。

126) 衆議院事務局『第 126 回国会厚生委員会第 14 号』衆議院事務局（1993）5 頁。

こでは714条との関係性については具体的言及がなされていない。

このように、1993年の精神保健法改正においては、「保護義務者」から「保護者」へと改称されたものの、精神障害者が「病識を欠く存在」としてみなされているがゆえに、自傷他害防止監督義務が削除されることもなく、保護者は精神障害者を監督しその権利を擁護する存在として位置づけられている。ただし、高齢化する保護者にとって、このような役割が過重な負担であることについては、国会審議を通して理解され始めたということができよう[127]。

⑥ 精神保健福祉法における保護者

精神保健法は、1995年に一部改正され「精神保健福祉法」と改称された。これは、1998年に予定されていた精神保健法見直しを一部繰り上げて実施された改正である。具体的な改正内容は、精神障害者保健福祉手帳の創設、社会復帰施設や事業の充実など精神障害者の保健福祉施策を充実すること、医療保護入院患者のいる精神病院に精神保健指定医を必置し、精神医療の確保を図るための措置を講じること、公費負担医療の公費優先の仕組みを保険優先の仕組みに改めること等であり、精神障害者の自立と社会参加を促進するための福祉施策についても法文中で明確に位置づけ、精神医療、精神保健、精神障害者福祉を一体的に行うための法的枠組みを整えようとしたものである。当該改正の背景には1993年の「障害者基本法」の成立、地域保健対策の総合的推進を目的とする1994年の「地域保健法」の成立があり、ノーマライゼーションの思想を指導理念として、精神障害者施策を「社会復帰から地域社会へ」と転換する法的整備とされている[128]。

当該改正では保護者に関する規程についての変更はなされていないが、1995年4月26日の国会審議では、枝野幸男議員が患者や家族以外の人権擁護者の必要性を指摘している[129]。結果として、精神保健法を一部改正する

---

[127] 1993年に全家連が行った調査によると、自傷他害防止監督義務を果たせないとした家族は62.4%におよび、引取り義務に応じきれないとの回答は50％であった（全家連保健福祉研究会編『精神障害者・家族の生活と福祉ニーズ』全家連（1993））。広田は、同調査による結果について、保護者に選任されることを回避しようとする流れが根強いと分析している（広田・前掲注123）53頁）。

[128] 広田・前掲注123）50頁。

法律の付帯決議として、「精神障害者を抱える保護者に対する支援体制を充実するとともに、今後とも公的後見人を含めて保護者制度の在り方について検討すること」が加えられた。

⑦　改正精神保健福祉法における保護者

　精神保健福祉法は1999年に改正されている。この改正は1993年の精神保健法が一部改正された際に予定されていた5年後の見直しであり、その一部は前述の通り、1995年の精神保健福祉法成立時に前倒しで一部改正されている。1987年の精神保健法成立以降、人権擁護の施策を強化してきたにもかかわらず、その後も精神科病院内の人権侵害事件や不祥事が続発していたため、精神障害者の人権保護をさらに強化する必要性があった。そのため1999年改正の具体的な変更点は、精神障害者の人権に配慮した医療の確保（精神医療審査会の機能強化、精神保健指定医の役割強化、医療保護入院の要件の明確化、精神科病院に対する指導監督の強化）、精神障害者の移送制度の創設、保護者の義務規定の見直し（自傷他害防止監督義務の削除）、精神障害者の保健福祉の充実等となっている。

　当該改正により、ようやく保護者の義務規定が見直されるようになり、精神障害者が自己決定をなしうる状態にある場合は、保護者の「治療を受けさせる義務」の対象外とされ、また、自傷他害防止監督義務が削除された。1999年4月15日の国会審議では、自傷他害防止監督義務の規定削除は、保護者の監督が不要ということを意味しているのかという質問に対し、政府は保護者の監督が不要という意味ではなく、治療を受けさせるという具体的な行動をとることで、自傷他害を防止できるため削除したと解説している[130]。

　また、国会審議においては、精神保健福祉法41条にある保護者の引き取り義務規定についても議論された。たとえば、当時国務大臣だった宮下創平は、患者と医療や福祉とをつなぐ者として保護者を確実に位置づけたいため、保護者の引き取り義務を努力義務にすることはできないという趣旨の発言をしている。精神衛生法の時代からあった「つなぎ役」としての保護者への期

---

129)　衆議院事務局『第132回国会厚生委員会第9号』衆議院事務局（1995）2頁。
130)　参議院事務局『第145回国会参議院国民福祉委員会会議録第8号』参議院事務局（1999a）10頁。

待は依然として強かったとみることができ、さらに、保護者には精神医療と患者とをつなぐ他に、福祉的資源と患者とをつなぐ役割も期待されるようになったと考えることができる。

　上記国務大臣の回答に対し渡辺議員は、家族の高齢化により引き取り義務を果たせない場合が出てくる可能性があるので、保護者に代わってその役割を果たすような社会的システムが必要と提案している。同会議においては、共産党の小池晃議員が41条の削除を要求したが、削除には至らなかった。

　そもそも、保護者規定の見直しには、高齢化する保護者らの負担を軽減しようとする意図があった。しかし、法改正により実際に保護者の負担が軽減されるかは疑念が寄せられている。たとえば当時自由党の入澤肇議員は、1999年4月15日の国会審議において、精神障害者の地域生活を支えるさまざまな福祉的資源が不足している状態では、家族の負担は軽減されないと主張している。

　1999年の改正では、家族の負担の軽減をねらいとして、精神保健福祉法上の保護者の義務規定が見直されたが、自傷他害防止監督義務が法文中から削除されても、治療を受けさせるという役割は継続的に課せられており、退院後の引き取り義務も残されたことから、具体的に保護者のどのような負担を軽減するのかがみえがたかった。1999年4月20日の国会審議で参考人として招致された全家連の池原毅和常務理事は、保護者制度は精神障害者の自己決定を尊重していくという方向性に問題を生じさせるばかりか、家族の負担が解消されないため、理想的には家族を支えとする保護者制度は廃止し、公的な地域の医療、地域の福祉という形で精神障害者を支えていくシステムへの転換が必要と主張している[131]。

　保護者に代わり、その役割を担える存在としての成年後見人については、当時厚生大臣の今田寛睦が、次のように言及している[132]。すなわち、保護者制度は、精神障害者が病識を欠くことがあるため、人権に配慮しつつ医療につながるよう、その役割に期待して設けている制度であり、判断能力が不

---

131)　参議院事務局『第145回国会参議院国民福祉委員会会議録第9号』参議院事務局（1999b）12頁。
132)　衆議院事務局『第145回国会衆議院厚生委員会会議録第11号』衆議院事務局（1999）21頁。

十分な者の財産上の保護を図る成年後見人とは、同レベルの役割ではない。したがって、後見制度の見直しが保護者制度の廃止につながるものではないが、新たに保佐人も保護者になれるようにし、成年後見制度との連携を図ることにしたと説明している。

　2013年の法改正までは、後見人が保護者選任における優先順位の1位になっていたわけだが、上記発言は、成年後見制度上後見人に求めていた役割と、精神保健福祉法上後見人に求めていた役割が、発言当時は異なっていることを示すものである。

　成年後見人は本質的には被後見人を保護するために位置づけられているが、精神保健福祉法20条に基づくと「保護者」となり、被後見人を管理・監督する義務をもつようになっていた。保護者となった成年後見人は、被後見人が過失を犯した場合は、〈当事者〉性を付与され被後見人に代わって損害賠償責任を負うことになっていたのである。また、親族後見が支配的な状況では、後見人に加え保佐人も保護者選任の対象としたところで、家族の負担軽減につながるとは限らなかったのである。

　とはいえ、当該改正時には附帯決議として「成年後見制度及び社会福祉事業法等の見直しの動向を踏まえ、家族・保護者の負担を軽減する観点から、保護者制度について早急に検討を加え、精神障害者の権利擁護制度の在り方について引き続き検討を進め、その充実を図ること」が衆参両議会で可決された。

　その他、同国会審議では「重大な犯罪を犯した精神障害者の処遇の在り方については、幅広い観点から検討を早急に進めること」という附帯決議も同様に可決しており、後述する2003年の医療観察法成立の足がかりとなった。

⑧　保護者制度の廃止

　精神保健福祉法は2006年に再び一部改正されている。この時の改正は、障害者に対する医療および福祉サービスの制度について規定した「障害者自立支援法（平成17年法律第123号）」の成立に伴い、「精神保健医療福祉の改革ビジョン」および障害者自立支援法のベースとなった「改革のグランドデザイン」に基づいて実施された。法改正の具体的内容は、精神科病院等に対する指導監督体制の見直しや、精神障害者の適切な地域医療等の確保を目的とした入院患者の処遇の改善や精神科救急医療体制の確立、退院の促進で

あった。1999年の法改正時に保護者制度の再検討に関する附帯決議がなされていたが、この時の法改正では保護者制度に変更は加えられなかった。

このように長きにわたり存在し続けた保護者制度であるが、2013年の法改正では法文中から「保護者」の文言が消え、精神障害者に治療を受けさせる義務や退院後の引き取り義務といった、それまで保護者に課されていた一連の義務が廃止された。保護者制度廃止の理由として、2013年6月13日の国会審議では①保護者である1人の家族のみが、保護者に課されたさまざまな義務を負うことは負担が大きいこと、②本人と家族との関係がさまざまであり、保護者である家族が必ずしも本人の利益保護を行えるとは限らないこと、③精神医療体制や福祉サービス、成年後見制度が整備されてきたこと、④高齢化の進展により家族の状況が大きく変化し、社会経済の変化に対応した制度が必要になっていることが挙げられている[133]。1980年代の終わり頃から指摘され続けてきた保護者の過重な負担に対する軽減策が四半世紀を経てようやく本格的に講じられるようになったのである。障害者福祉制度全体からいえば、当該改正には障害者権利条約の批准に向けて非自発的入院をなくし、日本の精神保健福祉を国際的水準に近づけるねらいがあった。

しかし法文では、医療保護入院について規定した33条で「精神科病院の管理者は、次に掲げる者について、その家族等のうちいずれかの者の同意があるときは、本人の同意がなくてもその者を入院させることができる」としており、医療保護入院という非自発的入院が継続されることになっただけでなく、保護者同意から家族等同意への変更はあったものの、強制入院に際しての家族の役割は残されることとなった。法文上は家族が背負う負担を1名の保護者から複数の家族に分散させたのであるが、実際に精神障害をもつ者にかかわっているのは母親や父親等特定の家族が中心であり、当該改正により家族のこれまでの負担が大幅に軽減されるとは考えにくい。むしろ同意できる者の範囲を広げたことにより、医療保護入院の増加の可能性が高まったことになる。とはいえ、義務規定の削除は精神障害者家族の心理的な負担軽減につながっており、その意味でこの改正は意義のあるものであったといえよう[134]。

---

133) 衆議院事務局『第183回国会衆議院厚生労働委員会議事録第20号』衆議院（2013b）19頁。

このように法文中に家族等の同意を残したことは、当該法改正に際してあらかじめ政府内に設けられた有識者等による検討チームの結論に反することであった。検討チームの結論は、医療保護入院の制度は維持するが、その要件については保護者の同意の要件を外し、精神保健指定医1名の診断で入院させるというものであった。そのため、検討チームのメンバーは、報告書提出後に出された改正法案に驚き、厚生労働大臣宛に意見書を提出するという事態が生じている。また、当該改正案についての国会審議の中でも、実質的に保護者のほとんどが家族等であり、その家族等の同意規定を残して、家族の負担軽減といえるのか[135]、入院が必要かどうかはあくまでも医療的判断なので、精神科医のみの判断でよいのではないか[136]等の批判が呈せられた。

　2013年5月28日の国会審議において社会・援護局障害保健福祉部長の岡田太蔵は、医療保護入院に家族等の同意を残した理由について、インフォームド・コンセントが医療の中で重要になっていることと、患者の権利擁護の視点から指定医1人だけの判断ではなく家族の同意を設けることを総合的に判断したためと説明している[137]。

　また、厚生労働副大臣の桝屋敬悟は同国会で、「入院患者の退院に向けての環境整備、あるいは退院後の治療継続のためには家族の協力が一方で不可欠」と述べている。さらに、医療保護入院の制度そのものが継続になった理由としては、医療が行き届いていない人々へのアクセスを担保することが挙げられている[138]。これらのことは、保護者制度が廃止されてもなお、権利擁護者として、そして医療や福祉への「つなぎ役」としての役割が期待され続けていることを意味している。

---

134) 実際、精神障害者を家族にもつ家族会の全国組織（みんなねっと）の理事長である川崎洋子氏は、これまで家族は精神障害者の他害行為に対する損害賠償責任など背負いきれない重責があり、それが結果的に患者の退院を阻み入院長期化につながることもあったことを指摘した上で、保護者の義務が無くなることで、家族が本当に普通の家族として地域で生活できると感じていると述べている。（衆議院事務局『第183回国会衆議院厚生労働委員会議事録第19号』衆議院事務局（2013a）7頁。
135) たとえば参議院事務局『第183回国会参議院厚生労働委員会議事録第9号』参議院事務局（2013）4頁。
136) 衆議院事務局・前掲注133）2頁。
137) 参議院事務局・前掲注135）4頁。
138) 参議院事務局・前掲注135）23頁。

保護者制度が廃止されたことで、精神障害者による他害行為が発生した際に、精神保健福祉法に基づき特定の家族を監督義務者としてみなしにくくなった。このことについて2013年6月12日の国会審議では、過去の裁判事例を参考に次のように説明されている。すなわち、損害賠償責任は保護者かどうかという形式的な基準だけで判断されるのではなく、民法714条の法定の監督義務者といえるかどうかについて個別の事例に則して実質的に判断され、また家族が精神障害者本人と同居している場合などは民法709条に基づいて不法行為責任を負うことも考えられるため、保護者制度が廃止されたとしても、被害者が損害賠償責任を追求する道は確保されているということである[139]。換言すると、保護者制度が廃止されてもなお、前述の扶養義務者あるいは成年後見人としての法的責任が残ることから、保護者制度の廃止が家族に対する〈当事者〉性付与の消滅に結びつくわけではないのである。

(2) 医療観察制度からみる保護者の役割

次に、医療観察法上の保護者の位置づけについて確認しておこう。医療観察法は「心神喪失等の状態で重大な他害行為を行った者に対し、その適切な処遇を決定するための手続等を定めることにより、継続的かつ適切な医療並びにその確保のために必要な観察及び指導を行うことによって、その病状の改善及びこれに伴う同様の行為の再発の防止を図り、もってその社会復帰を促進すること」(1条1項)を目的に、2003年に成立し、2005年に施行された法律である。成立当初の医療観察法上では、保護者は2条で「この法律において「保護者」とは、精神保健及び精神障害者福祉に関する法律(昭和25年法律第123号)第20条第1項または第21条の規定により保護者となる者をいう」と規定されていた。そもそも医療観察法の目的は、上記の通りであり、医療観察法の通院処遇対象者は、精神保健福祉法の対象者にも該当する。

では、医療観察法における保護者と、精神保健福祉法上の保護者の役割は同一であったのだろうか。まずは、医療観察法成立に至るまでの流れをみてみよう。1999年の精神保健福祉法改正の際の附帯決議の中に、触法精神障

---

139) 衆議院事務局・前掲注133) 20頁。

害者に対する処遇のあり方を検討することが含まれていたことから、これを受けて政府は合同検討会を設け、触法精神障害者に対する処遇のあり方について検討してきた。触法精神障害者の処遇を規定した当該法律は、2001年に発生した池田小学校事件[140]を契機に、立法化が加速度的に進んだという経緯がある。

　さまざまな関連団体（たとえば日本弁護士連合会、㈳日本精神神経学会、㈳日本看護協会、㈶全家連等）は、再犯予測が不可能である、保安目的が極めて強いものであり、精神障害者への偏見を高めかねない、精神障害者問題を解決していく上での本質的な政策にはなりえない、多くの精神障害者は社会的に責任をとれる人たちなので、その人たちに不必要な脅威を及ぼさないよう最大限配慮するべきとし、医療観察法案に反対の意を表明した。

　国会審議において保護者についてはどのように議論されたのか。精神障害者による暴力や犯罪では、その被害者の多くが、家族や近親者である[141]。この点に関して、2002年7月5日の法務委員会厚生労働委員会では、当時の法務省刑事局長が、触法精神障害者に対する治療優先の必要性を主張している。他方、2003年5月13日の法務委員会では、日弁連の伊賀興一氏が、精神障害者による事件は治療中断や医療との断絶による症状悪化に起因して起こるものであり、事件を防ぐには治療中断の防止策や救急医療体制の整備などが急務だが、法案は重大な事件が起こってからの策でしかないとし、医療観察法案では、親族が被害者となるような初発の事件を防ぐことはできないと指摘している[142]。

　また、2002年7月9日の法務委員会厚生労働委員会においては、弁護士の池原毅和氏が、医療観察法の問題点として、新たに保護者の任務が13個新設されており、家族の支援や保護者の義務軽減が全く配慮されていないことを挙げている[143]。医療観察法に規定された保護者の任務は、たとえば申立て時に意見を述べ資料を提出すること（25条）、付添人の選任（30条1

---

140) 2001年6月8日、大阪教育大学附属池田小学校に凶器を持った男が侵入し、次々と同校の児童を襲撃した事件。男は逮捕当初、精神障害を装った言動をとっていたが、起訴前と公判中に2度行われた情状鑑定の結果、人格障害の影響により本件犯行時の行動制御能力が相当低下していたとされながらも、この人格障害が責任能力に影響するものではないとされた。
141) 山上皓『精神分裂病と犯罪』金剛出版（1992）。
142) 参議院事務局『第154回国会参議院法務委員会議事録11号』参議院事務局（2003）8頁。

項)、退院許可の申立て(50条)、処遇終了の申立て(55条)、抗告(64条2項)、抗告の取り下げ(65条)、再抗告(70条)、裁判官の処分に対する不服申立て(72条1項)等がある。これらの役割は、専ら対象者の人権擁護者としての役割である。このように、医療観察法上の保護者の人権擁護者としての役割が強調された背景には、医療観察法が、「保安処分」に該当するのではないかという懸念が方々から出されていたことがある[144]。保安処分は、1974年に法制審議会が決定した改正刑法草案において提案され、精神医療従事者、刑法研究者らがほぼ一致して激しく反対したという経緯がある。保安処分との相違点を浮き彫りにするためにも、医療観察法の対象者に対する人権侵害の可能性をできる限り避ける内容であることが不可欠であった。そこで人権擁護の担い手として、保護者が位置づけられたのである。

医療観察法の通院処遇対象者は、症状に応じて精神保健福祉法上の入院をすることもあり、その意味では精神保健福祉法の対象ともなっている。すなわちその家族もまた医療観察法上の保護者であり、精神保健福祉法上の保護者でもあったということになる。ただし、国家の責任において専門的処遇を提供することを規定しているという医療観察法の性質を考慮すれば、精神保健福祉法で保護者に付されていた各義務が、そのまま医療観察法上の保護者にも付されていたとは考えにくい。ただ、たとえば通院処遇中の人が一時的に医療保護入院になる場合の同意等、保護者に一定の責任が期待されていたとするのが妥当であろう。

精神障害者による犯罪の被害者が親族に多いことに鑑みると、触法精神障害者家族は事件の被害者である一方で、害を加えた者である触法精神障害者の人権を擁護し、またその比重は必ずしも大きくはないものの、監督するという、整合性のとりにくい役割が課せられていたということができる。

---

143) 衆議院事務局『第154回国会法務委員会厚生労働委員会議録2号』衆議院事務局(2002a)3頁。
144) たとえば2002年6月28日の法務委員会では、日本共産党の木島日出夫が「この新たな制度が差別や人権侵害にならずに、(中略)手厚い医療を行うことになるんだ、そして我が国の非常に遅れている精神医療全体の水準を引き上げるその第一歩になるのか、呼び水になるのか。それともそうはならずに、かつての保安処分の再来にすぎないのか。(中略)判断しなきゃいかぬ、見きわめなきゃいかぬと私は思っているんです。」と述べている(衆議院事務局『第154回国会法務委員会会議録18号』(2002b)2頁)。

医療観察法20条では保護観察所に「社会復帰調整官」を置き、「精神障害者の保健及び福祉その他のこの法律に基づく対象者の処遇に関する専門的知識に基づき、前条各号に掲げる事務に従事する」と規定している。確かに家族のみで触法精神障害者の社会復帰を支えることは困難であり、社会復帰調整官のコーディネーター機能は、家族にとっての大きな支えとなる。しかし、医療観察法上保護者である触法精神障害者家族に課された人権擁護と監督という役割は、依然として軽減されることはなかった。むしろ、精神保健福祉法上の保護者規定に、医療観察法の規定が加わることにより、精神障害者の監督と人権擁護という、触法精神障害者家族に付与される〈当事者〉性の内容、つまり責任の内容が、より密度の濃いものとなっていたということができよう。

　2013年に精神保健福祉法が改正され、保護者制度が廃止されたことにともない、医療観察法も一部改正されている。改正された医療観察法では、保護者に関する規定は残され、その権利擁護者としての従来の位置づけを継承するかたちとなった。ここで、改正後に設けられた保護者規定23条2項の条文が、「保護者となるべき順位は、次のとおりとし、先順位の者が保護者の権限を行うことができないときは……」となっていることに着目したい。医療観察法制定当初の保護者規定、すなわち改正前の精神保健福祉法20条2項では、「保護者が数人ある場合において、その義務を行うべき順位は、次のとおりとする」となっていた。つまり、精神保健福祉法改正で保護者の各義務規定が廃止されたことにより、医療観察法上の保護者の役割を、「義務」という文言に暗喩される監督的な役割から、「権限」をもつ人権擁護者としての役割に特化する表現がとられるようになったのである。

(3)　監督義務者としての保護者
　さて、仮に個人が精神保健福祉法上の保護者に選任されていた場合、民法714条の監督義務者に該当すると判断された可能性が極めて高いと述べたが、1999年の精神保健福祉法改正前（つまり、自傷他害防止監督義務削除前）は、保護者が法定監督義務者にあたることを当然と考えるのが通説であった。その一方で、法定監督義務者に該当しないとする見解（否定説）や、法定監督義務者に該当するにしても、その監督義務の内容を適切な治療を受けさせる義務の範囲に限定し、他害行為防止のための監督義務にまで広げて解釈す

べきではないとする見解（監督義務限定説）が主張されていた[145]。つまり、保護者の法定監督義務は、自傷他害防止監督義務との関係でその義務範囲が考えられていたわけである。

　辻は、1999 年に精神保健福祉法が改正され、保護者の自傷他害防止監督義務が削除されてからは、精神障害をもつ人による他害事故について、保護者の損害賠償責任の存否が争点となった裁判例はまだみられていないとしながらも、「精神障害者には他害事故発生の危険が差し迫っていて、身近にいる保護者もそのことを認識していながら、医療に繋げる方策をとることができるのに精神障害者を漫然と放置し、その結果として他害事故が発生した場合には、治療を受けさせるべき義務と他害事故が発生する際の状況から保護者に条理による作為義務を認め、この作為義務違反を理由に保護者に損害賠償責任を負わせてもよいように思われる」と述べている[146]。換言すると、社会通念的には「自分の家族が他害行為を起こす疑いがある場合は、結果が予測可能なのだから、漫然と放置すべきではない」ことになる。辻の発言は、精神医療と患者とをつなぐ「つなぎ役」としての家族機能の重視と解釈できる。そして、「つなぎ役」が必要となる理由に、他害事故発生の危険性の高まりがあることに鑑みると、家族は精神障害をもつ自分の配偶者、親、兄弟姉妹あるいは子が誰かに害を加える可能性を疑いながら、常に監視・監督することを自明とする考え方が通底していると指摘できよう[147]。

　2013 年の精神保健福祉法改正により保護者制度が廃止されても、また医療観察法上の保護者の役割が権利擁護者に特化されても、このような社会通念が無くなるとは考えにくい。保護者制度が廃止されても、家族は扶養義務者として、あるいは成年後見人として、このような社会通念に基づきながら、〈当事者〉性を付与され続けることが見込まれる。

---

145)　辻・前掲注 48) 168 頁。
146)　辻伸行「精神障害者による他害事故と損害賠償責任」町野朔編『ジュリスト増刊　精神医療と心神喪失者等医療観察法』有斐閣（2004）195 頁；辻伸行「3　自傷他害防止監督義務の廃止と保護者の損害賠償責任」町野朔・中谷陽二・山本輝之編『触法精神障害者の処遇』信山社（2005）62 頁。
147)　ただし実際には、監督することが困難な状況もあるため、裁判を通して具体的にどの程度の監督が可能であったのかを判断することになる。

6．まとめに代えて

　本章では、触法精神障害者家族に対する〈当事者〉性付与を公的に可能にし、害を加えた者との関係で、その家族に何らかの役割を付与させる制度的背景について論じてきた。

　害を加えた者の家族への〈当事者〉性付与は、前近代、「縁坐」という形で律令時代から行われていた。ただし、〈当事者〉性は害を加えた者の家族のみならず、隣人や五人組のような害を加えた者が属する地域共同体にも連坐というかたちで付与されていた。このように害を加えた本人以外に〈当事者〉性を付与する理由としては、犯罪に対する一般予防としての見せしめ、あるいは社会に生きる者としての道義的責任などが指摘されていた。つまり政策的かつ道徳的目的から〈当事者〉性付与が行われていたのである。そのため、一般予防に重きを置いていたか特別予防に重きを置いていたか、その時代の刑罰に対する考え方により縁坐・連坐の厳しさが異なっていた。

　また、前近代において乱心者は病気とみなされ、刑の軽減や免除の対象になっていたものの、刑罰が結果責任主義に基づいていたことから、乱心者も処罰の対象であり、親族や害を加えた者が属する共同体もまた縁坐あるいは連坐の対象となっていた。親族や共同体の道義的責任はまた、親族や共同体に乱心者の引き取り義務や「入檻」「入牢」の役割が課せられていたことからも理解できる。すなわち、前近代に求められていた責任は、法的責任と道徳責任の重なり合いであり、個人が自律した主体としては捉えられておらず、そのため連帯責任という制度が成立していた。

　しかし、近代市民社会が成立すると、日本における縁坐や連坐は消滅する。その背景には、日本の近代化の中でヨーロッパ刑法思想の影響を受け、個人が法律の主体とみなされるようになり、近代民法における主体は、一般的権利能力をもった自由で独立した〈人格〉であり、その法律行為は基本的にかれの意志にのみ基づくと考えられるようになったこと[148]、そして法的責任と道徳的責任の分離が生じたことがあった。

---

148)　笹倉・前掲注30)。

しかし、縁坐・連坐が消滅しても、個人に責任能力が無い（あるいは責任能力が限定されている）場合、その個人が行った行為に関連してその家族が民法上の責任を問われるということがみられるようになった。具体的には、民法714条の規定により、害を加えた者本人が責任無能力者あるいは限定責任能力者（つまり精神障害者）である場合は、監督義務者が監督義務を遂行したかどうかが問われ、結果によっては、監督義務者が本人に代わって損害賠償を負担することになる。つまり、監督義務者として〈当事者〉性が付与されるわけである。

したがって、前近代における〈当事者〉性付与は犯罪に対する一般予防という政策や、親族や共同体についての道徳的思想により刑事責任の一環として付与されていたが、近代以降は民法714条に基づき「監督義務者」という位置づけを通して付与されるのである。本章では監督義務者として想定されうる成年後見人、扶養義務者、保護者についてそれぞれ論じた。

成年後見人は、明治時代以前から禁治産制度としてあったが、明治民法における禁治産制度は心神喪失状態にある者の財産保護や、療養看護といった本人に対する庇護だけでなく、治安維持という目的も含まれていた可能性があることが示された。そしてその大目的としては「家」の存続があった。これらのことは、当時は禁治産者である心神喪失者が、自らの財産管理や身体の管理ができない者、公安および公益を乱す危険性のある者として受け止められていたことを意味している。しかし、新憲法成立後は、「家」の存続という大目的が崩れるとともに、本人の意思や自己決定権の尊重、ノーマライゼーションの理念の普及等を背景に、禁治産制度あるいは成年後見制度は、自立や自己決定を意識しながら被後見人を保護する機能が中心となった。

このように成年後見人は、とくに新憲法成立後は本質的には被後見人を保護するために位置づけられており、社会防衛的役割は想定されていない。しかし、精神保健福祉法20条に基づくと「保護者」となり、社会防衛的な側面を含みながら、被後見人を管理・監督する義務をもつという構造になっていた。したがって、法定の「保護者」となった成年後見人による監督が不十分で、被後見人が過失を犯した場合は、〈当事者〉性を付与され被後見人に代わって損害賠償責任を負うことになっていたのである。

一方、後見の担い手は親族後見から社会的後見へと推移してきたといわれているが、実際の数字をみる限りでは、親族が選任されているケースが多く、

第三者後見はまだ多くはない。その理由としては、「2階建て構造」が指摘されていた。

　2013年まで精神保健福祉法では、扶養義務者を法定の保護者と同格に重視しており、触法精神障害者に法定の後見人も保護者もいない場合は、扶養義務者が監督義務者とみなされ〈当事者〉性を付与される可能性も高かった。扶養義務は、明治時代にはすでに立法化されており、配偶者や子、親、兄弟姉妹、義父母等の間での生活援助義務として規定されていた。この扶養義務を課して親族関係を守ることにより、国家財政を守ろうとしたと推察された。ただし「扶養」には、このような法的義務としての側面だけでなく、道徳的規範の側面、愛情としての側面があり、これらが複雑に絡み合って「扶養」という行為が成立している。すなわち、これらの側面をもつ「扶養」は、社会に対する治安維持や社会防衛を目的とした「監督」とは非なるものである。

　しかし、成年後見人と扶養義務者は、どちらも実質的にはその多くが家族であり、精神保健福祉法に基づいて監督義務者となりうる立場にあった。注目すべきは、成年後見人も扶養義務者も、本来は「保護」や「扶養」といった目的で位置づけられているにもかかわらず、精神保健福祉法の規定により便宜的に「監督」という役割が付与されていたということである。たとえば池原は、成年後見人が精神保健福祉法上の保護者となる場合、もっとも重視されたのは財産管理の側面であり、治療代諾については付加的となっていたので、財産管理人を便宜上「保護者」として流用していたに過ぎないことを指摘している[149]。すなわち、保護者制度において、後見人または保佐人を保護者となる優先順位の筆頭に据えているということは、後見人が実質的に担える役割以上のものを期待していた可能性もある。

　監督義務者としてもっとも〈当事者〉性を付与されやすい精神保健福祉法上の「保護者」は、明治33年成立の精神病者監護法により法律として規定

---

[149]　池原・前掲注101) 199頁。池原は、「現行の成年後見制度は財産管理に関する能力を基本において成年後見人の要否を決している制度であり、一般医療の治療行為については代諾権を認めていない。したがって、成年後見人の選任手続においては成年後見人が患者の権利擁護者として適任であるかどうかを審査することなく選任が行われることになる」と述べている。一方、成年後見における身上監護は、本人の身上面に関する利益の主張を補助する役割であり、強制を伴う事項は含まれないとされている（五十嵐禎人「成年後見制度の問題点と改正の動向」『季刊精神科診断学』10(1) (1999) 47頁）。

され、その後、2013年に廃止されるまで、一貫して法文中に位置づけられてきた。ただし、この100年以上の間継続的に同じ役割を期待されていたというわけではなく、「保護義務者」から「保護者」へと名称を変更しながら、制度上期待される役割の性質や役割の数は変容していった。従来は治安維持のために精神病のある家族メンバーを管理・監督する役割が中心であったが、精神衛生法成立により、患者と医療との「つなぎ役」が期待されるようになり、精神保健法の時代になると患者の権利擁護者としての役割までも期待されるようになった。さらに精神保健福祉法の時代には、患者と社会資源との「つなぎ役」をも期待されるようになった。

人権思想の高まりの中で権利擁護者としての保護者の役割は増大し、医療観察法では、触法精神障害者の権利擁護者としての役割が濃厚になっているが、精神保健福祉法における監督者としての役割は1999年に自傷他害防止監督義務が削除されても、外観を変えながら潜在的に付与され続けてきた。このことはつまり、人権擁護者と監督責任者という、触法精神障害者家族が担う〈当事者〉性の内容が時代とともに濃くなってきているということを意味している。

その背景には、精神障害者の制度上の位置づけが「治安を脅かす者」から「人権を守られるべき者」へと変容したことがある。つまり、本人の制度上の位置づけに連動して、保護者の位置づけが変容したということである。精神衛生法の時代は、守るべき権利が財産権等に限定される傾向にあったが、精神保健法の頃からは、精神医療審査会の設置が象徴するように、知る権利や、不当に拘束されない権利など、より多様な権利について配慮されるようになった[150]。それに伴い、家族に、財産権だけでなく、障害者本人の治療を受けない権利を含めた、生活全般にかかわるさまざまな権利を擁護する役割が求められるようになったということである。

ただし、精神障害をもつ人の擁護すべき権利の内容が充実し、広がりをもったことに伴い、精神障害者観が精神病者監護法時代と比較して大きく変容

---

[150] 精神障害をもつ人の人権を重視する考え方は、措置入院者数の減少にも現れている。前田は、措置入院が担ってきた「保安的機能」が弱化し、医学的機能が強化されてきたと論じている（前田雅英「司法的判断と医療的判断」町野朔編『ジュリスト増刊　精神医療と心神喪失者等医療観察法』有斐閣（2004）93頁）。

を遂げたというわけではない。明治民法や精神病者監護法が成立した当初は、精神障害のある人々は危険な存在として捉えられていた。そして、第二次世界大戦後は、福祉的支援の必要な存在、その人権を蔑ろにされやすく権利擁護が必要な存在として受け止められていく。その一方で、精神障害者を危険な存在とする考え方はいまもって残っているのである[151]。

　家族にとっては、保護者の役割は必ずしも容易なものではなかった。にもかかわらず、精神障害者が重大な他害行為を起こせば、家族であれば精神障害に気づくはずという考え方に基づき、民法上の監督責任を問われ〈当事者〉性が付与されてきた。保護者の義務規定は、親の高齢化や、家族間の軋轢の要因といった問題から、かねてから廃止の要望が出ていた。障害者権利条約の批准に向けて、障害者基本法改正、障害者総合支援法、障害者差別解消法等の国内法が整備されるなかで、厚生労働省内に設けられた「新たな地域精神保健医療体制の構築に向けた検討チーム」は、保護者制度の廃止とそれに代わる代弁者制度の導入を提案した。しかし、この代弁者制度の導入は「具体化困難」「時期尚早」として見送られた。結局、2013年の精神保健福祉法改正により、保護者制度は廃止され、家族等（配偶者、親権者、扶養義務者、後見人または保佐人）のいずれかの同意があれば、本人の同意がなくても医療保護入院させることが出来ることとなったが、第三者後見の可能性が低い状況では、後見人として財産管理をするのも、監督義務者として監視・管理、あるいは治療を受けさせるのも、配偶者、親、兄弟姉妹、子といった家族であることは避けられず、家族の負担が軽くなったということができるのか、疑問が残る。

　さて、本章における〈当事者〉性の付与は、あくまでも条文上のことである。しかし、これらの条文が、ある日突然目の前に突きつけられ、抽象的条文から具体的意味をもつものとなり、法廷の中で〈当事者〉性の付与が行われることが想定される。そこで次章では、法廷の中でこれらの条文が具体的

151）　たとえば町野は、医療観察法案が議論された際に、「「触法精神障害者が再犯を行うことなく社会復帰するためには精神医療が必要である」ということは、「精神医療を行わなければ再犯を行うかもしれない、だから精神医療が必要となる」ということなのであるから、結局は「医療を行わなければ再犯を行うおそれがある」ということと同じである」と述べている（町野朔「精神保健福祉法と心神喪失者等医療観察法——保安処分から精神医療へ」『ジュリスト増刊　精神医療と心神喪失者等医療観察法』有斐閣（2004）73頁）。

に突きつけられ、家族に〈当事者〉性が付与されていく場面について、触法精神障害者家族が損害賠償責任を問われた裁判事例を題材に、みてみよう。

第2章

裁判事例にみられる
〈当事者〉性の付与と引き受けの態様

1. 理論基盤としてのエスノメソドロジー

　本章では、第1の設問である「どのように〈当事者〉性の付与と引き受けがなされるのか」について検討し、損害賠償請求訴訟の中で、触法精神障害者家族に対する〈当事者〉性の付与と引き受けが、具体的にどのようになされていくのかを明らかにする。

　本書においては、〈当事者〉性が相互行為によりもたらされると考えること、そして、本章における研究の設問が「〈当事者〉性の付与と引き受け」という社会的現実の作り出され方を問うているということから、相互行為における秩序形成過程に焦点を当てるエスノメソドロジー（以下、EMという）を理論基盤に据え、〈当事者〉性の付与と引き受けの具体的過程について論じる。

　EMはアメリカの社会学者ハロルド・ガーフィンケル（Harold Garfinkel, 1917-2011）が確立したものである。ここで問われるのは、相互行為の過程で、また、相互行為の過程によって、人々はどのように社会的現実を作り出すかということである[1]。したがって、EMに基づく研究の焦点は、日々の活動を秩序づけている方法にあてられる。

　EMの前提として次の3点がまとめられる[2]。第1に、相互行為は構造的

---

1) Flick, U. Qualitative Forschung. Rowohlt Taaschenbuch Verlag GmbH.（1995）小田博他訳『質的研究入門――〈人間の科学〉のための方法論』春秋社（2002）。

に秩序づけられていること。第2に相互行為の構成因子は文脈によって作られ、また文脈を更新すること。第3に、この2つの特性は相互行為の細部に宿っており、このために会話のやりとりの中のどんな些細なことも、前もって無秩序だとか、偶然なものだとか、関係ないなどとみなして除外することはできないということである。

これらの前提が示すように、EM研究では、相互行為やその内容の関与者にとっての主観的意味にではなく、いかにその相互行為が秩序づけられているかという点に焦点があてられる。「秩序づけられる」あるいは「秩序がある」ということは、すなわちそれぞれの状況が組織されており、お互いの振る舞いが協調していて、安定しているということであるが、これはお互いの行為の意味がわかり、見通しが与えられることで可能になっている[3]。したがって、EM研究は、それぞれの場面に可視性を与える人や物、言葉や道具などのリソースとその実際の利用法を、実践に即して記述していくことが課題となる。

そもそもEMは、隠された社会秩序や社会構造を解き明かそうとする、いわゆる構造機能主義的社会学の批判として生まれた新しいパラダイムといわれている[4]。Garfinkelは、秩序、あるいは常識に埋め込まれた社会構造は、隠されたものではなく、人々の日々の実践の中で直面し解決していると考えたのである[5]。したがって、EMは、社会が個人を規定する要因を重視する、いわゆる「規範的パラダイム」よりむしろ、社会的世界における人々の解釈過程を重視する「解釈的パラダイム」に近い位置づけである[6]。

---

2) Heritage, J. Recent development in conversation analysis. Sociolinguistics, 15, (1985) p.1-17. (川島理恵他訳『診療場面のコミュニケーション――会話分析からわかること』勁草書房 (2015))。
3) 前田泰樹・水川喜文・岡田光弘編著『エスノメソドロジー――人びとの実践から学ぶ』新曜社 (2009)。
4) 前田他・前掲注3)。
5) 前田他・前掲注3)。
6) 「規範的パラダイム」「解釈的パラダイム」はWilson (1970) による社会理論のパラダイム区分である。Wilsonは、「解釈的パラダイム」を文脈性抜きの解釈行為によって社会秩序を説明しようとするものとしているが、エスノメソドロジーもシンボリック相互作用論も、相互行為が行われている文脈を重視している。この点を重視すれば、両方とも厳密な意味での「解釈的パラダイム」とは言えないだろう (Wilson, T. P. Conception of Interaction and Forms of Sociological Explanation. American Sociological Review, 35, (1970) p.697-710)。

これらの特徴に加え、EM研究の特徴として次の3点が挙げられている[7]。第1に、EMは、人々の通常の行為を「方法論的」なものとして捉えるが、その際、その行為の方法の改善や批判には注意を向けないこと。第2に、人々の方法が「正しい」とか「適切である」ということについての判断を行わないこと。第3に、EMは、各状況の関与者である日常行為者や、専門実践者が、その状況の意味を自ら作り出す有り様を記述するものであるから、その状況の関与者の知らない「方法」を適用することによって、研究者が自らEMの「対象」を作り出すことをできる限り避けようとすることである。つまり、研究者は「他人の巣の中に入り込むことに興味を示すので、自らの巣を持たない」ということになる[8]。

　Garfinkelが、陪審員研究に従事するなかでEMの発想を思いついたということが示すように、司法プロセスとEMの関係は古い。本章における研究は、Garfinkelの初期の研究同様、司法プロセスを焦点にあてるものであり、「どのように〈当事者〉性の付与と引き受けがなされるのか」という、いわば〈当事者〉性の付与と引き受けの実践を問うものであり、EMを研究の理論的基盤に据えることにより明らかにされよう。

　ただし、EMのような成員間のやりとりに注目する理論においては、大局的な社会構造や社会制度の分析が、背後に後退しがちであることが問題点として指摘されている[9]。このような批判に対し、社会秩序に可視性を与え、組織化するEMの方法は、その場ごとのローカルなものであり、ミクロレベ

---

7) 樫村志郎「法律現象のエスノメソドロジーにむけて」『神戸法学年報』6 (1990) 73-99頁。
8) このような理論基盤に基づく研究として、代表的なものにHarvey Sacksによる「成員カテゴリー化装置」の研究がある (Sacks, H. An Initial Investigation of the Usability of Conversational Data for Doing Sociology. Sudnow, D. ed., Studies in Social Interaction, New York: Free Press, (1972) p.31-74. (= 1989、北澤裕・西阪仰訳「会話データの利用法——会話分析事始め」G．サーサス・H．ガーフィンケル・H．サックス・E．シェグロフ『日常性の解剖学——知と会話』マルジュ社 (1989) 93-173頁))。「成員カテゴリー装置」とは、「性別」「発達段階」「職業」など人や物のカテゴリーの集合のことである。Sacksは、規範という道具によって人々の行為が可能になっているという点に注目した。特定の「地位」(カテゴリー) と結びついた規範を「役割」というが、Sacksは、その場にふさわしい行為をするなかで、自分がどのカテゴリーからどの規範に従っているのかを相手に示しているはずという。たとえば、「看護師が患者の血圧を測る」という行為において、看護師は血圧を測ることにより、「自分が血圧を測れる地位にある (つまり看護師である)」「相手は腕を出さなければいけない地位にある (つまり患者である)」といったことの理解を示している。人々は互いに理解を示し合い、互いの理解をチェックし合いながら行為することができるという。

ルの行為と、マクロレベルの社会構造とを分析的に切り離してしまうことはできないという反論がある[10]。また、EM研究では、さまざまな実践そのものの中に、社会制度や社会構造といったマクロ現象が現れているという考えも示されている[11]。すなわち、「学校制度」や「司法制度」のようなマクロなカテゴリーは、適切なものとして参照されることにより、実践において関連性のあるものとなる。つまり、マクロが実践の外から影響していると先に関連づけるのではなく、あくまで実践の中で参照されるマクロをみていくのが、EMのやり方ということになる。

このような特徴をもつEMを理論基盤に据え、本章では心神喪失状態で殺傷事件を起こした者の家族に対する損害賠償請求がなされた一つの民事裁判事例を分析し、〈当事者〉性の付与と引き受けという相互行為が、法廷において具体的にどのようになされていくのかを論じることにする。

2．司法プロセスに関する既存の研究

(1) 国内研究

日本の法社会学研究者とEMの交錯は1980年代末以降から起きてきたといわれている[12]。そこで、まずは1980年代末以降に国内で行われたEMによる代表的な司法研究を振り返っておこう。

法を対象とするEM研究は、Harvey Sacksとその共同研究者のEmanuel A. Schegloffが70年代を通じて会話分析研究の一般化に努力し、広く応用的研究を生み出すようになったことから、会話分析を用いて、会話の法的性格を見出すものが多いといわれている[13]。会話分析は、「人と言葉を交わす」という実践を研究するものであり、研究にあたっては、録音したデータを文

---

9) 伊藤勇「シンボリック相互作用論とG・Hミード——H・ブルーマーと批判者たちの応酬をめぐって」『社会学史研究』20（1998）99-111頁。
10) 岡田光弘「コラム よくある質問と答え」前田・水川・岡田編『エスノメソドロジー——人びとの実践から学ぶ』新曜社（2007）。
11) 水川喜文「コラム よくある質問と答え」前田・水川・岡田編『エスノメソドロジー——人びとの実践から学ぶ』新曜社（2007）。
12) 樫村志郎「法社会学とエスノメソドロジー」山田富秋・好井裕明編『エスノメソドロジーの想像力』せりか書房（1998）。
13) 樫村・前掲注12)。

字に転記した記録が用いられる。

　たとえば、山田は、中立性を保持しながらできるだけ事実に忠実な情報を収集することが望ましいとされる調査官面接が、実際はこの「中立性」の中身は、調査官の側の客観性を装った積極的な説得であることを、調査官面接記録の会話分析を通して明らかにしている[14]。山田は、調査官による面接過程では非難／応酬の連鎖や説得、あるいは同情などのような積極的操作がなされるとし、調査官自身による面接場面の批判的振り返りがなければ、司法の「中立性」という神話がそのまま手をつけられずに残ることを指摘している。このように、山田は調査官面接が調査官や申立人、相手方を巻き込んだひとつの「権力作用」の働く場であることを示した。

　一方、樫村は、アメリカで観察された、ある労働仲裁の事実審理手続を素材として、弁護士と証人の発言がどのように尋問として組織されていくかについて会話分析を用いて明らかにしている[15]。尋問においては尋問する法律家もそれに答える証人も、尋問過程における発話の順番構成に注意しており、この意味で尋問は法律の素人である証人と法律家との「共同実践」により秩序づけられていること、同時に法律家は、証人には明らかにされていない意図などに従って、尋問の構造を戦略的に利用し、事件の事実の社会規範的描写（認定されるべき事実）を作り上げていること、さらに法律家は「最後の質問です」という言葉に象徴されるように、尋問の構造を維持するための実践を行っていることが、当該研究により示されている。

　また樫村は、市民法律相談という裁判外紛争処理の場でいかなるコミュニケーションが行われているのかを会話分析の手法を用いて明らかにしている[16]。分析を通して樫村は、法が紛争に対して適用される際には、相談者と弁護士の間で法的問題がローカルな生活問題という相貌をもって現われてくることを指摘している。つまり、法律相談における相談と助言の過程においては、法律が法律ゆえに尊重されることによって紛争が解決されるという事

---

14)　山田富秋「司法現場における「権力作用」――マクロとミクロを結ぶ論理」『社会学研究』58、東北社会学研究会（1991）73-97頁。
15)　樫村志郎「第5章　法律的探求の社会組織」好井裕明編『エスノメソドロジーの現実――せめぎあう〈生〉と〈常〉』世界思想社（1992）。
16)　樫村志郎「裁判外紛争処理における弁護士の関与（シンポジウム紛争処理と法社会学Ⅱ）（裁判外紛争処理）」『法社会学』49（1997）52-62頁。

態は、無条件には成立しておらず、紛争と法を媒介する社会過程が存在しており、それは紛争を実践的に聞き取ったりする言語的行為の水準で起きているという。この過程を通じて、法的問題はリアルな社会的背景をもつ市民の「生活問題」として成立してくると樫村は述べている。これと類似した研究結果は、民事裁判所に訴えられ敗訴した人物に対する樫村のインタビュー調査からも見出されている[17]。

　さらに、菅野は実際に発生した強盗殺人事件に基づいたシナリオで模擬陪審裁判を行い、評議という場が、そこに参与する人々の行為によっていかに構成されていくのかを会話分析を用いて明らかにしている[18]。菅野は、あくまでも模擬裁判ということで、模擬陪審員の選定手続および公判場面の簡略化が、陪審員の任務遂行の動機づけに与える影響、評議時間の制限の影響は否めないが、その場の参与者たちは、目の前の現象を「陪審（員）による評議」という表現で理解できるかたちに作り上げようとしているとし、模擬であっても研究結果は充分利用可能と説明している。当該研究を通して、大きく二つの点が明らかにされた。まず、陪審員が常識的推論を行いながら一方の証言を疑うという方法で課題に対処していることである。すなわち、事実認定において模擬陪審員たちが示した能力は真実の発見ではなく、誤りの発見であったことである。二つ目は、各陪審員が陪審長の役割に関連づけてそれぞれの行為を調整しながら、問題解決にあたっていることである。このことから、菅野は、陪審員の法的な問題を審査する能力を疑問視する声が多いが、陪審員や陪審長といった役割を与えられたとき、その務めを果たす能力をわれわれがすでに備えていると結論づけている。当該研究は、2009年以降に導入された裁判員裁判における評議がどのように構成されているのかを明らかにする上での貴重な資料となる。ただ、裁判員裁判の場合は、裁判官という法律家が評議に加わるため、評議のダイナミズムは菅野による研究結果とは異なった結論が導き出される可能性は高い。

　小宮は、「社会成員の実践的推論のひとつひとつを記述していくことが、法という社会秩序の研究となりうる」ことを示すために、会話分析を用いてなされた研究において提出された知見と同等の知見が、判決文の分析にもみ

---

17)　樫村・前掲注15)。
18)　菅野昌史「陪審評議の会話秩序」『法社会学』55（2001）192-207頁。

られることを、ある準強姦事件の判決文の中にみられる「事実認定」を取り上げて考察している[19]。その中で、小宮は事実認定のプロセスにおいて、さまざまな常識的推論が使用されていることを指摘した。

　裁判場面ではないが、法律現象をEMの視点から論じた経験的研究もある。たとえば樫村は、労働紛争の当事者である人事担当課長へのインタビューと、大学の授業で行った模擬交渉を素材に、規範の主張を理解するという現象を通して、個別具体的な裁判や交渉などが、集合体的な法律現象と理解される理由を明らかにしている[20]。この論文の中で、樫村は「マクロ」な出来事としての規範過程がどのようにして「ミクロ」な現象の中に意味として持ち込まれるのかを描き出している。

　このように、国内における研究数は少ないが、法律行為がもつ意味を理解する上での貴重なデータが得られている。しかし、これまで分析対象とされてきたデータは、山田の調査官面接を除けば、アメリカで得られたデータや、模擬裁判のデータ、判決文、市民法律相談のデータ等、訴訟における法廷でのやりとり以外のものである。この背景には法廷でのやりとりを示すデータの入手困難性が指摘できる。このような事情から、日本における刑事訴訟や民事訴訟での言語活動において、法専門職者や訴訟当事者の社会規範や役割認識がどのように反映され、操作されるのかが明確にされていない。

(2)　諸外国での研究

　では、EMによる司法研究は、諸外国ではどのような動向を示しているのだろうか。神長は、諸外国において1970年代末から1990年までのEMを中心とした裁判研究は、大きく次の三つの流れに向かうと述べ、それぞれの流れについて紹介している[21]。まず第1は、エスノグラフィックな研究である。裁判に遭遇した当事者、裁判官、弁護士などが問題解決に用いる常識的推論を明らかにし、それを用いることで裁判の事実性がどのように生成維持されるかを、人々のやりとりの詳細な分析を通して追及するものである。たとえ

---

19)　小宮友根「「法廷の秩序」研究の意義について」『法社会学』66（2007）162-186頁。
20)　樫村・前掲注7）、樫村志郎「社会過程としての法解釈」『法社会学——法の解釈と法社会学』45（1993）65-73頁。
21)　神長百合子「エスノメソドロジーと裁判研究」『法社会学』44（1992）101-107頁。

ばデューク大学の学際的裁判研究グループは、当事者が抱いている期待と裁判所のやり方のくい違いについて明らかにしている[22]。とくに、裁判上の諸規則により当事者が日常的会話からひどくかけ離れた話し方を強いられることで「自分の側の物語を供する機会」を奪われていることが指摘されている。また、一般の紛争が公的紛争となる段階で特殊な変容を遂げるが、この変容をもたらす要素として言語（パラダイムをめぐる戦いであり、法の文言が基準とされる）、関係者（公的紛争形成に対する力の差、とくに法への近接度が関係する）、観客（法的決定は観客の期待を反映する）が挙げられている[23]。

第2の流れは、会話分析による研究である。たとえばAtkinsonとDrewは、法廷におけるやりとりは、尋問の特殊な性格等のために、日常の会話にみられる交代の原則に沿っていないことを裁判の段階ごとに分析し明らかにしている[24]。同様に、会話分析により明らかにされた法廷の秩序として次のような例がある。答弁取引は、まず、発言者による自己の見解を示す問いかけ、次に回答者によるその見解への同調・不同調、の順で行われ、その各々の段階で決まった技巧が用いられており、それが答弁取引の秩序として現れること[25]。証人は発言の訂正や明示の否定語の使用を避ける傾向があるのに対し、尋問側は以前の証言に言及できる特権を利用して、「コントラスト」の手法を用いたりしながら証言の一般命題化を図ること[26]。離婚調停員が専門家としての権力を行使して一定の解決枠組みを強制していくこと[27]等である。

---

22) Conley, J. M. & O'Barr, W. M. Rules versus Relations: The Ethnography of Legal Discourse. Chicago: University of Chicago Press (1990).
23) Mather, L. & Yngvesson, B. Language, Audience, and the Transformation of Disputes. Law and Society Review, 15(3-4), (1980-81) p.775-821.
24) Atkinson, Maxwell & Drew, Paul. Order in Court. London: Macmillan (1979).
25) Maynard, D. W. Inside Plea Bargaining: The language of Negotiation. New York: Plenum Press (1984).
26) Drew, P. "Strategies in the Contest Between Lawyer and Witness in Cross-examination" in Levi, J. N. & Walker, A. G. (eds.). Language in the Judicial Process, New York: Prenum Press (1990) p.39-64.
27) Dingwall,R. "Empowerment or Enforcement? Some Questions about Power and Control in Divorce Mediation" in Dingwall, R. & Eekelaar, J. (eds). Divorce Mediation and the Legal Process (Oxford Socio-Legal Studies), New York: Oxford University Press (1988).

第3の流れは、裁判での当事者の言語活動を「ものがたり」の提示と分析するものである。BennettとFeldmanは、当事者の言語活動を「ものがたり」という枠組みを用いることにより、事例の諸要因が判決過程にどのように導入され、判決にどう影響するかをみることができると指摘する[28]。この流れを汲む研究として、Maynardは、会話分析を用いながら、語り手である弁護人と、聞き手である裁判官および相手方弁護人の間で繰り広げられる答弁取引の際の「ものがたり」構造を具体的に示した[29]。

　では、1991年以降の動向はどのようになっているだろうか。Holsteinは、五つの地域で行われた数百の審問会を観察し、会話分析の手法により、判事、弁護士、精神科医、そして患者本人によるやりとりを分析し、会話を通して患者候補者がどのように精神科施設への入所を決定づけられていくかを明らかにした[30]。そして、これらの審問会における法的解釈が、社会的に組織された状況の中で行われており、結果的に、集合表象や文化的イメージを伴うさまざまな背景要因に対応していることを示した。

　Matoesianは、法廷での録音記録に基づく会話分析を行い、性的暴行事件の裁判がどのように社会的に構築されるのか、また、法廷において女性の暴力被害の経験が、ありふれた合意に基づく性行為として、どのように変換されうるのかを分析している[31]。当該研究を通して、反対尋問で被告側弁護人が用いる言葉を分析し、法廷での話し方により、被害者の証言は、男性が標準とする合法的な性的行為に該当するようにかたち作られることが示された。

　性的暴行を扱った類似の研究として、Frohmannによる性的暴行事件の起訴決定過程に関する研究がある[32]。Frohmannは、エスノグラフィックなデータを用いて、検事が性的暴行事件を起訴するかどうかを決める際に、人種や社会的階級、ジェンダーがもつステレオタイプなイメージに基づき、被害

---

28) Bennett, W. L. & Feldman, M. S. Reconstructing Reality in the Courtroom, Tavistock Publications: New York (1981).

29) Maynard, D. W "Narrative and Narrative Structure in Plea Bargaining" in Levi, J. N. & Walker, A. G. (eds.), Language in the Judicial Process, New York: Prenum Press (1990) p.65-95.

30) Holstein, J. A. Court-Ordered Insanity: Interpretive Practice and Involuntary Commitment. New York: Aldine de Gruyter (1993).

31) Matoesian, G. M. Reproducing Rape: Domination through Talk in the Courtroom. Chicago: University of Chicago Press (1993).

者、加害者、陪審員、彼らが属するコミュニティ、そして事件が起きた場所をカテゴライズしており、陪審員が文化的差異のために加害者の行為を誤解し、無罪にすると判断される場合は、不起訴にする傾向があることを明らかにしている。

これらの他、英国では Travers が、都心部で働く弁護士に対する観察やインタビューを通して、彼らが行う日々の業務の本質を明らかにし、法と司法プロセスがもつ異なる側面を分析した[33]。

このように、諸外国においては 1991 年以降もエスノグラフィーや会話分析を用いた司法過程分析は引き続き行われているが、新たな傾向として談話分析 (discourse analysis) による司法過程研究の増加がある。談話分析では「コミュニケーション的相互作用を行うために、会話の中で、出来事の会話的バージョン（記憶、描写、定式化された陳述）が「（会話の）参加者」によってどのように構築されるか」に関心が向けられる[34]。談話分析は会話分析が出発点ではあるが、会話分析よりも「会話の内容、その主題（言語学的組み立てではなく）社会学的な組み立て」に実質的な焦点を当てる[35]。

たとえば、Susan Philips は、法廷で用いられる言語を談話分析の手法を用いて詳細に分析し、イデオロギーが予審法廷判事の実務に広範囲にわたり影響を及ぼしていることを明らかにした[36]。類似の研究結果はドメスティックバイオレンスを扱った裁判分析でも得られている[37]。Crocker は、分析を通して、親密な関係に対して司法システムがどのように規制しており、厳しい判決に反していかに伝統的なイデオロギーが存続し続けるのかを示している[38]。

---

32) Frohmann, L. Convictability and discordant locales: Reproducing race, class, and gender ideologies in prosecutorial decisionmaking. Law & Society Review, 31 (3), (1997) p.531-555.
33) Travers, M. The Reality of Law: Work and Talk in a Firm of Criminal Lawyers (Socio-Legal Studies), London: Ashgate Publishing (1997).
34) Edwards, D. & Potter, J. Discursive psychology. London, Thousand Oaks, New Delhi: Sage. (1992) p.16.
35) Edwards and Potter・前掲注 34) 28 頁。
36) Philips, S. Ideology in the language if judges: How judges practice law, politics, and courtroom control (Oxford studies in anthropological linguistics, 17) Oxford & New York: Oxford University Press (1998).
37) Crocker, D. Regulating intimacy: Judicial discourse in cases of wife assault (1970-2000). Violence Against Women, 11 (2), (2005) p.197-226.

(3) 先行研究についてのまとめと問題点の整理

　ここまで、国内外で行われた司法過程に関する EM 研究を振り返った。諸外国においては、Garfinkel による陪審員研究が 1960 年代末に発表されたことに端を発し、1970 年代から精力的に司法過程についての経験的研究が行われてきた。それらは、エスノグラフィックな研究、会話分析を用いた研究、「ものがたり」という枠組みを用いた研究などさまざまである。

　また、新たな傾向として談話分析による研究の増加が指摘できる。1990 年以降は、ジェンダー、移民、社会階層といった特定の社会問題に焦点をあて、個々の問題に対する司法関係者らによる個々の問題に対する具体的対応を理論化することにより、それらが法廷の中で個々の問題からどのように社会問題として構築されていくのかが検討されている。しかし、法社会学の研究全体に占めるこのような経験的研究の割合はわずかであり、経年その数はさらに少なくなる傾向にある。

　一方、国内においては、1980 年代以降、一部の法社会学者により研究がなされ、わずかではあるが貴重な研究成果が得られている。しかし、データが入手困難であることから、それらは主として訴訟における法廷でのやりとり以外のものが分析対象として用いられている。その結果、いまだに実際の刑事訴訟や民事訴訟でのやりとりにおいて、弁護士や裁判官、検事といった法専門職者、あるいは被告や原告となる者の社会規範や役割認識がどのように反映され、操作されるのかが詳らかにされているとは言い難い。確かに諸外国においては、これらはさまざまな研究者が取り組んできた課題であり、それらの結果から応用することも可能であろう。しかし、社会規範や役割認識における諸外国との文化的差異に鑑みると、国内でのさらなる司法過程についての経験的研究が要請される。

3．方法

　ここでは、心神喪失状態で殺傷事件を起こした者の家族に対する損害賠償請求がなされた民事裁判事例を用いて、民事裁判という司法プロセスにおい

---

38)　Crocker・前掲注 37)。

て、どのようにして〈当事者〉性の付与と引き受けという相互行為が行われているのかを明らかにする。まず事例の概要を説明した上で、分析の具体的方法について論じよう。

(1) 事例の概要

2011年までに、心神喪失状態あるいは心神耗弱状態で殺傷事件を起こした者の家族に対する損害賠償請求がなされた民事裁判事例は10件程度あるが、本章で取り上げる事例は、そのうちの1件であり、次のような内容である。

■福岡高裁平成18年10月19日判決（平成18年（ネ）第401号）
　［判タ1241号131］
　2002年3月、統合失調症に罹り心神喪失状態にあった男性X（20歳）が、関東で独り暮らしをしていたところ警察に保護され、実家に戻った4日後に、自宅の飼い犬を殺した上、自宅から20メートルくらい離れた隣家で飼い犬を殺し、そこに住む女性Y（29歳）の胸や顔など数ヶ所を包丁やハサミで刺すなどして殺害した。
　Xの両親は、精神保健福祉法に基づく法定保護者の選任は受けてはいなかったが、法定監督義務者に準じる位置にあった。しかし、警察から助言を受けたにもかかわらず、Xに精神科を受診させていなかった上、事件当日Xを1人にしたのであるから、Xに対する監督義務を尽くしたとはいえないとして、Yの夫および両親が、民法714条または民法709条に基づき、Xの父親に対し7,790万円、弟に対し1,900万円の損害賠償の支払いを求めた（事件直後母親が自殺したため、弟が損害賠償責任を相続したことを請求原因とする）。
　訴えに対し、Xの父親はXが実家に戻ってから親戚の葬儀に夫婦で出席しなければならず、またXを漫然と放置していたのではなく、様子をみて精神科を受診させるつもりでいたが、本事件まで4日間しかなくそれが叶わなかっただけであるとし、監督義務の懈怠は無かった、として争った。
　1審では、Xは20歳であり、父親はその法定代理人でも、監督義務者に代わって責任無能力者を監督する者にもあたらないとしても、これに準じる者にあたるとし、民法714条の責任を負う者と解すべきとした。そして、他

害防止のためXを保護監督することが不可欠な状況にあることを予見することができたはずとして、損害賠償金7,334万円を支払う義務があるとされた。弟については、相続放棄が認められ、請求理由が無いと判断された。父親はこの結果を不服とし控訴したが、棄却された。

　研究対象としてこの事例を選んだ理由はいくつか挙げられる。まず、心神喪失状態あるいは心神耗弱状態で殺傷事件を起こした者の家族に対する損害賠償請求がなされた過去の民事裁判事例の中でも、当該事例についてはもっとも多くの資料を入手することができたことがある。当該事例については、控訴人（害を加えた者の家族）および被控訴人（被害者遺族）に直接アクセスし、聞き取り調査を行うことは不可能であったが、控訴人代理人弁護士（事件の害を加えた側代理人）および被控訴人代理人弁護士（事件の被害者側代理人）に対しては直接話すことができた。ただし、資料提供の協力を得ることができたのは、被控訴人代理人弁護士（事件の被害者側代理人）からのみであった。なお、資料閲覧については被控訴人本人からも代理人を通して承諾を得ている。

　また、当該事例の特徴として、精神保健福祉法上の保護者の自傷他害防止監督義務が削除されてから発生した事件という点が挙げられる。家族がたとえ保護者選任を受けていたとしても、精神保健福祉法に基づく監督責任を直接的には問えない事件において、どのように事件が再構成され、家族に〈当事者〉性が付与されるのかを明らかにすることができると考えた。当該事件は精神保健福祉法上の保護者としての監督責任は課せられないものであった。しかし、上記概要が示すとおり、民法714条に基づき父親の監督責任が認められ、〈当事者〉性が付与されている。

　最後に、当該事例では事件発生を苦に、害を加えた者の母親が自殺し、害を加えた者の家族もまた事件による喪失を経験しており、害を加えた者の家族が、加害と被害の側面に同時に直面していることに注目したことがある。精神障害者による犯罪の被害者は両親や子ども、祖父母など害を加えた者の身内であることが多く[39]、触法精神障害者家族は、害を加えた者の家族であ

39）山上皓『精神分裂病と犯罪』金剛出版（1992）。

り「被害者」の家族でもあるという立場に立たされることがしばしばみられる。害を加えた者の家族が置かれている状況を、害を加えた者の家族や「被害者」側遺族がどのように理解し、それぞれが〈当事者〉性の付与と引き受けとの関連で、どのように事件の再構成に組み込んでいくのかは明らかではない。その組み込み方によって、〈当事者〉性の付与と引き受けのあり方が異なってくることも考えられる。

(2) 分析方法

　本章における研究では、裁判資料を元に、談話分析の方法に沿って質的な分析を試みる。具体的に参照する資料は、第1審における被告であるXの父親に対する第2回口頭弁論調書、原告であるYの夫に対する第2回口頭弁論調書、原告であるYの母親に対する第2回口頭弁論調書である。分析はこれらの資料に基づき、次の(a)～(f)の手順で行う。なお、本章における研究では第1審の資料を用いることから、以下ではYの夫と母親を「原告」、Xの父親を「被告」と呼ぶことにする。

　まず、〈当事者〉性を付与される位置づけにある被告（Xの父親）と、〈当事者〉性の付与を試みる原告側代理人の相互行為を検討するために、(a)裁判における被告と原告側代理人のやりとりをセンテンスごとに読み込み、具体的な言葉のやりとりの背後にある意図、各センテンスで実践されていることを詳細に検討する。そして、(b)両者の間における事件の再構成のされ方を検討する。

　次に、〈当事者〉性を付与される位置づけにある被告の、〈当事者〉性の付与を回避しようとする実践を検討するために、(c)裁判における被告と被告側代理人のやりとりをセンテンスごとに読み込み、具体的な言葉のやりとりの背後にある意図、各センテンスで実践されていることを詳細に検討する。そして、(d)両者の間における事件の再構成のされ方を検討する。

　さらに、〈当事者〉性を付与する位置づけにある原告の、〈当事者〉性を付与しようとする実践を検討するために、(e)裁判における原告と原告代理人のやりとりをセンテンスごとに読み込み、具体的な言葉のやりとりの背後にある意図、各センテンスで実践されていることを詳細に検討する。そして、(f)両者の間における事件の再構成のされ方を検討する。

　なお、(e)および(f)については、Yの夫とYの母親という2名の原告につい

ての資料が入手できたため、両者について行う。

4．被告と原告側代理人による事件の再構成

　〈当事者〉性を付与される位置づけにある被告と、〈当事者〉性の付与を試みる原告側代理人の相互行為はいかに実践されるのか。第１審における被告と原告側代理人とのやりとりが記録されている第２回口頭弁論調書を検討したところ、被告と原告側代理人によるやりとりでは、原告側代理人による質問の内容や聞き方により、再構成される事件の輪郭が決定づけられていることが明らかになった。つまり、質問の内容や聞き方により、再構成される事件の輪郭が決定づけられていたのである。以降で考察する他の組み合わせにおいても、同様の傾向がみられた。

　原告側代理人の質問のみに焦点をあて考察すると、次の四つのトピックが見出された。それらは①事態の深刻さへの理解、②監督する上での十分な時間、③後悔の必要性、④不十分な誠意、である。

　①については、警察官の説明があったこと、Ｘの部屋の異常性を感じていたこと、Ｘが帰郷途中お金を持っていなかったこと、Ｘが普通のストレスとは言えない状態だったことを強調することにより、被告がＸの状態の深刻さを理解できたはずであることを裏づけようとしていた。たとえば次のようなやりとりがある。

《実際のやりとり》	《分析》
代理人：一度目行ったときは大体どんな話をどの程度の時間聞いたか覚えてないですか？ 被　告：そう詳しい説明はなかったですよ。	警察からの説明に対する被告の記憶を確認。
代理人：どの程度の内容が大体何分ぐらい説明があったのか言ってください。 被　告：やっぱり20分くらい、ちょうど息子がこっちに保護されているから引き取りに来てくださいということを言われましたということで話を受けました。	

代理人：警察で保護されてるというのは、それなりの問題を起こしたからだと思うんだけど、何で保護されるような事態になったのかというのは説明がありましたか。 被　告：いいえ、それは戸を叩いて保護されましたということはちょっと聞きました。	警察から保護の理由についての説明があったはずであることを強調。
代理人：2回目のときはどんな説明がどの程度の時間ありましたか？　同じくらいでしたか、違いましたか。 被　告：同じくらいありました。	警察からの説明に対する被告の記憶を確認。
代理人：1回目のときは、どうも警察官にも襲いかかろうとしているように記録には書いているんですが、殴りかかろうとしたんだというふうに、暴れたというような話も出ているんですが、こんな話は説明を聞いておられませんか？ 被　告：はい、それは聞いておりません。	警察の記録を証拠に用い、保護時にＸが暴力的であったことを強調。
代理人：（警察署からの保護カードを証拠として示しながら）ここの中には、⑥発見時の状況及び保護を必要と認めた理由という中に、3行目ほど、2階に行かせろと言い、本職等に対し殴りかかろうとするなど暴れたためというふうに書いてあって、わずか5行しかない説明なんだけど、ここの中にも書いてるんですよね。あなたが言ったように20分も説明があったら、そんな話ぐらい出てもおかしくないんじゃないかなと思うんで。	警察から、Ｘの暴力行為についての説明があったはずであることを強調。

被　告：確か、うろうろして、丁度非番で上がるでしょう、替わる時でちょっと。
代理人：変わる時だけど、別に替わる前の人じゃないと当然説明はできないでしょうからね。交替の時期にかかってるのかも知れませんけど、少なくとも保護に立ち会った人からあなたのお話によっても20分ぐらいの説明は聞いてるわけでしょう。
被　告：署名して、引き取りが済んで、息子が寝ているのを起こして帰りました。

代理人：私の疑問は、わずか5行の説明の中にも書いてあることなので、20分も口頭で説明してれば保護に行ったときの状況とか、警察官に対してどういう行動をとったかの説明は当然出てるんじゃないかな。あなたが記憶しているんじゃないかなと思って聞いてるんですよ、違いますか。	警察から、Xの暴力行為についての説明があったはずであることを強調。
被　告：いや。それは何も受けずに、ただ戸を叩いて保護されたということは聞いただけです。	
（省略）	
代理人：(警察署からの証拠を示しながら)(5)のイ、保護者に説明というところには、110番通報に伴い臨場した事実、取り扱いに際し判明した本人の言動や部屋の様子などを詳細に説明したというふうに書いているんですが……	警察から、Xの暴力行為についての説明があったはずであることを強調。
被　告：受けておりません、それは。	
代理人：じゃあ、ここに書かれているようなことはされていないということですか。	警察の証拠を示すことにより、被告の記憶の誤り

被　告：はい。　　　　　　　　　　　　　　　　　を示唆。

　また、①と関連して、Ｘが普通のストレスとはいえない状態であり、被告もそれを認識していたことを強調する内容として、次のやりとりがある。

《実際のやりとり》	《分析》
代理人：あなたとしてはどう思ってましたか。単なるストレスと思ってましたか、それともストレスだけじゃない、ちょっと病的な治療とか診療を必要とするようなものだというふうに理解してたんですか？　引き取って帰ってくる時点では。	被告が、「治療が必要」と認識していたことを強調。
被　告：やっぱりちょっと普通のあれじゃないなということは感じました。	
（省略）	
代理人：ストレスでちょっと一時的に例えば気の病をもっているという程度なのか、やはり精神的な、医学的なことはわからないけども、異常が生じているんではないかという認識だったのか。	被告がＸの異常性に気づいていたことを確認。
被　告：少々ストレスとちょっと違うなあと思って。	
（省略）	
代理人：部屋の荒れ方とか本人の話しぶりからすると、調書なんかに書かれていることは、むしろ２回目の方がだいぶひどくなっているように受け止めたんじゃないかと思うんですけど、そうじゃないですか？	被告がＸの病状の悪化に気づいていた可能性を強調。
被　告：いいや。連れて行くときは、ガラスなんかは割れてましたけど、表情そのものというと全然変わらなかったです。	
代理人：私が聞きたいのは、……（省略）１回目の様子と２回目の様子を比べてみて、お父さ	被告がＸの病状の悪化に気づいていた可能性を再

	の目から何か変化とか状態の進行をお感じにならなかったかどうかということを聞いているんです。	確認。
被　告：	少し精神的に疲れ方がひどいなあとは感じました。	
代理人：	１回目よりも疲れがひどいようにはお感じになったでしょう。	被告がＸの病状の悪化に気づいていたことを再確認。
被　告：	はい。	

　②については、被告の仕事柄、事件が起きた時期は繁忙期ではなく、急用があれば動ける状態にあったこと、および親族の葬儀があったことを確認しながら、時間があったにもかかわらずＸに対し十分な監督をしなかったことを表現している。
　さらに、③については、遺族の気持ちや妻の発言を援用することにより、被告が後悔すべき立場にいることを示している。

代理人：	今にして思えばどうですか。そのときに何かしてればとか、あるいはＸを一人にしないで監督していればという気持ちは、当然遺族は持ってるんだけど、あなた自身としては事件に対してどんなふうにお感じになりますか？	遺族の気持ちを引き合いに出し、被告が後悔すべき立場にいることを強調。
被　告：	……（沈黙）……	
代理人：	奥さんの調書の中には、私たちがＸをすぐ病院に連れて行き治療を受けさせていればこんなことにならなかったのかもしれないと思うと後悔するばかりですという調書があるんだけど、奥さんがこう述べられてる点に関してあなた自身は、もちろん同じであっても違ってもいいんですよ、どういう	妻の発言を援用し、被告が後悔すべき立場にいることを強調。

　　　　お気持ちですか。
被　告：ただ、病院に連れて行かなければということは思っていました。

　④に関しては、妻の自殺を引き合いに出したり、遺族の気持ちを援用することで、被害者遺族に対する謝罪の気持ちが足りないことを示している。

代理人：あなたの方も奥さんを亡くされたわけですよね、この事件でね。 被　告：はい。 代理人：事件の事を苦に病んで自殺されたというふうに聞いていいですか。そう理解されておられるんですか。 被　告：はい。	妻の自殺から、被害者遺族同様「家族を失った者」と位置づけ、被害者遺族への理解は然るべきことと示唆。
代理人：それではそれであなたにとってもご不幸だったとは思うんですが、これはYさん側の嘆きはわかりますよね？ 被　告：はい。	
代理人：あなた自身としては、たとえば前向きな解決を図りたいというお気持ちはもっておられる、そう聞いていいですか？　あるいは、自分の方も奥さんを亡くされてるんで、そういった金銭の請求を受けるなんてとんでもないというお気持ちなんでしょうか？ 被　告：できる範囲内ではと思っています。	被告に賠償金を支払う意思があることを確認。
（省略）	
代理人：原告の側では、あなた方の本件に対する金銭的な問題は置いとくにしても、精神的な意味での謝罪が十分でないというご不満を抱いているようなんですよ。この点につい	被害者遺族の認識を援用し、被告の被害者遺族に対する態度が不適切であったことを示唆。

ては、あなたはいかが思われますか？　誠
　　　意謝罪してきた自負はあるということか、
　　　それともそこについては謝りにくかった、
　　　申し訳なかったというお気持ちでしょうか。
被　告：申し訳なかったと思っております。
代理人：必ずしも十分な態勢をとってきたというこ
　　　とではないということはお認めになります
　　　ね？
被　告：はい。

　上記のやりとりを踏まえ、被告と原告側弁護人により再構成された事件は、次のように要約される。
　息子が警察に保護され、夫婦は心配して息子の元に駆けつけた。息子の部屋もいつになく荒れていたし、警察からの説明を注意して聞いていれば、父親は状況の深刻さを理解できたはずだった。確かに、2回目に保護された際の息子は、1回目の時よりも精神的ストレスがひどかったと父親は認識していた。自宅に戻ってからも、テレビを見ていた際の息子の様子が時折おかしかったことを知っている。父親は息子の様子に気をとめて、妻や二男からももっと様子を伝え聞くべきだった。葬式で時間がなかったとはいうものの、仕事の上では繁忙期でもなく、時間を作ることはできたはずである。父親は1週間程度様子をみてからと考えていたようだが、もっと早く精神科に連れて行くべきだった。そんな矢先に事件が起きてしまい、父親は深く後悔している。被害者の方には、取り返しのつかない、大変申し訳ないことをしてしまったと感じている。妻が自殺しているので、身内を亡くした被害者遺族の嘆きは理解できるはずである。であればこそ父親は誠意をみせ、すぐに謝罪に訪れ被害弁償すべきであったのだが、不十分であった。

　原告側代理人と被告とのやりとりでは、被告に「害を加えた者の父親」というカテゴリーが付与されている。やりとりの中では、原告側代理人が被告であるこの人物に対して、妻を自殺で失った「夫」というカテゴリーを付与した場面があった。しかし、直後に「害を加えた者の父親」あるいは「被告」というカテゴリーに戻されている。

被告と原告側代理人の間で再構成された事件は、息子の状態の深刻さを理解できたはずの父親が適切に理解せず、息子の病気を蔑ろにしたことにより生じた出来事であり、父親としてのさらなる後悔と謝罪が求められている事柄である。

　したがって、このやりとりによって、「害を加えた者の父親」は「被害者遺族に対して無責任な対応しかしない存在」「後悔と謝罪が求められる存在」というカテゴリー化が、作り上げられたことがわかる。そして、このようなカテゴリー化を可能にしているのは、「父親は子の動向を監督しなければならない」「害を加えた者の家族は誠意をもって被害者遺族に対応すべきである」という役割規範や、「害を加えた者の家族は後悔と謝罪の念を抱くべきである」という社会規範であることが示唆される。

5．被告と被告側代理人による事件の再構成

　〈当事者〉性を付与される位置づけにある被告は、どのような実践を通して〈当事者〉性の付与を回避しようとするのか。被告と被告代理人のやりとりを検討したところ、被告と被告側代理人によるやりとりでも、被告側代理人が質問し、被告が答えるという形式で、事件前の状況について明らかにされていることが考察された。

　被告側代理人の質問のみに焦点を当てたところ、大きく分けて次の三つのトピックが見出された。それらは①異変の気づき、②見逃しの合理的理由、③謝罪の意思、である。

　まず、被告がXの異変には気づいたこと、精神病の知識や「精神病」のモデルの不在で危険性に気づけなかったこと、過去への反省に言及することで、①のXの異変に対する気づきの難しさが表現されている。

代理人：あなたの親戚でもいいですよ、誰かそういう精神病にかかった人というのはいるんですか？ 被　告：いいや、おりません。	被告にとっての「精神病」のモデルがいなかったことを表現。
代理人：そうすると、あなたが今までの経験で、精	「精神病」の具体例につい

神を病んだ人を実際に目の前で見たことはありますか？ 被　告：いや、それも見たことはなかったですね。	ての予備知識がなかったことを強調。
代理人：だけども、少なくとも息子さんが以前の息子さんではないというような認識はあったということですね？ 被　告：はい。 代理人：これはもう認めるわけですよね。 被　告：はい。	被告がＸの変化に気づいていたことを確認。
代理人：しかし、それが第三者に危害を加えたりするようなものであるというような認識は全くもってなかったと。今振り返ってどうですか？　ああやっぱりおかしかったなぁと、おかしいというのは、危害を加えそうなところがこういうことがあったもんだなということはどうですか？ 被　告：いや、今になってそのように思うところでございます。 代理人：どんなふうに？ 被　告：危害を与えることだと。	被告がＸの変化に気づいてはいたが、危険性には気づかなかったことを強調。
代理人：つまり私が言っているのは、結果的にはこういうふうになってるわけだから、早く手当てをすればよかったというのは誰でも思うことですよ。振り返ってみて、あのときにそういう前兆というかな、予兆みたいな、つまりそういう人に暴力を振るって人を殺したりというようなそういう前兆が、あれが前兆だったんだなというようなことを今振り返ってみてあったかどうかって聞いて	事件当時を振り返ると、Ｘに暴力の前兆と判断できる様子があったことを確認。

被　告	：いるんですよ。やっぱりテレビを見ていたときに、笑うやら何やらして見てるところがちょっとおかしいなと思って。	被告はXの変化に気づいてはいたが、危険性には気づかなかったことを表現
代理人	：だから、ああいうところが、やはりそういうようにつながってるんじゃないかということを考えているということですか。	
被　告	：はい、そうですね。素人が見分けるのはちょっと困難だったですものね。	

　さらに、警察からの説明が不十分であったことに言及することで、②の見逃しの合理性を主張している。

代理人	：病院に連れて行ったほうがいいですよということの具体的な説明ですよ。どういうふうに説明を受けたのか、そのときに。覚えてたら答えてください。	警察からの説明の程度を具体化し、説明が不十分であったことを表現。
被　告	：ただ一言だったですもんね。病院に行ったほうがいいですよって言われました。	
代理人	：これはもう絶対に帰ったらすぐにでも息子さんを病院に連れて行かなかったら非常に第三者に危害を及ぼしたりして危険ですよというような意味のことは言われてませんか？	Xの危険性を感じる程度の説明の仕方を、見本として示し、同程度の説明がなかったことを強調。
被　告	：はい、それは言われなかったですけど。	
代理人	：言われてないですか？	
被　告	：はい。	

　やりとりの中では、帰郷後すぐに病院に連れて行かなかった理由の一つとして親戚の葬儀を挙げているが、代理人は亡くなった親戚と被告との関係性

の深さを強調することで、葬儀への出席が被告にとって重要であったことを強調している。

　同様に②と関連して、帰郷の準備等をＸが落ち着いて行っていたことに触れたり、Ｘが問題行動を起こした理由を「寂しさ」と理解していたことを強調したり、また、被告がＸの状態の深刻さに気づいていなかったことを繰り返し取り上げている。

代理人：第三者に危害を加えるという雰囲気というのは無かったとして、無かったとあなたがそう感じたということなんですが、つまりＸの病状ですよね、これもすぐ病院に連れて行かないととんでもない取り返しのつかないことになるんじゃないかと、Ｘ個人の問題としてでいいですよ、そういう切羽詰ったものを感じていませんでしたか？ 被　告：いや、それまでは感じてなかったですね。	他害の危険性同様、Ｘの病状の緊急性も感じられなかったことを表現。
代理人：あなたはＸの弟に対して、Ｘの３日間ぐらい見た表情とか、そういうものを話したことはないんですか。こうだああだという、その精神状態を。 被　告：少しはちょっと話したこともありますが、別にそう話はしなかったです、家の息子とは。 代理人：息子というのは？ 被　告：弟の息子ですね。	Ｘと接する時間が多かった他の家族メンバーから、Ｘに関する情報提供がなかったことを表現。

　③謝罪の意思については、これまでも謝罪の意味でお金を渡したこと、金額が不十分であること、謝罪の気持ちはあることに言及している。

代理人：被害者に対して事件があった後、いくらかお金を持参されたでしょう？	被害者遺族に、すでにお金を渡していることを表

被　告：はい。	現。
代理人：それはいつですか？	
被　告：四十九日の前だと思います。	
代理人：いくら持っていかれましたか？	
被　告：〈金額〉万円を葬儀代だけということで持って行きました。	
代理人：あなたは〈仕事内容〉をやっておられるけど、これといって、ちょっと失礼ない言い方になるけど、現金に換えたりというものはお持ちじゃないんでしょう、今。	渡した金額が不十分であったことを釈明。
被　告：はい、無いです。	
代理人：補償弁償するとしても、あなたとすればそういう大きなお金ができるという状況にはないってことですよね？	
被　告：はい。	
代理人：当然被害者の人には申し訳ないという気持ちはもちろんありますよね？	被害者遺族に対する謝罪の気持ちがあることを強調。
被　告：はい。	
代理人：しかし、経済的にそういう状況にあると。	
被　告：はい。	

　上記のやりとりを踏まえ、被告と被告側弁護人により再構成された事件は、次のように要約される。

　息子が警察に保護され、夫婦は心配して息子の元に駆けつけた。しかし、警察からの詳しい説明は無く、病院の受診を勧められただけだった。おそらくストレスや寂しさによるものなのだろうと父親は考えた。だが、引越しの準備も自分でできていたし、帰郷途中も落ち着いていたし、自宅に帰ってからも暴れるようなこともなかったので、父親は精神科に連れて行かなければとは思っていたが、緊急性は感じていなかった。日を同じくして生前から親

しくしていた親族のお通夜や葬儀があり、忙しくなってしまった。ただ二男も家にいるので、とくに問題はないだろうと父親は考えた。一方で、妻とは近々精神科に連れて行こうという話をし、電話で兄と話をした際にも、この点について少し触れた。そんな矢先に事件が起きてしまい、父親は深く後悔している。後で思い返すと、確かに自宅でテレビを見ていた息子の様子が時折変であり、あれが予兆だったのかもしれないと考えた。しかし、周りにも精神病にかかった人はいなかったので、息子が精神病とはわからなかった。被害者の方および遺族の方々には取り返しのつかない、大変申し訳ないことをしてしまったと感じている。父親は、本来、被害弁償としてすぐにでも、ある程度のまとまったお金を渡すべきなのはわかっていた。しかし、現実問題として、十分な現金をすぐに用意することはできなかった。そこで、せめて用意できるお金だけでも支払おうと、葬儀代を渡した。

「息子さんの事件で、警察で調べを受けてますね」という被告側弁護による問いかけで始まることが象徴するように、被告であるこの人物がこの一連のやりとりで問われているのは、「害を加えた者の父親」としてであり、「夫」としてあるいは「男性」としてではない。つまり、訴訟においてこの人物が、「害を加えた者の父親」以外のカテゴリーを付与されることはない。やりとりの中で、この人物は自らを「素人」とカテゴリー付与した場面があった。しかし、「素人」というカテゴリーが受け入れられることはない。

　被告であるこの人物と被告側代理人の間で再構成された事件は、合理的理由により、息子の病気について何も知らなかった父親が、謝罪の意思をもつようになる経験である。つまり、「害を加えた者の父親」は「害を加えた者の病気については何も知らない存在」「謝罪の意思をもつ存在」というカテゴリー化が、このやりとりによって作り上げられたのである。ここでは、「害を加えた者の家族は後悔と謝罪の念を抱くべきである」という社会規範が動員されている。また、「父親は子の動向を監督しなければならない」という役割規範に対して、規範に沿った行動ができなかった合理的理由を説明しようとしていることから、ここでも「父親は子の動向を監督しなければならない」という役割規範を共通認識とした上で、やりとりが進められていることがわかる。

6．原告（被害者の夫）と原告側代理人による事件の再構成

〈当事者〉性を付与する位置づけにある原告（Yの夫）は、どのような実践を通して〈当事者〉性を付与しようとするのか。原告（Yの夫）と原告側代理人のやりとりを検討したところ、原告（Yの夫）と原告側代理人によるやりとりでも、原告側代理人による質問の内容や聞き方により、再構成される事件の輪郭が決定づけられていることが見出された。

原告側代理人の質問からは、次の四つのトピックが見出された。それらは①事件前の幸せな生活、②事件の驚きと悲しみ、③被告に対する憤り、④被った損害である。

まず、Yとの出会い方、恋愛結婚であったこと、新婚旅行の行き先と日数、新居で生活した日数、新婚生活の様子などについてふれることにより、①事件前にYと夫が幸福に満ちた生活を送っていたことを強調している。さらに、事件については誰から連絡があったか、そのときの気持ちについて明確にすることで、②事件の驚きと悲しみを示している。

そして、Xの家族の具体的な対応や態度について繰り返し尋ねることで、③原告（Yの夫）の被告に対する憤りを表現している。

代理人：この事件に関して○○家〈加害者一家〉の人たちは捜査を受けてたでしょうけど、〈加害者の両親〉、どうですか、お通夜、御葬儀、その後の供養に対して誠意ある対応をしてくれたという感じでしたか？	Xの両親の態度が不適切であったこと、憤りを感じていることを強調。
原告（夫）：いや。お通夜のときに、こちらから電話をして出てこられたんですけど、そのとき一応頭は下げた状態でしたけど、その後は2、3回ほど来られましたが、その後なかなか来なくなって、誠意は全く伝わらない状態で。	Xの家族の具体的な行動を列挙し、憤りを強調。
代理人：お通夜は呼ばれて来たというのはどういう	Xの家族の被害者遺族に

ことだったんですか？　来ないからこちらから呼び出したということですか？	対する不誠実な対応を強調。
原告(夫)：そう。こちらから電話をして、そしたら警察の方を通してお通夜に行きたいからということで来られました。	
代理人：自ら率先して来たという事ではなかったのは残念でしたでしょうね。	被告ら家族の態度に対する不満を確認。
原告(夫)：はい。	
代理人：その後のお見舞いは、あるいは謝罪の回数もわずかでしかなかったということですね、今のお話だと。	被告ら家族の具体的行動を示し、不満の理由を明示。
原告(夫)：はい。	
代理人：そういった〇〇家〈加害者の一家〉の対応についてどんなお気持ちですか？	被告ら家族の不誠実な対応を強調。
原告(夫)：情けないというか、少しは責任を感じてもらいたいなと思いました。	
（省略）	
代理人：〈被告〉が幾らかお金を持って渡そうとしたということを仰ってましたけど、そんなことがあったんですかね？	被告が事件直後に渡したお金は香典のみであり、被告の対応が不誠実であったことを強調。
原告(夫)：お通夜のときに香典はいただきました。その後、四十九日前に持ってきたというような言い方をされましたけども、実際のところはありません。ただ、葬儀代を出させてくださいという話だけはありました。だけど、こちらの方からお断りしました。	
代理人：その後、〈被告〉の方では〈被告の妻〉が死亡されてますね。自殺されたというふうに	被告の妻が自殺したことへの配慮を示しながらも、

聞いてますが、それはご存知ですか？
原告(夫)：はい。
代理人：そういったことがあったせいなのかもしれませんけど、被告の方としては、本件の訴訟においても何ら具体的に、法的な問題はさておくとしても、誠意ある解決はしようとしない態度で今に至ってるということだということは、私から報告を受けて聞いてますね？
原告(夫)：はい。

代理人：そういう〈被告〉側の対応についてどんなお気持ちか最後に述べてください。
原告(夫)：そういう、もっと早い時期からずっと誠意をみせて欲しかったです。ちょっとあんまりにも時間が経ちすぎました。

	被告の態度が不適切であること、それに対して不満をもっていることを強調。
	被告の不適切な態度に対する憤りを再確認。

　④については事件現場である自宅について次のように言及されている。

代理人：事件後、あなたは〈新居から〉××町にあるあなたの方のご両親の実家に転居されましたよね？
原告(夫)：はい。
代理人：これは、せっかくそちらの方に移ったのにまた実家に戻った、つまり〈被告〉方の隣にはもう住めなかったというのは、どういう理由からですか？

原告(夫)：やっぱりもう近くにいたくなかったです。
代理人：つまり事件の現場にいたくないとか、あるいは加害者側の〈被告〉の隣はいられないとか、そういうことだということで聞いて

	転居していることを確認。
	事件のために不本意に転居したことを強調。

いいですね？
原告（夫）：はい。

代理人：そうすると、〈被告〉の方が出て行くんではなくて、あなたの方が実家に戻るかたちで隣同士の関係ではなくなってるということですね？ | 本来転居すべきは被告の方であることを示唆。

原告（夫）：はい。

代理人：今現在、その事件のあった場所、〈被告〉の隣の家はどういう状況になってるんですか？ | 事件現場となった自宅の現在の様子を確認し、不動産の面でも損害を被ったことを強調。

原告（夫）：今は空き家状態で、もうだいぶ草も生えているし、とても住めるような状態じゃありません。

代理人：誰かに貸そうとか売ろうとかいうお考えはないんですか？

原告（夫）：いや。もう貸したくもないし、とても貸せる状況じゃないんで、そのまま放置しております。

　これらのやりとりを踏まえ、原告（Yの夫）と原告側弁護人により再構成された事件は、次のように要約される。
　Y夫妻は恋愛結婚の末、平成〇年に入籍し、その翌月結婚式を挙げた。またその翌月に新婚旅行に行くなど、幸福に満ちた新婚生活を送っていた。しかし、結婚から2か月も経たない日に、突然妻が隣人に殺されてしまったのである。その一報を聞いたとき夫は、頭が真っ白になり、腰が抜けた状態になった。妻との幸福な生活はわずか2か月ばかりで、一瞬のうちに終わりを告げたのである。一緒に暮らしていた新居にはもう住みたくないと、夫は事件後すぐに実家に転居した。新居として住み始める以前は、この家を貸していたこともあったが、殺人事件のあった家など、もはや売ることも貸すこともできない。害を加えた者の両親は、本来すぐに誠意をみせて謝罪に来るべ

きであろう。にもかかわらず、全く足を運ぶことなく、通夜の際は害を被った被害者遺族の側が催促して来させる始末であった。その後も2、3回謝罪に来た程度である。本当に情けない。わずかな香典のみで、誠意が全くみえない。息子のしたことに両親は責任を感じて、もっと早い時期から誠意をみせるべきであった。

　この人物が、このやりとりで問われているのは、「被害者の夫（遺族）」としての認識であり、「会社員」としてあるいは「男性」としての認識ではない。それは、このやりとりが「あなたは、本件で損害賠償を請求している事件の被害者、平成〇年〇月〇日の殺人事件でお亡くなりになった亡き（被害者）の御主人、夫ですね」という確認から始められていることが象徴している。訴訟においてこの人物が、「被害者の夫（遺族）」以外のカテゴリーを付与されることはない。この意味で、害を加えた者の家族同様、被害者の家族（遺族）もまたカテゴリーを自由に選べない立場に置かれる。
　原告であるこの人物と原告側代理人の間で再構成された事件は、幸福に満ちた新婚生活を突然理不尽な行為により奪われる経験であり、害を加えた者の家族に対して憤りを掻き立てられる経験である。したがって、「被害者の夫（遺族）」は「幸福な生活を理不尽に奪われた存在」「害を加えた者の家族に対し不満や憤りを感じる存在」というカテゴリー化が、このやりとりによって作り上げられたことがわかる。このようなカテゴリー化の背景には「遺族は悲しむべき存在」「遺族は害を加えた者の家族に不満や憤りを感じる存在」という社会規範があるからこそ、感情が主張としての意味を成しているのである。

7．原告（被害者の母親）と原告側代理人による事件の再構成

　〈当事者〉性を付与する位置づけにある原告（Yの母親）は、どのような実践を通して〈当事者〉性を付与しようとするのか。原告（Yの母親）と原告側代理人のやりとりを検討した結果、原告（Yの母親）と原告側代理人によるやりとりでも、原告側代理人による質問の内容や聞き方により、再構成される事件の輪郭が決定づけられていることが考察された。
　原告側代理人から原告（Yの母親）への質問からは、次の五つのトピック

が見出された。それらは①Yの性格、②事件の驚きと悲しみ、③喪失感、④被告の対応に対する不満、⑤不起訴処分になったことへの不満、である。

①については、Yが明るく何事にも挑戦し、さっぱりとした性格であったこと、記念日に両親にプレゼントを贈るなどの両親に対する立ち居振る舞い、友人や仕事関係者への接し方などに言及することで、Yの優しい人柄を強調している。

また、事件の一報をどのように聞いたか、その時どのように感じたか、事件時にYが感じたであろう恐怖や犯行の残酷さにふれることにより、②事件に対する驚きや怒りを表現している。具体的には次のようなやりとりがなされている。

代理人：お嬢さんは確か〈身長〉センチくらいの身長の女性だというふうに死体の解剖書に書いてましたけど、その程度ですか？ 原告（母）：はい、そうです。 代理人：片や、〈加害者〉は、〈身長〉センチぐらいの大男で、そういう方が凶器を持ってお嬢さんに襲い掛かってきたという事件であるということは、もう聞いてわかってますね？ 原告（母）：はい。 代理人：その亡くなる直前のお嬢さんの恐怖とか無念さをあらためてお母さんとして思いやってみて、どうでしょうか。 原告（母）：本当に残酷なこれ以上の亡くなり方はないと思います。息を引きとる時、どんな思いで亡くなっていったかと思うと……。	XとYの体格差を確認し、事件時にYが感じたであろう恐怖／犯行の残虐性を強調。

さらに、もしYが生きていたらどのようなことをしたかったかを尋ねることで、③原告（Yの母親）が感じている無念さや喪失感を強調している。

代理人：もしもということを言うと非常につらいん｜「もし事件が起きていなか

ですが、こんな事件が起きずに今も娘さんが生きていらっしゃったら、お母さんとしていろいろ娘とこんなことをしたかったとか、お孫さんができたらこうしたかったというような夢があるでしょう？ | ったら」という仮定の質問をすることで、原告（母）の将来の希望が断たれた無念さを強調。

原告(母)：はい。
代理人：どんなことを考えてましたか？
原告(母)：１年後ぐらいには子どもを生みたいと言って申しておりました。レッスン中は手伝って、赤ん坊の子守をしててねって言っておりました。
代理人：生きていればいろんなことであなたもお母さんやおばあちゃんとしていろんなことができたでしょうね。
原告(母)：そうです。近くにスーパーがございますので、娘の年頃のお母さんを見て赤ん坊を抱いてらっしゃる姿を見るのがとってもつらいです。

　次に、被告の具体的行動を列挙させたり、「殺され損」という言葉を用いながら、④被告に対する原告（Yの母）の不満を表現している。

代理人：そんな本当にもう私も聞くのもつらいぐらい残念、悲惨な事件なんですが、その事件のことに対して、犯人の身内である〈被告〉夫妻、事件後の対応はいかがでしたか？　お母さんからして、誠意を感じられるご対応を受けられましたか？ | 「悲惨な事件」と定義したうえで、「犯人の身内」が誠意をみせていないことを強調。

原告(母)：いいや、私は全く誠意があるとは思ったことは一度もございません。

代理人：それは、どういったところから誠意が感じ | 具体例を挙げさせること

られないというふうにお感じになったんですか？	により、被告に「誠意が無い」という根拠を確認。
原告(母)：私には主人が絶対面会させてはくれませんでした。2、3度うちに伺われたらしいんですけど、だけどそのそばの身内から聞くことに、通夜の日も本当なら駆けつけて来るべきだと思います。それさえなかったらしいんです。	
代理人：その後はどうですか？ 七日供養なり、何周忌なりというようなところで、〈被告〉の側から誠意ある対応を受けて心から謝ってもらったとか、そういった対応は受けなかったんでしょうか？	具体例を積み重ねることで、被告の対応の不誠実さを強調。
原告(母)：はい、一度もございません。「申し訳なかった」という言葉さえ聞いておりません。	
（省略）	
代理人：お母さんとしてみれば、あるいは遺族全体としてみれば、民事においても何もない、いわゆる殺され損だという結果は納得できないんじゃないですか？	原告（母）の事件に対する認識を「殺され損」と定義づけ、原告（母）の納得できない気持ちを強調。
原告(母)：はい、納得できません。	
代理人：本件においては、〈加害者〉が〈実家〉に帰ってきて、御両親がすぐにすべき医療の措置であるとか監視をしていれば防げたんじゃないかという主張を代理人がしていることはご存知ですね？	代理人が、原告（母）の主張を言葉にすることで、原告（母）の認識を表現。
原告(母)：はい。	

代理人：代理人としては、そういった措置をとるべきだった、とって欲しかったと思ってるんだけど、お母さんとしては、そういったことをしないで事件が防げなかったとしたらいかがですか、そのお気持ちは。 （原告（母）は質問を繰り返すよう依頼） 原告（母）：やはり〈加害者〉の両親は責任を感じるべきだと思います。	原告側代理人として、被告の行ったことに対する問責の気持ちを表現したうえで、原告（母）に同意を求め、原告（母）の問責の気持ちを表現。

⑤については、検事の対応を引用しつつ、原告（Yの母）の不満を次のように表している。

代理人：そんな事件のことについて、警察、検察の捜査が進んだんですけど、最終的に犯人の精神能力、責任能力の問題で事件が裁判にかけられないという見込みになったときに、検察庁の検事さんから呼び出されて説明を受けたことがありましたね？ 原告（母）：はい、ございます。 （省略）	原告（母）が、検察からXが裁判にかけられないことについて、すでに説明を受けていることを確認。
代理人：そういう説明をするときの検事さんの態度はどういった感じでしたか？ 原告（母）：やはり検事さんも人の子だなと思いました。とっても言いづらそうな態度で、本当何か沈痛な面持ちでございました。 （省略）	検事の態度から、そのときに感じてたであろう検事の同情心を推測させ、原告（母）が同情されるべき立場に置かれていることを表現。
代理人：これでいいのかということを検事さんに疑問をぶつけたということがあったんじゃないですか？ 原告（母）：はい、ありました。検事さんは、一つの	Xに対する処分のあり方に対して、原告（母）が不満を抱いており、それが民事訴訟につながった

方法として民事を起こすことができますというアドバイスをくださいました。 （省略）	という経緯を説明。
代理人：本件では刑事事件で不起訴処分になり、民事でも法的なことで全面的に争われているという状況になるんですが、そのことについてお母さんの思いはいかがですか？　人一人死んで刑事も民事も何もできなかったということに、もしなった場合、どんなお気持ちでしょうか？	「人一人死んでも刑事も民事も何もできなかった」という結果を仮定し、原告（母）の憤りを表現
原告（母）：……たとえ心神喪失者であっても、人一人殺めておりますので、やはり罪を償って欲しかったのが一番です。	

　これらのやりとりを踏まえ、原告（Yの母親）と原告側弁護人により再構成された事件は、次のように要約される。
　娘は明るく何事にも挑戦する、さっぱりとした性格だった。両親思いで友人も多かった。新婚の娘は子どもができたときのことや将来のことを母親とともに思い描き、話し合っていた。しかし、そんな娘が突然何の理由もなく隣人に殺されてしまったのである。事件当時の娘の恐怖や無念さを思うと、母親は、あまりの残酷さに言葉も出ない。思い描いていた楽しい将来は、すべて消えてしまった。母親は、今でも近所で赤ん坊を抱えた母親を見ると、何とも言えない気持ちになる。追い討ちをかけるように、母親は検察から、娘を殺した犯人は責任能力の問題でその責任を追及できないと説明され、全く納得できない気持ちである。たとえ心神喪失でも、人１人の命を殺めているのだから、責任はとるべきであろう。本人に責任を問えないのであれば、本人を監督していなかった家族の責任は問われるべきである。害を加えた者の両親は、自らの責任を感じるべきである。しかし、これまでの対応には誠意が全く感じられない。誰の責任も問えないのであれば、娘は殺され損ということになってしまう。

Yの夫同様、Yの母親もまた、訴訟においては「被害者の母親（遺族）」以外のカテゴリーを付与されることはない。ちなみに、やりとりの初めには「平成○年○月○日の殺人事件で命を落とされた（被害者）は、あなたの娘さんですね」という確認がなされ、この人物が「被害者の母親（遺族）」としてカテゴリー化されている。

　原告であるこの人物と原告側代理人の間で再構成された事件は、大切に育ててきた娘、そして娘と抱いていた希望を、残酷な行為で奪われてしまった、嘆きと喪失感に満ちた経験である。害を加えた者の家族に対する憤り、そして心神喪失者の責任は問えないという制度に対する不満を感じさせる経験である。

　このやりとりを通して、「被害者の母親（遺族）」は「大切な家族を残酷な行為により奪われた存在」「害を加えた者の家族に対し憤りを感じてもよい存在」「制度に対して不満を抱く存在」「誰かが責任を取るべきと考える存在」として描き出されたのである。このように特徴づけられる背景には「遺族は悲しむべき存在」「遺族は害を加えた者の家族に不満や憤りを感じてもよい存在」という社会規範以外にも、「遺族は責任の所在を明らかにしたいもの」という共通認識があるからこそ、不満や悲しみ、憤りが主張としての意味を成すということが示唆される。

8．まとめに代えて

　民事裁判という公的な「場」における〈当事者〉性の付与と引き受けがどのように行われていくのかを明らかにするために、本章では2002年に発生した心神喪失者による殺人事件の、第1審における口頭弁論調書を参考に、〈当事者〉性の付与を試みる側の被害者遺族と、〈当事者〉性を付与される側の害を加えた者の家族双方が、どのように事件を再構成しているかを検討した。

(1) カテゴリーの固定化

　被告原告いずれの場合も、やりとりの初めに代理人があるべき特定のカテゴリーを同定し付与する。そして、それらがもつべき特徴がかたち作られる。具体的には、「害を加えた者の父親」「被害者の夫（遺族）」「被害者の母親

（遺族）」といった特定のカテゴリーに当てはめられる。被告原告双方は、カテゴリーを自由に選ぶことの許されない立場に置かれ、特定のストーリーが展開されることによって、〈当事者〉性の付与と引き受けが行われていくのである。これらのカテゴリーは、原告被告という民事裁判上のいわば公式カテゴリーとは別に当てはめられた、社会的カテゴリーである。

　では、なぜ特定のカテゴリーに当てはめる必要があるのか。仮にカテゴリーを自由に選べるとすれば、事件時に従うべき規範も、期待される役割も不安定になり、結局何を争っているのかわからなくなってしまうだろう。参照すべき規範や共通認識を絞り込むためには、カテゴリーの固定が必要となる。特定の社会的カテゴリーに当てはめることで、ストーリーを示すことが可能になるのである。

　このことはまた、それぞれのストーリーが、「害を加えた者の父親」として、あるいは「被害者の夫（遺族）」「被害者の母親（遺族）」として、それぞれの社会的カテゴリーにふさわしい社会規範に沿ったものでなければならないことを意味している。ゆえに、事例の中でみられた「憤り」「不満」といった感情もまた、ルールと結びついていることがわかる。「害を加えた者の父親」とカテゴリー化することにより、初めて戸惑いや罪悪感といった感情をもつ権利と義務を有する。また、「被害者」「遺族」とカテゴリー化することにより、初めて憤りや不満といった感情をもつ権利と義務を有するのである。したがって、Ⅹの母親の自殺は、裁判では「被害者」というカテゴリーと結びつかないという理由において、Ⅹの父親はそのことに対する憤りや不満といった感情をもつ権利を有することができない。

(2)　**法的ディスコースによる解決**

　このように、〈当事者〉性をめぐる公的な場における相互行為は、いったん民事訴訟というステージに上がると、検察官や弁護士といった法曹主導のもと、否応なく特定のカテゴリーが付与され、そのカテゴリーに沿ったストーリーが展開されていく。この過程で〈当事者〉性の付与と引き受けを行う本人たちの独自の経験やナラティブは、双方に届くことなく切り捨てられていく。すなわち、〈当事者〉性の付与と引き受けが、それを行う本人の手を離れて進められていくのである。

　これはつまり、いわゆる法的ディスコースによる紛争解決である。法的デ

ィスコースとは「社会的実態としての紛争について、それを法的ルールと、法共同体で受け入れられている法的ディスコースのルールと慣行に従って、法的争論として再構築し、相手方及び法的判断機関との相互作用を通じて、法的に関連性のある事実の存否と適用されるべき法的ルールの解釈をめぐる争論に変換するものである」[40]。しかし、これは社会的実態としての紛争の「解決」を直接意味しているものではない。社会に生じた出来事は常に別様のものとして記述することが可能であり、法的把握・法的記述は、さまざまな記述可能性のうちの一つである[41]。社会の出来事そのものと、法的に把握され記述された出来事は同じものではない。

心神喪失者による他害行為の場合、被害者が被った損害を本人は償うことができない。しかし被害を受け損害を被った者は存在するのであり、精神的な慰撫も含めその損害をいかに公平に分担するかが課題になる。法的ディスコースによる紛争解決は、本質的には白黒つけ難い事柄について、法規範という判断基準を用いながら、なんとか決着をつける制度である。しかしそれは出来事に対する、あくまでも一つの記述様式であり、訴訟をもって社会的実態としての紛争が解決できるわけではない。被告原告にかかわらず、判決が確定してもなお、わだかまりが拭い切れないことが多い理由の一つは、ここにあるのではないだろうか。

たとえば、2004年に福島県立大野病院で発生した医療事故に関する刑事裁判で、原告は弁論終結後「なぜ事故が起きたのか、なぜ防げなかったのか。公判でも結局、何が真実かはわからないままだ。」と述べている[42]。また、2007年に佐賀県で知的障害者が警察に取り押さえられ、死亡するという事件が起きたが、この事件に関する民事裁判でも、被害者遺族は「刑事裁判では終始、殴ったかどうかが争点となり、健太が死んだことは問題とされなかった。なぜ死ななくてはいけなかったのか。真実が知りたい。」と述べている[43]。これらは心神喪失者による事件ではないが、法的ディスコースがもたらす腑に落ちない感情を端的に表現した発言と受け止めることができる。上

---

40) 村山眞維・濱野亮『法社会学』有斐閣アルマ（2003）78頁。
41) 土方透『法という現象——実定法の社会学的解明』ミネルヴァ書房（2007）。
42) 読売新聞2008年8月20日東京夕刊。
43) 読売新聞2011年6月11日西部朝刊。

記発言者たちにとって、事件を理解する上で重要であり、触れてほしかった事柄、解明を期待していた事柄については、法的ディスコースの文脈では重視されず、切り捨てられてしまったのである。

(3) 社会規範の機能

　このように、公的な場における〈当事者〉性の付与と引き受けは、害を加えた者やその家族、あるいは被害者遺族にまつわる社会規範や役割認識を動員しながら行われていることが考察された。本研究では害を加えた者やその家族、あるいは被害者遺族という大きなカテゴリーに付帯した社会規範や役割認識の考察はなされたが、ここで例示した法廷におけるやりとりからは、〈当事者〉性の付与と引き受けが、たとえば害を加えた者の病状、〈当事者〉性を付与される者の生活状況や制度上の位置づけといった、より詳細な事情に付帯した社会規範や共通認識を動員しながら行われていることが推察される。そして、〈当事者〉性の付与を試みる者は、これらのさまざまな事情があり、そこに一定の規範が付帯しているからこそ、民事訴訟という公的な「場」において相手に〈当事者〉性を付与できると考えるのではないか。本章の事例でいえば、たとえば「他害の前兆があった」ということに「他害の前兆がある者に対しては監督すべき」という社会規範が付帯するからこそ、父親に〈当事者〉性を付与できると考えるのではないだろうか。つまり、これらのさまざまな事情が、個人に〈当事者〉性を付与する条件として機能するということが推察されるのである。

　第1章でも触れたように、法定の保護者ではない親族が不法行為責任を負う理論的および実質的根拠の一つとして「同居している親族であり、職業、年齢、心身の状況、生活状態等から監護が可能であり、精神障害者の言動等から他害の危険を予測できる場合には、親族である事実上の監督者に危害防止の作為義務が生じるとみるべきこと」が挙げられている。このことからも、これらの事情が裁判において重要な意味をもつことが理解できる。ただ、本章でとりあげた事例を詳細にみると、同居の親族、職業、年齢、心身の状況、生活状態以外の事情も、〈当事者〉性を付与する上での重要な要因となっていることが推察される。そこで次章では、〈当事者〉性を付与できる、あるいは付与できないと認識させる諸事情について詳細に検討することにしよう。

第3章

裁判事例にみられる〈当事者〉性の付与と引き受けの条件

　本章では、第2の設問である「どのような場合に〈当事者〉性が付与されるのか」に関する検討として、損害賠償請求訴訟の中で、触法精神障害者家族が〈当事者〉性を付与する対象としてみなされる条件および〈当事者〉性を付与されない存在とみなされる条件を明らかにし、それらが〈当事者〉性付与の是非を判断する上で、どのような使われ方をするのかを明らかにする。
　第2章では、公的な場における〈当事者〉性の付与と引き受けは、害を加えた者やその家族、あるいは被害者遺族にまつわる社会規範や役割認識を動員しながら行われていることが示された。さらに、法廷におけるやりとりにおいては、たとえば害を加えた者の病状や年齢、害を加えた者の家族の生活状況に代表される詳細な事情に、社会規範や共通認識が付帯し、害を加えた者の家族に〈当事者〉性を付与する条件として機能していることが推察された。
　そもそも、事件の被害者や被害者遺族が害を加えた者に対して激しい憤りや、憎しみのような報復感情を抱いたとしても、「害を加えた者の家族にも責任がある」という考えが伴わなければ、〈当事者〉性の付与、つまり家族の責任を法的に問うという行為には結びつかない。すなわち、第1章で論じたような法制度的な根拠とともに、訴える側の「害を加えた者の家族に責任がある」という考えが結びついて初めて、民事調停法2条に基づく民事調停や、民事訴訟法275条に基づく起訴前の和解、そして民法714条により家族に対し損害賠償責任を求めるという行為が生じてくる。では、「家族にも責任がある」と認識させる条件はどのようなものなのか。
　さらに、〈当事者〉性が相互行為によりもたらされるという視点に立てば、

〈当事者〉性を付与される側、つまり害を加えた者の家族が、「自分たちには責任は無い」と認識する条件がどのようなものなのかも明らかにすることが要請される。

　このような法廷における〈当事者〉性の付与と引き受け以外にも、被害を受けた本人あるいはその関係者以外の第三者（たとえばマスコミなど）が家族に〈当事者〉性を付与することも考えられる。その場合は、民事訴訟により法的責任を問うというかたちとは別のかたちで、〈当事者〉性の付与が表出される。たとえば、新聞や雑誌に事件についての家族の見解を掲載する、テレビで家族へのインタビュー映像を流すというような方法が考えられる。ここにはインターネットを通した家族の画像や映像の流出も含められる。また、害を加えた者やその家族とは無関係の場所で、人々の雑談の中で、特定の家族に〈当事者〉性が付与されることもあるだろう。このようなメディアや流言といったかたちでの一方的な〈当事者〉性付与の有り様が、相互行為による〈当事者〉性付与の有り様に影響を及ぼす可能性が大きいことは否めない。このような場合の〈当事者〉性付与においても、〈当事者〉性を付与する条件があると考えられる。害を被った者やその遺族が「害を加えた者の家族は関係無い」つまり「害を加えた者の家族は〈当事者〉ではない」と考えているにもかかわらず、事件とは直接関係のない第三者が、「家族にも責任がある」と認識していることもあるだろう。しかし、このような場合の〈当事者〉性付与の多くは相互行為には該当せず、多くの場合一方的な〈当事者〉性付与である。ここでは、〈当事者〉性の付与を相互行為として捉える前提から、このような形の〈当事者〉性の付与は、考察の対象外とする。

　では、民事裁判では、どのような場合にあるいはどのような家族が、損害賠償責任を負うべき存在、または責任を負わなくてもよい存在として認識されるのか。このことを明らかにするために、本章では心神喪失あるいは心神耗弱状態で殺傷事件を起こした者の家族の損害賠償責任が問われた複数の民事裁判事例を検討することにより、害を加えた者の家族が〈当事者〉性を付与される条件とそれらに対する認識を分析する。なお、ここで検討しようとしているのは、法解釈論の問題ではないことに注意したい。

1．方法

　本章では、複数の民事裁判事例を検討することにより、〈当事者〉性の付与を左右する事情とその用い方を分析する。まず、分析方法、検討事例の選定基準、検討事例の概要について順に説明しよう。

⑴　分析方法

　本章における研究では、成年で心神喪失あるいは心神耗弱状態で殺傷事件を起こした者の家族に、損害賠償責任があるか否か問われた過去の複数の民事裁判事例を振り返り、〈当事者〉性を付与しようとする者つまり被害者側の人々、および〈当事者〉性を引き受ける者つまり害を加えた者の家族が、害を加えた者の家族を「〈当事者〉性を付与できる／できない存在である」「法的責任がある／無い存在である」と判断する際に用いている諸々の事情や条件を各事例について析出する。第2章の分析を通して、害を加えた者の家族を〈当事者〉性を付与できる存在と判断する条件、〈当事者〉性を付与されない存在と判断する条件は、大まかには、害を加えた者の事件前の病状や事件時の年齢、害を加えた者の居住状況、家族の生活状況等であることが推察されたが、これらの諸事情以外にも事例によって条件となっている事情がある蓋然性があるので、検討事例すべてを読み込み、原告と被告（控訴人と被控訴人、上告人と被上告人）双方が〈当事者〉性付与あるいは〈当事者〉性否定の事情として使用していると認められる項目を検討する。

　次に、それらの項目に対する害を加えた側と被害者側それぞれの認識について検討する。さらに、それらが〈当事者〉性付与の是非を判断する上で、どのような使われ方をするのかを分析する。

⑵　対象事例の選定基準

　検討する事例については、研究目的に鑑みて原則として次の基準に該当するすべての判例を、『判例タイムズ』『判例時報』『LEX/DBインターネット』をあたって選定した。

　対象とした時期は、精神衛生法が成立した1950年から2011年の間に発生した事例である。次に、心神喪失あるいは心神耗弱状態で殺傷事件（本件と

いう）を起こした者の家族の、損害賠償責任が問われた事例、または本件にかかる刑事裁判で、害を加えた者本人に刑事責任能力ありと認められており、その家族の損害賠償責任が民事裁判で問われた事例である。刑事裁判において害を加えた者本人の刑事責任能力が認められた事例の中にも、被害者側が害を加えた者に精神科治療歴があることから、害を加えた者を「精神障害者」と認識している場合がある。ここではこのように、被害者側が害を加えた者を「精神障害者」あるいは「精神異常者」と認識し、その家族に損害賠償責任を求めた事例を含めている。

　次に、研究目的に鑑みて、本件の害を加えた者本人が20歳以上である事例に限定した。さらに、害を加えた者本人に知的障害あるいは発達障害が認められない事例とした。法的手段により、家族への〈当事者〉性の付与を試みている事例という意味では、民事調停や和解交渉などで解決した事例も含めるべきではある。しかし、これらの事例や家族の責任が問われなかった事例については、資料入手が困難であることから、本研究では民事裁判に至った事例のみを取り上げた。

(3) 検討する事例の概要

　各種判例集を検索した結果、該当する事例は10件あった。これらの事例内容は以下の通りである（判決確定日順）。①では民事裁判の元となった事件（本件という）について、②では民事裁判の概略について記載している。研究目的との関係で概要では、民事訴訟の原告、被告、害を加えた者とその年齢、害を被った者とその年齢、害を加えた者と被告との関係、害を被った者と原告との関係、民事裁判の元となった心神喪失者による加害事件の内容、損害賠償請求額、判決とその理由について情報が得られる限り言及した。なお、事例の概要については「表3-1」（182～185頁）を参照されたい。

【事例1】高知地裁昭和47年10月13日判決（昭和45年（ワ）第628号）
　　　　［下級裁判所民事裁判例集23号］
①　1965年に、心神喪失状態の男性C（24歳）が、海岸で丸裸で釣りをしていた際に注意されたことを機に、通りすがりの女性を殴打し、それを静止した男性D（49歳）を滅多打ちし頭蓋骨骨折、脳挫傷等の傷害により死亡させた。

② 事件以前、Cは精神科への入退院を繰り返し、他害行為もみられ、また無職であったことから、同居していた父親が扶養し保護者として監督すべき地位にあったにもかかわらず、父親は十分に監督義務を尽くさなかったとして、死亡したDの妻（45歳）が、Cの父親に対し約890万円の損害賠償を請求した。

一方、父親は、必要に応じて精神科に入院させ、最後の入院の際は医師から何らの指示もなされず、安心しており、医師からの勧めで加害者本人の就職に努力を払っており、法定の監督義務者だとしても、その義務を怠ってはいなかった。これ以上のことが要求されるとすれば、座敷牢に閉じ込めておくか、常時尾行して監視すること以外にはありえないが、そもそも医師の許可を得て退院している者に対し、そのようなことまでするのは不可能もしくは相当ではない、として争った。

判決では、父親は、息子が発病し凶暴になるおそれがあることを前提に警察に捜索依頼し、自ら捜索にあたるなど、さらに積極的に出て、無残な結果の発生を未然に防止することに努めるべきであり、監督義務を十分尽くしていなかったとして、損害賠償金約890万円を支払う義務があるとされた。

【事例2】広島地裁昭和56年6月24日判決（昭和54年（ワ）第890号）
　　　　［判時1022号107頁］

① 1979年に、男性E（35歳）が店舗前の路上で近所の知人と雑談しているところに、男性F（35歳）が行きあわせ、一緒に話をするうちに、Eが雑談相手に対し「気違いを相手にするな」と言ったところ、心神喪失状態にあったFは自宅に立ち戻り包丁を持ち出してEに襲いかかり刺殺した。

② Eの妻と2人の子どもは、Fの妻は精神に障害があって夫に対する保護義務を行うことができないこと、Fの母親は高齢で格別の資産収入も無く、精神障害者であるFの兄弟と同居しているため、Fに対する保護義務を行うことができないこと、他にFの保護義務者のうちに義務を全うしうる者がいないこと、保護義務者の選任がなされていないこと等を考慮して、Fの居住地の市長に対し、保護義務者であるのにその義務を怠り、また市の保健所長、精神衛生相談員がFに対する監督義務を怠ったために事件が発生したとして、総額6,487万円の損害賠償を求めた。

判決では、Fには妻があり、妻にも精神科入院歴があるが、退院時は経過

が良好で、事件当時は育児・家事一切に従事するほかに、パートとして勤務し、社会的寛解の状態にあり、また、母親も家庭裁判所によりFの保護義務者として選任され、Fの通院医療費の公費負担申請をなすなどFの面倒をみているので、当時のFの保護義務者は一次的に妻、二次的に母親であって、市長が保護義務者と認める余地はないとし、次いで保健所長は精神衛生法に基づき精神障害者に対し、必要に応じて精神衛生相談員を介して適切な指導をする裁量権限を有するが、その不行使が違法といえるためには客観的合理性を著しく欠いていることが必要であるとして、請求を棄却した。

【事例3】福岡地裁昭和57年3月12日判決（昭和53年（ワ）第294号）
　　　［判時1061号85頁］
① 1977年7月、心神喪失の状態にあった男性G（年齢不明）が、全裸で出刃包丁を携え、大声を発しながら隣家の玄関口から侵入し、居間にいた乳児H（生後8か月）の顔面および頭部等を滅多切りし死亡させた。
② Gの父親は、Gが病気を再発して他人の生命または身体に危害を加えるおそれが多分にあったから、Gの動静を細心の注意をもって監視し、Gに異常な症状ないし言動が発現したときには、直ちに担当医師に通報してGを入院させる等その適切な診断と処置を仰ぐべき義務があるのに、これを怠り、その結果事件を招来した。Gの父親は、精神衛生法上の保護義務者ではなかったが、Gの事実上の監督者であり、法律上ないし契約上Gの監督義務を負う者と社会的に同視しうるとして、Hの両親がGの父親に対し、3,300万円の損害賠償を請求した。

　これに対し父親は、Gは事件以前入退院を2回繰り返したが、結婚歴があり、入院期間中を除けば就職して自活していたし、他方父親自身は、時折G宅に宿泊してGの食事の支度をしてやったこともあるが、Gと同居していたわけではなく、軍人恩給以外の収入が無いため、Gに生活費を支給する余裕も無かった。さらに、体力的にもGを監督する能力が無かったとし、Gに対する監督義務を怠ってはいなかったと主張した。

　判決では、父親は家庭裁判所による保護義務者の選任審判を経ていないが、その申し立てをなしさえすれば容易に選任されたであろうとし、社会通念上、保護義務者と同視できると判断された。父親は自転車転倒事故による骨折等のため入退院を繰り返し、後遺症治療のため頻繁に温泉に通っていたが、G

の再退院時、医師から再発の危険性を指摘され服薬管理の指導を受けており、Gの病状が相当悪化していたことを現認しながら、ゲートボールに興じていた。Gが常軌を逸した行動を示すようになった時点で、自ら病院に連絡してGを入院させるか、そうでなければ保護措置の発動を求めさえすれば、事件の発生を未然に防止しえたとして、父親の損害賠償責任を認め、2,631万円の支払いを命じた。

【事例4】最高裁昭和58年2月24日判決（昭和56年（オ）第1154号）
　　　　［判時1076号58頁］
① 1978年6月、心神喪失の状態にあった男性I（37歳）が、突然路上で近くに住む女性Jに襲いかかり、約40分にわたって殴る蹴るの暴行を加え、頚部損傷、上顎門歯骨折、左目狭窄等の傷害を負わせた。
② Jは、Iは長期間常軌を逸した行動をとり、付近住民が警察、市役所、保健所に相談陳情に行っていた状況であって、これを受けて両親らも事件発生前から保健所や警察に相談に行っており、両親はIの事実上の監督者として民法714条の責任を負うべきであると主張し、Iの両親に対し、合計639万円余の損害賠償を請求した。
　訴えに対し、両親は保護義務者の選任を受けていないこと、父親は両眼視力喪失で一級の身体障害者であり、母親は生活を支えるべく日雇い仕事に出ていたもので事実上監督することは不可能、として争った。
　一審では、当時同居していた身体障害のある父親と日雇いの母親が、息子を病院等に収容することは可能だったとして、損害賠償責任があると判断された。二審では、両親の生活状況などに照らして、法定の監督義務者およびこれに準ずべき者としての責任を問うことはできないとして請求が棄却された。最高裁では、二審の結果が支持された。

【事例5】東京地裁昭和61年9月10日判決（昭和58年（ワ）第12146号）
　　　　［判時1242号63頁］
① 1983年6月、心神喪失状態にあった男性K（25歳）が、同じアパートに住む男性L（26歳）が友人と話しているのを聞き、自分が馬鹿にされているとの妄想を抱き憤激してLを殺害しようと決意し、友人が帰った後、Lの部屋に侵入し、首や後頭部等数十ヶ所を文化包丁でめった突きに刺して、

頸部血管損傷による失血および頸髄損傷により死亡させた。
② Lの両親と妹は、Kの両親はKの保護義務者であるから、精神衛生法20条に基づき、Kが他人に害を及ぼさないように監督すべき義務があるし、Kと同じアパートの1階に住み生活を共にしているのだから、Kの症状に気づき、Kが保管していた文化包丁を発見しうる状況にあったとして、民法714条に基づき総額5,594万円の損害賠償を請求した。

　これに対し、Kの両親は、確かにKの扶養義務者ではあるが、内向的で非社交的、短気でむらがあるといったKの病前の性格や、自閉的ではあるがとくに著しく異常といえるような日常生活を送っていたわけではない等の理由から、Kが統合失調症に罹患していることを認識しておらず、また差し迫った危険があることを容易に認識しえたという事情は無いとし、争った。

　判決では、精神衛生法の趣旨からいえば、扶養義務者であることから直ちに監督義務が認められるのではなく、少なくとも両親がKが統合失調症に罹患していることを知りながら、病院に入院させる等の適切な措置をとらず放置したという事情、あるいは罹患の事実およびKの行動に本件犯行を起こすような差し迫った危険があることを極めて容易に認識しえたという事実が存することが必要である。しかし、一般的にいって、精神医学について専門知識をもたない家族が多少の逸脱行動から統合失調症ということを連想したり察知することは極めて困難であり、Kの場合も、日常生活からKが統合失調症に罹患していると両親が認識すべき事情は認められないとし、請求を棄却した。

【事例6】仙台地裁平成10年11月30日判決（平成9年（ワ）第340号）
　　　　［判タ998号211-220頁］
① 1996年7月、心神喪失の状態にあった男性M（年齢不明）が、以前勤務していた会社の駐車場で、元雇用主である代表取締役の男性N（年齢不明）の腹部をナイフで刺して死亡させた。
② Nの妻子は、Mの父親は事件以前に精神保健法上の保護者として選任されていたにもかかわらず、監督義務を尽くさなかったとして、Mの両親および兄に対し、約1億円の損害賠償を請求した。

　これに対し父親は、事件以前MがNを殴打し傷害を負わせる事件があったため、警察官にMを連行してもらい、精神病院に入院させているし、Mの通

院が滞っていたのに対しては医師の指示に従って控え目に受診を促し、精神科に確認に行った。Mは退院後も仕事を続けて1人で自活することができていた一方、父親は多額の負債を抱えて長男の家に身を寄せざるをえなかった。さらに、Mは強制入院以来、家族全員を敵視するようになり、説得して治療を受けさせることは困難であったとし、保護者が現実になしうる監督行為は行ったと主張した。また、本件では、怪文書がNに送られたり、Mが妄想を口にすることがあったとしても、前回の殴打事件とは異なり暴力事件は現実に起きておらず、Mの自傷他害のおそれは想像の域を出ないものであり、単なる想像や懸念だけで父親が簡単に警察の協力を得てMを入院させることができたとは考えられないと結果回避の不可能性を主張した。

判決では、精神障害の有無および程度が全くわからなかった前回の入院時とは異なり、Mはすでに一度殴打事件を起こし措置入院を受け、退院後も投薬治療を継続する必要があると診断されていた上、父親は保護者に選任されていたのであるから、Mが関係機関に相談しさえすれば、適切な対応がとられた可能性が大きい、父親らが監督義務を果たしたとは認められず、約1億円の損害賠償金の支払いが命じられた。

【事例7】東京高裁平成15年10月29日判決（平成15年（ネ）第2987号）
　　　　［判時1844号66頁］
①　1999年4月、心神耗弱状態にあった男性O（47歳）が、近所に住む男性P（68歳）が自分の盆栽にいたずらをしたと思い込み、P宅に押し入った上、刃渡り12.3cmの鉈で、テレビを見ていたPの頭部および右腕部等に多数回切りつけ、右上肢割創により失血死させた。また、その場にはPの母親（89歳）もいたため、Oは母親にも切りつけ殺害した。上記二つの事件により、Oは懲役20年の判決を受けた。
②　Pの妻子は、Oの母親は、Oが他害行為に及ぼうとしている場合には、同居の親族としてOを入院させて治療を受けさせる等の適切な措置をとるべき義務があったのにこれを怠り、Pに対する加害行為を防ぐためにはOを入院させて治療を受けさせる緊急の必要性があることを認識しながら、そのことを医師や警察に相談せず、Oを入院させることもせず、漫然と事態の悪化を放置したので、民法709条に基づく損害賠償義務があると主張し、総額3,592万円を請求した。

これに対しOの母親は、精神保健福祉法上の保護者の選任を受けていなかったし、精神保健福祉法上、保護者の監督義務は医療面に限定しており他害を防止する義務は無いとしている。また、Oは通院により医療を継続して受けていたから、保護者が治療を受けさせなければならない精神障害者には該当しない。また、母親は一貫して医師に協力し、Oに入通院治療を受けさせてきただけでなく、事件の数か月前から直前まで再三にわたって医師にOの病状を訴え、入院を要請するなどしてきた。また、母親自身が身を挺してOがP宅に行くのを阻止したり、事前に危険を知らせ、万一の時は警察に通報することを要請するなどしてOによる加害の防止に努めていたことから、可能な限りOを監督してきたと主張した。

　判決では、精神保健福祉法上の保護者ではなく、精神障害者と同居してその生活の面倒を見ているにすぎない扶養義務者であっても、なにがしかの監督義務を負うこともないではないとしながらも、Oの母親は統合失調症に罹患したOを漫然に放置していたわけではなく、むしろ病院での治療を受け続けさせ、入院の要請もしていたこと、またOがあらかじめ鉈を隠して犯行に備えるなどPの殺害を母親やその他の者に知られないようにした形跡があり、OがPに何らかの危害を加えるのではないかとの漠然とした不安を抱いていたとしても、事件の発生を事前に具体的に予見することはできなかったと判断した。また、独り扶養義務者のみ過重な義務を負わせることは相当でないというべきとして、1審2審ともに母親の損害賠償義務を否定した。なお、O本人については、損害賠償責任があると認められた。

【事例8】山口地裁下関支部平成16年11月1日判決（平成13年（ワ）第272号（甲事件）・（平成14年（ワ）第218号（乙事件）
　　　　［判時1892号74頁］

①　1999年9月、JR下関駅において、男性R（35歳）が通行人らを無差別に殺害しようと考え、下関駅ロータリーにつながる道路から普通乗用車を歩道上に乗り上げたり、コンコース内に進入させ通行人に衝突させた。また車を乗り捨て、ホーム内にいた複数の人々に包丁で切りつけるなどした。5名を殺害し、10名に重軽傷を負わせた無差別大量殺傷事件である。

②　Rの両親は、Rの攻撃的ないし暴力的な傾向や、精神疾患に罹患していた事実を知っており、Rが他害に及ぶ危険性を十分認識しえたにもかかわら

ず、精神的に不安定な状態にあったRに対し、事件発生の直前、さらに精神的に追い詰めるような言動を繰り返し、Rをして事件の敢行を決意させたとして、被害者およびその遺族らは、民法709条、719条に基づく不法行為責任を追及した。また、仮にRが心神喪失の状態にあり責任無能力であったとしても、被告両親はその監督義務者として民法714条に基づく不法行為責任を負うとして、損害賠償金の支払いを求めた。

　これに対し、Rの両親は、Rは事件以前から精神科病院に通院し、医師による治療を継続的に受けていたが、両親はRの治療に協力し、担当医に対しても平素からRに対する治療や対応について相談しており、Rが重大犯罪を起こす兆候は全くうかがえなかったし、事件直前における両親の言動も、特段問題とされるような点は無いことなどから、両親として行うべき監督は十分になしたと主張した。また、母親は症候性てんかんの診断を受けて通院治療を受けており、監督能力は無いとした。

　判決では、Rの両親は、Rが大学生の頃から視線恐怖症や対人恐怖症に罹患したので精神病院で治療させ、その症状が軽減し、Rは事件発生直前には軽貨物運送業を営み、周囲からRの暴力等で苦情が寄せられたことも無かったこと、このような状況下でRの両親はRからの金銭援助の要望を断ったが、これを契機としてRが本件事件を惹起したものの、これはRの身勝手によるものであり、両親としてはRがこのような事件を起こすことを全く予期できなかったこと、Rの両親の言動には不法行為と評価できるものも無く、またRには責任能力が認められるから両親に監督責任も認められないと判断した。

　なお、R本人は損害賠償金として総額約1億6,000万円を被害者およびその遺族に支払うことが命じられた。

【事例9】長崎地裁大村支部平成17年12月15日判決（平成15年（ワ）第94号）
①　2001年10月、男性S（23歳：無期懲役の判決が確定し大分刑務所で服役中）がわいせつ目的で児童T（7歳）を自宅近くの路上付近で下校途中に誘拐し、強制わいせつの上頸部を絞めて殺害し、その遺体を林道付近の山林内に遺棄した。
②　Sの両親は、2002年3月、Tの自宅において見舞金30万円をTの霊前に供えるとともに「一生かかっても償います」と自らの責任を承認したとし

て、本件不法行為によりTの両親および兄弟姉妹が被った損害を賠償する責任を負うと、重畳的債務引き受け契約に類似した無名契約としての債務承認契約に基づきSの両親に損害賠償を求めた。また、予備的請求として、Sの性的異常行動等を認識する立場にあり、Sに対して治療やカウンセリングなどの適切な措置をとっていれば、Sによる不法行為を防止することができた可能性があった、つまり、Sの両親としてSに対する監督義務違反の過失があるとし、Tの両親および3人の兄姉妹は、損害賠償金2,490万円の支払いを求めた。

これに対し、Sの両親は上記発言をした際、法的に認められる損害額をすべて支払うものと考えていたわけでもなく、Sの両親として道義的にできる範囲の償いは一生かかっても行うべきであると考えていたに過ぎない。また、Sは事件発生の9か月前まで職に就いて通常の社会生活を送っており、妄想等が出現したり通常人に理解不能な行動に及んだりしたような形跡は一切無く、本件不法行為のような異常な行動に出ることについての予見可能性は無かった。また、刑事裁判でもSが事件当時、善悪の弁別能力を保持していたことが明らかになっているとし、監督義務違反は無いと主張した。

判決では、一般に刑事裁判の係争中に被告人の親族が被害者に対して「一生かかっても償います」という趣旨の発言をしたとしても、それは道義的な意味合いが強く、このような発言をもって被害者に対する損害賠償義務を重畳的に引き受けたとか自らが被害者に対して損害賠償義務を負っていることを認識してこれを承認したと解することはできない。また、確かにSの両親はSと同居し、またSは小児愛症および回避性人格障害に罹患していたものと認めることができるが、その診断がされたことも、その疑いがある旨の指摘を受けたことも無かった。本件不法行為を回避するために、Sの両親にSに対する一定の監督行為をすべき注意義務があったというのは、成人した同居の子に対する親の監督義務としては重きに失するというべきとして、請求を棄却した。

なお、S本人には損害賠償金として総額6,289万円の支払いが命じられた。

【事例10】福岡高裁平成18年10月19日判決（平成18年（ネ）第401号）
　　　　［判タ1241号131頁］
当該事例は、第2章で用いた事例の再掲である。

① 2002年3月、統合失調症に罹り心神喪失状態の男性X（20歳）が、関東で独り暮らしをしていたところ警察に保護され、実家に戻った4日後に、自宅の飼い犬を殺した上、自宅から20メートルくらい離れた隣家で飼い犬を殺し、そこに住む女性Y（29歳）の胸や顔など数ヶ所を包丁やハサミで刺すなどして殺害した。
② Xの両親は、精神保健福祉法に基づく法定保護者の選任は受けてはいなかったが、法定監督義務者に準じる位置にあった。しかし、警察から助言を受けたにもかかわらず、Xに精神科を受診させていなかった上、事件当日Xを1人にしたのであるから、Xに対する監督義務を尽くしたとはいえないとして、Yの夫および両親が、民法714条または民法709条に基づき、Xの父親に対し7,790万円、弟に対し1,900万円の損害賠償の支払を求めた（事件直後母親が自殺したため、弟が損害賠償責任を相続したことを請求原因とする）。

訴えに対し、Xの父親はXが実家に戻ってから親戚の葬儀に夫婦で出席しなければならず、またXを漫然と放置していたのではなく、様子をみて精神科を受診させるつもりでいたが、本事件まで4日間しかなくそれが叶わなかっただけであるとし、監督義務の懈怠は無かった、として争った。

1審では、Xは20歳であり、父親はその法定代理人でも、監督義務者に代わって責任無能力者を監督する者にもあたらないとしても、これに準じる者にあたるとし、民法714条の責任を負う者と解すべきとした。そして、他害防止のためXを保護監督することが不可欠な状況にあることを予見することができたはずとして、損害賠償金7,334万円を支払う義務があるとされた。弟については、相続放棄が認められ、請求理由が無いと判断された。2審では控訴が棄却された。

なお、【事例2】については、損害賠償責任を問われた被告は、害を加えた者の家族ではなく、害を加えた者の居住地を管轄する市町村長である。これは、精神保健福祉法21条「前条第2項各号の保護者がないときまたはこれらの保護者がその義務を行うことができないときはその精神障害者の居住地を管轄する市町村長（特別区の長を含む。以下同じ）、居住地がないか又は明らかでないときはその精神障害者の現在地を管轄する市町村長が保護者となる」という規定に基づくものと判断される。当該事例には、保護義務者

についての被害者の捉え方が現れているため、検討事例に含めた。

　上記事例のうち、1999年に精神保健福祉法が改正され、保護者の他害防止監督義務が削除されてから保護者の損害賠償責任が争われた事例は、【事例7】【事例8】【事例9】【事例10】である。

2．〈当事者〉性の付与と引き受けを左右する条件

　害を加えた者の家族を〈当事者〉性を付与できる存在と判断する条件、〈当事者〉性を付与されない存在と判断する条件は、いかなるものなのか。それらは、第2章の分析を通して大まかに抽出することができた。しかし、これら以外にも事例によって異なる判断条件がある可能性が高いので、本節では検討事例すべてを読み込み、原告と被告（控訴人と被控訴人、上告人と被上告人）双方が当事者性付与あるいは当事者性否定の事情として使用していると認められる項目を検討した。

　なお、厳密には、1審の場合は「原告」「被告」、2審の場合は「控訴人」「被控訴人」、3審の場合は「上告人」「被上告人」というべきだが、混乱を防ぐために、民事裁判の元となった事件（本件または本件事件という）の被害者およびその家族（遺族）を「原告」、害を加えた者の家族を「被告」として統一する。

　条件析出の一例として、第2章でも用いた【事例10】の析出過程の一部を示すことにする。左段が判決文であり、右段が条件項目案である。

《判決文》	《条件項目案》
（害を加えた者はX、被告はXの父、花子は母、二郎は弟）	
1．争点1（被告らが民法714条の監督義務者又は代理監督者に準じる地位にあったか）について	
（原告らの主張） 本件事件当時、被告らはXとの関係で精神保健福祉法所定の「保護者」に選任されていなかったが、以	■精神保健福祉法上の保護者／民法714条の監督義務者に該当するか

第3章　裁判事例にみられる〈当事者〉性の付与と引き受けの条件

下のような事情からすれば、条理上、民法714条所定の法定監督義務者又は代理監督者に準じて同条の責任を負うべき地位にあったといえる。

(1) 被告らとＸとの関係

ア　被告らはＸの両親であり、扶養義務者の地位にあった上、Ｘは本件事件当時20歳2ヶ月と若年であった。

イ　Ｘは平成○年○月ころ、被告らが住むＡ市の自宅を出て、以後、Ｂ市のマンションに単身居住していたが、平成14年2月○日及び同年3月×日にマンション他室のドアを叩くなどしてＢ警察署に保護されたため、被告らがＸの身柄を引き取り、同年3月×日にはＡ市の自宅に連れ帰り、現実に扶養していた。

(2) ＸがＢ警察に保護された際の状況等

ア　Ｘは2度にわたってマンション他室のドアを叩くなどしたため、………法に基づき、自己又は他人の生命、身体又は財産に危害を及ぼすおそれのある精神錯乱者として、Ｂ警察に保護された。

イ　Ｘは、同年2月○日、Ｘを保護しようとした警察官に対し、暴力を振るった。

ウ　Ｘは、同年3月×日、自室において、ガラスを割る、扇風機を壊す、免許証をハサミで切るなどの行為に及んだ。

(3) 身柄引き取り後のＸの様子

Ｘには、同年3月×日にＡ市の自宅に戻った後も、独り言を言ったり、無音のテレビ画面を見たり、……異常行動が見られた。

(4) 被告らの認識

ア　被告らは、同年3月×日、Ｂ市のＸの自室を訪れ……実際に目にしている。

■害を加えた者と被告との関係
■害を加えた者の年齢
■害を加えた者と被告の居住状況（同居／別居）

■事件前の第三者に対する他害行為の有無
■事件前の病状

イ　被告らは、同年3月×日、B警察署へXの身柄引き取りに行った際、警察官からXの行為について説明され、Xに精神科を受診させるよう助言を受けた。	■事件前の相談状況
ウ　本件事件について作成された被告太郎らの供述調書には、①被告は本件事件発生前にXを病院へ連れて行こうと思っていたが、所用に紛れて行きそびれていたこと、②被告はXを病院へ連れて行っていれば、本件事件を防げたかもしれないと後悔している事、③花子は、本件事件直後に警察官から事情を聞かれた際に、……心配したこと等の記載がある。	■事件前の相談状況 ■事件に対して被告が後悔しているか否か

（被告らの主張）

否認し争う。以下のような事情からすれば、被告らは、Xが本件事件を起こすことはもとより、他人に害を及ぼす危険があることすら予見できなかったから、条理上、民法714条所定の法定監督義務者又は代理監督者に準じて同条の責任を負うべき地位にあったとはいえない。	■危険性に対する認識 ■精神保健福祉法上の保護者／民法714条の監督義務者に該当するか
(1) Xの性格、行動等 Xは、どちらかといえば、大人しい性格であり、本件事件までは暴力沙汰を起こしたことはなかった。	■害を加えた者の性格
(2) XがB警察に保護された際の状況等 ア　XがB警察に保護された理由は、マンション他室のドアを手で叩いたことにあり、人に対して刃物で切りつけたり、刃物などの危険物を振り回したということではなかった。 イ　同年2月20日、被告太郎らがB警察へ行き、Xを引き取り、Xの自室へ連れ帰った際には、同自室は割合きれいに整頓されていた。被告らは、Xに対し、一緒にA市の自宅に帰ろうと説得し	

第3章 裁判事例にみられる〈当事者〉性の付与と引き受けの条件 143

たが、Xはこれを拒否した。(中略) 被告が「叩いたりしてはだめだよ」と言うと、Xはこれにも「うん」と返事した。被告らは、これらXの言動から、特に不自然さは感じなかった。

ウ 同年3月3日、被告らがXを引き取るためB警察に行った際、花子は警察官から「2度も保護されているので病院で診てもらったほうがよい」との助言を受けたが、それ以上の詳しい話はなかった。(中略)

(3)身柄引き取り後のXの様子　　　　　　■害を加えた者の事件前の様子

ア Xは、A市の自宅に戻った後、自宅2階で被告二郎と一緒に寝起きし、同人とテレビゲームをすることもあった。

イ Xは、一人で飼い犬の相手をしたり、本件事件前日には、花子と一緒に音楽CDを買いに出かけたりした。

ウ Xには、他者に暴言を吐いたり、暴力を振るったりするような状況は全く無かった。　■家族に対する暴力・暴言の有無

エ Xが自宅に戻って4日目の本件事件当日、被告らが葬儀のために出かける際、Xに対し「留守番しといて。一人で大丈夫?」と尋ねたところ、Xは目はうつろな感じであったものの「うん」と返事をした。　■事件前の第三者に対する他害行為の有無
■事件時の被告の生活状況

(4)被告らの認識等　　　　　　　　　　　■病気・危険性に対する被告の認識

ア 被告らは、B警察から「病院で見てもらったほうがよい」との助言は受けたものの、被告らの係累には統合失調症に罹った者はおらず、専門家でない被告らは統合失調症についての知識を持たなかったから、Xが統合失調症に罹っていると認識することは極めて困難であった。　■害を加えた者と被告との居住状況

イ 被告らが、一人暮らしをしていたXを自宅に連れ戻してから本件事件までは、わずか4日しか

> 経っていなかったのであり、その間のＸの表情や行動から、本件のような凶暴な事件を起こす差し迫った危険があることを認識できる状況にはなかった。（中略）

　このような作業を残りの9事例についても行ったところ、①事件内容、②害を加えた者の年齢、③害を加えた者と被告の関係、④被告の年齢、⑤被告の健康状況や生活状況、⑥住まいの状況、⑦精神保健福祉法（旧法を含む）の保護者選任状況、⑧事件前の他害行為の有無、⑨事件前の病気や危険性に対する認識、⑩害を加えた者の被告に対する暴力の有無、⑪害を加えた者の性格、⑫害を加えた者の就労状況、⑬事件前の相談状況、⑭事件の影響および事件後の出来事の計14項目が家族を「責任がある存在」あるいは「責任が無い存在」と判断する際に用いる諸事情として見出された。事例ごとの諸事情は、**表3-2**（187頁）を参照されたい。

　なお、損害賠償請求者についていえば、10事例中2事例【事例4】【事例8】に直接被害を受けた本人が含まれており、残り8事例は被害者の両親や配偶者、兄弟姉妹、あるいは子どもである。これは、事件により被害者が死亡したことによる。

　また、すべての事例において、前記14項目が共通して言及されているわけではなく、事例によっては記載がみられない項目もあった。ただし、特定の事例において、ある項目が記載されていないからといって、その事例ではその項目が、被害者やその遺族、害を加えた者の家族が〈当事者〉性を付与し引き受ける際の判断材料に用いなかったとは言いきることはできない。というのは、ここで研究資料として用いたものは、訴訟の争点を中心に各事例をまとめたものなので、訴訟の争点という側面で重要度が低いとされた事柄については、資料に掲載されなかった可能性も否めないからである。たとえば「⑭事件の影響及び事件後の出来事」についてみると、文面には「甚大な精神的損害」という一言で表現されている原告の状況が、実際はとても一行で言い表すことのできないものであり、このことが原告にとっては、害を加えた者の家族を「〈当事者〉性を付与できる存在」とみなす決定打となっていることも考えられるのである。したがって、「記載無し」が、すなわちその事例において〈当事者〉性の付与と引き受けを判断する際の条件になって

いないということではないことに留意しなければならない。
　次に、第3節および第4節では、どのような場合に、あるいはどのような家族が、損害賠償責任を負うべき存在として、または損害賠償責任を負わなくてもよい存在として認識されるのかを明らかにするために、被害者側、害を加えた側それぞれの、前記①〜⑭の項目に対する認識および使用方法について論じる。文中括弧書きの（害を加えた者）（被告）は、混乱を避けるために筆者が挿入した。

3．条件に対する被害者側の認識

　被害者側は、害を加えた者の家族を「責任を負うべき存在である」とみなす際に、①〜⑭の項目をどのように認識し、どのように使用するのか。以下で一つひとつみていこう。

① 事件の内容
　検討した10事例は、1件を除きすべて被害者が死亡していた。また、被害者が死亡していない【事例4】は、「甲野春子（被害者）は、今や廃人同様である。……突然暴漢に襲われ、40分もの間、殴る蹴るの暴行を加えられたショックは、今なお消え去ることがないのである。恐怖感による幻覚は特に深夜にひどく、このため常に情緒不安定な精神状態にあり、些細なことにも激高し、時には錯乱する。また、睡眠薬、精神安定剤を常に服用しているため、家庭生活は殆どなし得ず、夫婦生活もできない状況にある」と、精神的損害が大きいことが示されている。一方、被害者の年齢については、8か月の乳児（【事例3】）から68歳（【事例7】）まで幅広い。そして、害を加えた者と被害者との関係についてみると、隣人や通行人あるいは元雇用主等であり、親族が被害者になっている事例は無かった。また、本件事件における刑事裁判で、害を加えた者の刑事責任能力が認められた【事例8】および【事例9】については、原告側は事件当時害を加えた者は心神喪失状態にあり、民事上の責任能力を欠いていたと主張している。
　このようなことからは、心神喪失者あるいは心神耗弱者により被害者が殺害された事例の場合は、被害者が死亡に至っていない場合に比べて、その家族の精神的損失がより大きく、被害者感情や報復感情がより強くなることが

推測される。そのため、何とか心理的安寧を得たいという思いが強くなり、制度的手段を講じるのではないだろうか。そして、被害者感情や報復感情が強い場合は、民事調停や起訴前の和解では満足する結果が得られず、訴訟という形式に至る可能性がある。害を加えた者本人に刑事責任を問うことができた場合でも、民事上の責任能力の点から、家族の責任を問うていることに鑑みると、被害者が死亡している場合の遺族の精神的損失の大きさ、あるいは被害者感情や報復感情の強さをうかがうことができる。ただし、被害者の年齢が幅広いことからは、被害者感情や報復感情の強さは、被害者の年齢とは強い関連が無いことが推察される。

　さらに、事例の被害者が親族以外であることは、権利を侵害した個人との社会的関係が親しい者であったり、親族であったりした場合には、社会的関係への悪影響を考慮し、あえて制度的解決策を図らない場合も生じてくるという先行研究の知見と符合する。

　ここで取り上げた事例はあくまでも公表されたものであり、これら以外にも、精神障害者による他害行為につきその家族の責任が問われ、制度的手続による解決が図られた事例があると考えられる。とはいうものの、上記事例からは、心神喪失者あるいは心神耗弱者による他害行為により被害者が死亡した場合は、原告側の精神的損失が大きいにもかかわらず、害を加えた者本人に責任を課すことができないので、その家族が責任をとるべき、つまり家族は〈当事者〉性を付与されるべき存在であると認識する傾向が強いことが推察される。

② 害を加えた者の年齢

　被害者側は、害を加えた者の年齢が低いことは、未成年と同じであると解釈し、その家族が〈当事者〉性付与の対象になると判断していた。10事例の中で、もっとも害を加えた者自身の年齢が低いのは【事例10】の20歳である。この害を加えた者の若さが、被告である両親を、〈当事者〉性付与の対象としてみなす理由の一つとして使われている。具体的には原告側の主張の中で、被告と害を加えた者との関係に触れ、「被告太郎らはX（害を加えた者）の両親であり、扶養義務者の地位にあった上、X（害を加えた者）は本件事件当時20歳2ヶ月と若年であった」とその年齢の低さを指摘している。また、裁判所の判決文の中でも「本件事件当時、X（害を加えた者）は

20歳であり、控訴人（被告）はその法定代理人ではなく、また監督義務者に代わって責任無能力者を監督する者にも当たらないとしても、前記の通り、控訴人（被告）は、これに準じる者として民法714条の責任を負う者と解すべき」とし、害を加えた者本人の年齢が強調されている。

　他方、害を加えた者の年齢に関係なく、独立した生計が無いことを、自立していないこととみなし、ゆえに家族が〈当事者〉性付与の対象となると原告が判断するケースもあった。害を加えた者の年齢が37歳である【事例4】では、1審で損害賠償請求が棄却され、原告側が上告した理由として、「旧民法においては、子は戸主の戸主権に服し、更に、親権に服した。しかも、子は成年に達しても、独立の生計を立てない限り、親権に服したのである。即ち、本件は旧民法下においてなら、問題なく714条が適用されて肯定されていたのである」と述べ、旧民法が改正された現在でも害を加えた者の年齢に関係無く独立の生計を立てていない者に対しては、親が責任をもって監督すべきと主張している。

③　害を加えた者と被告の関係

　害を加えた者の親あるいは配偶者であることは、すなわち監督責任があるということを意味するため、〈当事者〉性付与の対象となるとする原告側の見解が示されていた。損害賠償責任が求められている者は、10事例中4事例が父親のみ、1事例が母親のみ、4事例が両親である。父親のみあるいは母親のみの場合は、もう一方の親が死亡していることが多い。たとえば【事例3】は母親が、【事例7】は父親がそれぞれ事件以前に死亡している。ただし、【事例10】の母親は、事件を苦にして事件発生後に自殺している。

　このように、両親が健在の場合は、原告は父母両方に損害賠償責任を求めることが多いが、【事例6】の場合は、父母とも健在であったが、母親には損害賠償責任は求められていない。これは、【事例6】の父親が、精神保健福祉法上の保護者に選任されていたことによると推察できる。

　また、【事例2】は、原告側が、害を加えた者の妻は精神に障害があって夫に対する保護義務を行うことができないこと、害を加えた者の母親は高齢で格別の資産収入も無く、精神障害のある害を加えた者の兄弟と同居しているため、害を加えた者に対する保護義務を行うことができないこと、保護義務者の選任がなされていないこと等を考慮して、害を加えた者の居住地の市

長に保護義務違反に基づく損害賠償の支払いを求めている。つまり、害を加えた者の配偶者や母親がこのような状況に置かれていなければ、配偶者や母親の監督責任を問い、損害賠償請求をしていたと推測される。実際、判決では、害を加えた者の当時の保護義務者は実質的には一次的に妻、二次的に母親と判断し、市長に損害賠償責任はないとしている。

　事例の中には、婚姻歴があるものもあったが、いずれも事件時には離婚しており、配偶者がいるケースは10例中1例のみだった。したがって、配偶者の監督責任が問題になった事例は【事例2】のみである。

　他方、害を加えた者の兄弟姉妹であることを、監督役割の一翼を担う存在であるとし、〈当事者〉性付与の対象とみなした事例はなかった。しかし、害を加えた者に親や配偶者がいない場合、立法上は兄弟姉妹もまた〈当事者〉性付与の対象として被害者側がみなす可能性が高い。【事例3】【事例4】【事例6】【事例7】【事例10】において、害を加えた者に兄弟姉妹がいることが明らかになっているが、【事例10】を除き、年齢や住まいの状況にかかわらず、両親あるいはそのどちらかが健在の場合、兄弟姉妹に民法709条や714条等に基づく損害賠償責任を問うていない。【事例10】においても、母親が自殺したことにより、母親の損害賠償責任を弟が相続したことで、いわば間接的に損害賠償が請求されている。

　ただし、民法877条1項では、兄弟姉妹の扶養義務が規定されている上、精神保健福祉法20条においては、「精神障害者については、その後見人または保佐人、配偶者、親権を行う者及び扶養義務者が保護者となる」と規定されている。したがって、立法上は兄弟姉妹もまた〈当事者〉性付与の対象とみなされうる。

　では、親・兄弟姉妹・配偶者といった親族以外の者が〈当事者〉性付与の対象としてみなされている場合はあるだろうか。具体的には【事例5】では、害を加えた者のいるアパートへの入居を仲介した宅地建物取引業者に対し、隣室に統合失調症に罹患している者が居住していることを説明しなかったとして、民法709条に基づく損害賠償の請求をしている。また、【事例9】では、事件が発生した駅を管理するJR西日本に対し、旅客運送契約の付随的義務違反の債務不履行責任ないし民法709条、715条ないし717条の不法行為責任に基づき、損害賠償を求めている。しかし、害を加えた者の親族以外が被告になっているいずれの場合も、事件を予見することは困難であった

とし、〈当事者〉性付与を免れうると認識していた。また、判決でも、ともに損害賠償責任はないとみなされている。これら以外で近隣や友人、学校関係者や同僚などが、監督義務を怠った、予見できたのに漫然と放置した、として訴えられたケースはみられない。したがって、親族に〈当事者〉性が付与される確率に比べると、それ以外の者が〈当事者〉性を付与される確率はかなり低いと解釈できる。

以上のことから、被害者側は害を加えた者の親、配偶者をとくに〈当事者〉性付与の対象としてみなす傾向にあり、兄弟姉妹は、両親や配偶者が死亡するなどの状況によっては、〈当事者〉性付与の対象としてみなされる可能性が高いということが推察できる。

④ 被告の年齢

10事例のうち、被告の年齢が裁判において取り上げられているものは、【事例3】【事例4】【事例7】【事例8】の4事例であった。これら以外の事例については、被告の年齢についての言及はない。言及の無い事例にみられる共通した特徴は、害を加えた者本人の年齢の若さである。これはすなわち被告の年齢にもつながる。

4事例においては、被告が高齢であるにもかかわらず、損害賠償責任を求めていた。つまり、被害者側は年齢に関係なく、被告を〈当事者〉性を付与されるべき存在とみなしていたということである。

また、判決においても、被告の年齢を監督可能性には影響が無いと判断される場合があった。たとえば【事例3】では、被告の年齢の高さを強調する被告側に対し、判決では、被告が「事件当時75歳で、自転車転倒事故による骨折等のため2回入退院を繰り返し、その後遺症等の治療のため頻繁に温泉に通っていた」と当該年齢の個人にとっての自転車事故の重大性に対する理解は示したものの、「三郎（害を加えた者）が常軌を逸した行動を示した時点で、自ら病院に連絡して三郎を入院させるか、そうでなければ保護申請の手続きを履践して適切な保護措置の発動を求めさえすれば、本件事故の発生を未然に防止し得た。しかも、被告がこのような方策を講じることは十分に可能かつ期待できた。被告の年齢及び健康状態を考慮しても、この判断が妨げられるものではない」とし、その監督責任を認めている。

被告の年齢にかかわらず、原告が被告の損害賠償責任を問うている事実に

鑑みても、原告側は、子に対する監督義務は年齢にかかわらず継続してあると認識していると解釈できる。

⑤　被告の健康状況や生活状況

　被告の健康状況や生活状況について触れている事例は【事例2】も含め、7事例程度あった。

　身体状況が芳しくなかったり、経済状況が厳しいなど、事件前から事件当時にかけて被告が過酷な生活状況にある場合でも、被告を〈当事者〉性付与の対象として捉え、損害賠償責任を求めていたということは、健康状況や生活状況、経済状況は〈当事者〉性の付与を左右するものではないと被害者側が認識していたと理解できる。

　しかし他方で、身体状況が芳しくなかったり、経済状況が厳しいなど、事件前から事件当時にかけて個人が過酷な生活状況にある場合は、〈当事者〉性付与の対象外になると、被害者側が認識していたと思われる事例もある。その具体例が【事例2】である。【事例2】では、害を加えた者の妻と母親の損害賠償責任を問わず、居住地の市長の損害賠償責任を追及した理由の一つとして、害を加えた者の妻は「精神に障害があって、夫に対する保護義務を行うことができなかったし、同人（害を加えた者）の実母甲野ハナは、72歳の高齢で格別の資産収入もなく、精神障害者である三男の甲野三郎と同居しているため、甲野太郎（害を加えた者）に対する保護義務を行うことができ」ないと判断したからと述べている。原告は、事件前の妻の精神障害や母親の年齢および経済状況をもって、〈当事者〉性付与の対象としてみなすことの困難性を感じたということになる。

⑥　住まいの状況

　害を加えた者と被告が事件発生当時同居していたか否かについては、原告側が積極的に言及する傾向にあった。10事例のうち同居の事例は8事例、別居の事例は2事例である。別居していた2事例のうち、【事例3】は被告が害を加えた者宅に時折宿泊し、害を加えた者の食事を作るなどしている一方、【事例6】は、完全に別居しており宿泊等もしていなかった。

　被告が害を加えた者と同居していた場合は、原告は「被告は害を加えた者の異変に気づくはずである」と認識し、したがって被告は〈当事者〉性付与

の対象となると判断されていた。同居していた8事例のうち、原告側がその事実を重視していると思われる事例として、【事例3】【事例4】【事例5】【事例7】がある。たとえば【事例4】では、被告は「現に三郎（害を加えた者）の異常な行動に配慮していた者であるばかりか、同居して食事まで一緒にしていたのであるから、「社会的に代理監督者と同視し得る者」として、右条項を適用するのが当然」、【事例5】では、被告である両親は「同じ甲野荘内に同居しており、生活を共にしていたのであるから、当然K（害を加えた者）が精神病にかかり、前記㈡のような症状を呈していることに気づいていたか、あるいは気づくべきであった」、【事例7】では「控訴人花子（被告）は控訴人松夫（害を加えた者）が他害行為に及ぼうとしている場合には同居の親族として控訴人松夫（害を加えた者）を入院させて治療を受けさせる等の適切な措置を取るべき義務があったのにこれを怠」ったと、それぞれ述べられている。

　このように、同居していることを原告側が重視する理由は、同居していれば、お互いに相手の状況を十分に把握できるはずと、一般的に考えられているからであろう。ゆえに、同居しているのだから害を加えた者の異変にも気づくはず、という主張がもたらされる。

　また判決では、同居していればお互いに相手の状況を十分に把握できるはずという考え方以外にも、同居していれば問題に対応する時間は十分あるはずであり、したがって、被告は〈当事者〉性付与の対象となるという共通認識が反映されている。たとえば、同居期間が4日間と短い【事例10】では、被告は「X（害を加えた者）を連れ帰ってから本件事件までは4日しかなかったため、それ（精神科受診）が叶わなかった」とし、4日間の短さを主張している。しかし原告側主張を支持した判決では、「確かに、本件においては被告太郎らがX（害を加えた者）を連れ帰った翌日の3月○日には、親戚が交通事故で危篤状態となり（省略）…X（害を加えた者）の精神科受診や監視が後回しになったという事情があったことは理解できないわけではない」としながらも、「X（害を加えた者）が他者に何らかの危害を及ぼす可能性があることを十分認識し得たものというべきであり、そうだとすれば、被告太郎らは、X（害を加えた者）の精神科受診や監視を後回しにすることは許されなかった」としている。

　ただし、【事例10】についていえば、同居の期間が短かったとはいえ、被

告はそれ以前に害を加えた者の荒れた部屋の様子等を目の当たりにしているのであり、たとえ同居していなくても、害を加えた者の異変には気づけたはずとし、同居の短さを重要な鍵とはしていない。つまり、【事例10】は同居・別居の事実よりも、害を加えた者の様子を知ることができたかどうかを重視しているのである。

概して原告側は、害を加えた者と同居していれば「害を加えた者の異変にも気づくはず」「問題に対処する時間が十分にあるはず」という見方により、被告を積極的に〈当事者〉性付与の対象としてみなす傾向にあった。また、判決でもこのような認識を支持する傾向がみられた。

⑦ 精神保健福祉法（旧法を含む）の保護者選任状況

被告が精神保健福祉法上の保護者に選任されている場合は、原告は被告を害を加えた者に対する法的責任があると解釈し、〈当事者〉性付与の対象としてみなす傾向にあった。10事例の中で、被告が保護者選任を受けていた事例は【事例6】のみであった。【事例6】の事件は、1996年に発生したものであるから、当時は精神保健福祉法において保護者の自傷他害防止監督義務が規定されていた。なお、第1章でも述べたが、精神保健福祉法の自傷他害防止監督義務が削除されたのは、1999年の改正時である。そのため、原告は、被告が保護者選任を受けている事実を、〈当事者〉性付与の対象とみなす積極的要因と考えていた。請求原因の中で「被告は、本件殺人事件に先立つ平成6年8月16日、仙台家庭裁判所から、精神保健法20条に基づく夏男（害を加えた者）の保護者として選任されていた」と述べている。

また、原告側主張を支持した裁判所の判決でも、「精神障害者が、多くは通常の意思疎通が困難で、訓戒や説諭で行動を統制することも難しいこと、精神障害の治療の観点からも精神障害者への働きかけには限界があること、明確な治療法が確立されておらず、場合によっては長期間の監督を要し、しかもその期間についても全く予測が出来ず、監督義務者にかかる精神的な負担が大きいこと、また、精神障害者の存否、程度の判断は多くは困難を伴い、そのため、監督義務者が適切な監督手段を講じようとしても、社会的な圧力により、不可能になることがあり得ることから、その範囲にはそれ自体内在的に制約があると言わざるを得ない」と、保護者が担う監督義務の限界についての理解を示しながらも、「精神障害者の自傷他害の危険を防止するため

必要な措置を模索し、できる限りの措置をとるよう努力することは可能であり、保護者は、最低限、右のような努力をする義務を負っている」とし、被告の損害賠償義務を認めている。

しかし、保護者選任を受けているかどうかは、〈当事者〉性付与の対象とみなす上で、大きな差は生まないと、原告側が認識している可能性も高い。つまり、保護者選任を受けていなくても、民法714条の監督義務はあるとし、したがって、被告は〈当事者〉性付与の対象としてみなされるという判断である。たとえば【事例10】では、原告側は「本件事件当時、被告太郎らはX（害を加えた者）との関係で精神保健福祉法所定の「保護者」に選任されていなかったが、以下のような事情からすれば、条理上、民法714条所定の法定監督義務者（1項）または代理監督者（2項）に準じて同条の責任を負うべき地位にあったといえる」としている。このように、被告が保護者選任を受けていない場合は、原告側は精神保健福祉法上の保護者としてではなく、民法714条の監督義務者または代理監督者として、〈当事者〉性付与の対象とみなしていた。

被告が保護者に選任されていることは、〈当事者〉性付与の対象として積極的にみなされる可能性が高まるというだけで、保護者に選任されていなかったとしても、〈当事者〉性付与の対象としてみなされることに変わりはない。保護者の重圧の軽減を目的に、1999年精神保健福祉法が改正された際に、保護者の自傷他害防止監督義務は削除されたが、10の事例を振り返ると、自傷他害防止監督義務あるいは保護者制度そのものが無くなったとしても、被害者側が被告を民法714条により、〈当事者〉性付与の対象としてみなす可能性は依然として高いことが明らかである。

⑧ 事件前の他害行為の有無

本件事件が発生する以前に、家族以外の第三者に対して他害行為があったか否かも事例により異なっている。他害行為があった事例は、10事例中【事例1】【事例3】【事例6】【事例7】の4事例である。【事例1】では、本件発生より3年程度前から断続的に職場の上役や同僚、看護人や医師に対する暴力、【事例3】では、本件発生の3年前に友人の首を絞める行為、【事例6】では、本件発生の3年前に同被害者への殴打事件、【事例7】では、本件発生の13年前に隣家の女性に対する顔面殴打があったことが、それぞれ明

らかになっている。

　これらの事例において、原告は本件以前の他害の事実を、被告に〈当事者〉性を付与しようとする理由の一つとしてみていた。つまり、本件に近い時期に第三者に対して他害行為があったことをもって、被告は害を加えた者に対する監督の必要性を認識できたはずと解釈し、したがって〈当事者〉性付与の対象となると判断していたのである。ただし、他害の事実そのものが、直接的に〈当事者〉性付与の対象としてみなすことにつながるのではない。他害行為があったのであれば、再び他害行為を行う可能性が高い、そうであれば監督の必要性を十分認識できたはずという論理に基づき、〈当事者〉性を付与する対象としてみなすことにつながる。

　他害行為があった事例の判決をみると、4事例中3事例について損害賠償責任が認められている。一方、第三者に対する他害行為がみられなかった6事例中5事例については、損害賠償義務がないと判断されている。したがって、裁判所の判断としても事件以前に他害行為があると、家族に損害賠償責任があるとみなしやすくなる傾向がうかがえる。

　さらに、損害賠償責任が認められた事例について、事件前の他害行為に共通する特徴を探すと、他害行為が起きた時期が事件と比較的近いことが見出される。ゆえに、事件に近い時期に第三者に対する他害行為があった場合、害を加えた者の家族を法的に〈当事者〉性付与の対象としてみなす可能性が高くなるといえよう。

⑨　事件前の病気や危険性に対する認識

　ほとんどの事例の場合、害を加えた者の危険性に関する事件前の被告の認識については、住まいの状況や相談状況、第三者に対する他害行為の有無あるいは被告に対する暴言や暴力などを通して、間接的に主張されている。すなわち原告は、被告と害を加えた者の住まいの状況や相談状況、害を加えた者の第三者に対する他害行為の有無、あるいは被告に対する暴言や暴力などを通して、害を加えた者の危険性に気づけたはずとし、にもかかわらず監督義務を尽くさなかったので、〈当事者〉性を付与すべき存在とみなすのである。つまり、監督義務を尽くすためには、害を加えた者が危険であったという認識がなければならず、原告は被告が害を加えた者の危険性を「認識していた」あるいは「認識できたはず」と主張する。

上記10事例を振り返ると、被告が害を加えた者の危険性の予見は困難であったと主張した事例は、【事例4】以外のすべてである。いずれの場合でも、原告側は事件発生が予見困難であったこと、あるいは害を加えた者の病気の深刻さに被告が気づいていなかったことをもって、被告を〈当事者〉性付与の対象外とみなすことはなかった。さまざまな角度から、被告は害を加えた者の危険性を予見できたはずだとし、主張するのである。換言すると、害を加えた者の家族を〈当事者〉性を付与できる存在としてみなす上で、事件前の本人の病気や危険性に対する家族自身の認識は、重要な条件とはなりにくいということである。

　判決においては、たとえば【事例6】では、本人の危険性や病気の重篤性に対する被告の気づきを問題にし、「そもそも被告自身は、殴打事件の頃からずっと夏男（害を加えた者）は本当の精神病というよりも、亡春男（被害者）との対人関係に問題があり、亡春男が夏男と対話してくれさえすれば夏男の精神状態は落ち着くものと考えており、亡春男にそのように申し入れたこともあった」と、害を加えた者の精神疾患に対する認識の甘さを指摘している。したがって、判決の上でも、〈当事者〉性を付与する上で、事件前の害を加えた者の病気や危険性に対する被告自身の認識は、重要な条件とはなりにくいといえよう。

⑩　害を加えた者の被告に対する暴力の有無

　次に第三者に対する他害行為の有無が、家族に対する〈当事者〉性付与にどのようにかかわるかを検討した。ここでは、家族内における暴力行為についてみてみよう。事件前に第三者に対しての加害行為が無かった事例でも、暴言も含め、家族に対しての暴力があったという事例もみられる。10事例中、7事例【事例1】【事例2】【事例3】【事例4】【事例6】【事例7】【事例8】において家族に対する暴力または暴言があった。いずれも被告に対しての行為である。

　これらの事例を検討したところ、いずれのケースでも原告側は、第三者に対する他害行為のように、被告に対する暴力や暴言をもって監督の必要性を十分認識できたはずというように論理展開していなかった。【事例8】の文言からは、第三者への他害行為に比べて、家庭内の暴力行為が軽視される傾向にあることがわかる。もちろん、第三者への他害行為は、身体的暴力のみ

を指し暴言は含まれていない点で、家庭内の暴力や暴言と簡単に比較することはできない。しかし、原告側が、第三者に対する他害行為のように、被告に対する暴力や暴言をもって、監督の必要性を十分認識できたはずというように論理展開していない背景には、このような、第三者への他害行為に比べれば、家庭内での暴力や暴言はことさら重視するまでもないという見方が関係していると推察される。

⑪　害を加えた者の性格

　害を加えた者の性格について言及している事例は6事例あった。たとえば【事例1】では「おとなしい性格で格別変わった点は認められなかったが、東京で就職中、……精神異常を来し、性格が荒っぽくなり、飲酒、浪費などで生活も荒れ」と言い表されており、【事例2】では「生来的に衝動的な性格であるところに精神分裂病の彩が加わっている」と述べられている。ただし、原告側はいずれの場合も、害を加えた者の性格を家族に〈当時者〉性を付与する条件として認識してはいなかった。【事例1】のように、精神疾患により性格の変容がみられると、生来の性格と発病後の性格について分けて言及することが困難になることがその理由として考えられる。したがって、原告はむしろ症状として表出されたこと、たとえば第三者に対する他害行為があることや、妄想や幻覚などをもって、家族は害を加えた者の病状の深刻さを認識できたはずとし、〈当事者〉性を付与する条件として考慮していた。

　ここには、乱暴であったり衝動的という性格であるからといって、必ずしも他害行為を行うわけではないという一般的な認識が反映されていると理解することができる。

⑫　害を加えた者の就労状況

　10事例すべてにおいて、害を加えた者は事件以前に就労の経験を有していた。しかし、事件発生時に定職に就いているケースは、自営で軽貨物運送業を営む【事例8】のみであった。

　害を加えた者の過去の就労状況はどのようなかたちで取り上げられているだろうか。事件発生時に害を加えた者が定職についていない9ケースを分析したところ、原告は、害を加えた者が未就労であったと強調することで、家族に扶養されていた事実を明確にしようとしていた。

たとえば【事例1】では、原告が「凶行当時も通院加療中の身であって就職もなし得ず」と述べ、【事例3】では原告は「三郎（害を加えた者）は、退院後三郎（害を加えた者）宅で被告甲野と同居していたが、仕事に従事することもなく日を送り」と述べている。また【事例5】では、原告が「K（害を加えた者）は、高校卒業後、昭和51年4月に財団法人乙山保安協会に就職したが、潰瘍性大腸炎を患い、同55年11月に退職した。以後就職せず、両親と同居し被告太郎に扶養されていた」と述べている。

つまり、害を加えた者が未就労であることは、すなわち家族に扶養および監督の責任があるということを意味するので、原告は害を加えた者の家族が〈当事者〉性を付与できる存在であるとみなしていたのである。このような論理展開をとる背景には、たとえ成人でも経済的自立をしていない未就労の者に対しては、その家族に扶養および監督責任があるという共通認識があると考えられる。したがって、害を加えた者が未就労であることをもって、家族に扶養および監督の責任があると考え、結果的に家族を〈当事者〉性付与の対象として捉えやすくなるのである。

⑬　事件前の相談状況

事件発生前に、被告や害を加えた者本人が精神科や保健所や警察等に相談した経験がある事例は、10事例中8事例であった。なお、ここには過去に入院した場合も含めている。民事訴訟の中では、事件発生当日までの被告による相談状況や、害を加えた者本人の入院状況が詳細に語られる。訴訟の中では次の3点について、原告被告双方が主張していた。第1に被告が医師などの専門職者にどのような働きかけを行っていたか、第2に被告が医師などの専門職者からどのような指示を受けていたか、第3にその指示に対してどのように従っていたかである。これら3点は、〈当事者〉性付与の可能性として、原告被告双方に異なる見解をもたらす。

事件発生前に、被告や害を加えた者本人が精神科医や保健所や警察等に相談した経験が無い事例は、10事例中【事例5】と【事例9】の2事例であった。被告が害を加えた者について事件前に専門機関に相談していない場合は、原告は被告が監督義務を怠ったと捉え、〈当事者〉性を付与すべき存在としてみなしていた。【事例5】では、原告被告双方とも、被告が上記のような専門機関に相談しなかったことについては言及していない。一方、【事例

9】においては、害を加えた者に対して被告が治療やカウンセリングなどの適切な措置をとっていれば、本件を防止することができた可能性があったと原告側が主張した。つまり、適切な処置をとらなかったことは、すなわち監督義務を怠ったということであるから、責任があると理解していたのである。

また原告側は、害を加えた者が事件前に医療機関を受診したり、被告が専門機関に相談に行ったことがあるということは、すなわち害を加えた者の危険性について被告が十分に理解していたことを意味すると解釈し、危険性を知りながら放置した、あるいは医療機関からの注意や服薬指導などの療養に関する指導を怠ったため事件が発生したとして、〈当事者〉性付与の対象とみなす場合もある。たとえば、【事例3】では、原告側が、被告は害を加えた者が不可解な行動をとるようになったため、過去2度にわたり害を加えた者を（2回目は強制的に）精神科に入院させており、退院時には毎回服薬管理等の療養方法を指導されたこと、病院ではノイローゼ（神経症）と診断されたこと、2回目の退院後、害を加えた者が不可解な行動をとるようになったにもかかわらず、被告はゲートボールに興じていたことを主張した。また、【事例4】では、害を加えた者の行動に異常を認め、危険が差し迫ったからこそ、被告らは娘と相談して専門機関に相談に行ったのであり、であれば害を加えた者の危険性を十分認識できたはずと原告側は訴えている。

このように、被告が害を加えた者について事件前に専門機関に相談していない場合は、原告は被告が監督義務を怠ったと解釈し、また、害を加えた者が事件前に医療機関を受診したり、被告が専門機関に相談に行ったことがある場合は、害を加えた者の危険性について被告が十分に理解していたことを意味すると解釈し、危険性を知りながら放置した、あるいは医療機関からの注意や服薬指導などの療養に関する指導を怠ったため事件が発生したとして、家族を〈当事者〉性を付与すべき存在としてみなす。

⑭　事件の影響および事件後の出来事

事件による影響や事件後の出来事については、すべての事例において原告あるいは被告または双方が言及している。

慰謝料を請求している原告側は、通常、事件により被った精神的損害の大きさを主張する。たとえば被害者が死に至っていない【事例4】では、「甲野春子（被害者）は、今や廃人同様である。……突然暴漢に襲われ、40分

もの間、殴る蹴るの暴行を加えられたショックは、今なお消え去ることがないのである。恐怖感による幻覚は特に深夜にひどく、このため常に情緒不安定な精神状態にあり、些細なことにも激高し、時には錯乱する。又、睡眠薬、精神安定剤を常に服用しているため、家庭生活は殆どなし得ず、夫婦生活もできない状況にある」と事件による精神的損失を訴えている。また、小学1年生の娘を強制わいせつの上殺害された【事例9】では、原告側が「愛する娘を失ったことによる原告b及び原告cの驚きと悲しみは筆舌に尽くしがたいものがあった」という精神的損失以外にも、それをきっかけとした転居や、精神疾患の診断を受けたこと、廃業や転職そして失業などの具体的影響を訴えている。事件後の転居については、前章の分析でもみたように【事例10】でも法廷のやりとりにおいて言及されている。このような精神的、経済的損失を主張することもまた、害を加えた者の家族の責任を追及する一つの方法となっている。原告側は、精神的、経済的損失については誰かが責任をとらなければならないという見解に基づき、害を加えた者の家族に〈当事者〉性を付与しようとするのである。

4．条件に対する害を加えた側の認識

では、害を加えた側の①〜⑭に対する認識はいかなるものなのか。

① 事件の内容

原告側は心神喪失者あるいは心神耗弱者による他害行為により被害者が死亡した場合は、精神的損失が大きいにもかかわらず、害を加えた者本人に責任を課すことができないので、その家族は責任をとるべき、つまり家族は〈当事者〉性を付与されるべき存在であると認識する傾向が強いことが推察された。

他方、被告側は、害を加えた者の刑事責任が認められている【事例9】では、「妄想等が出現したり、通行人に理解不能な行動に及んだりしたような形跡は一切なく、終始一貫して合目的的な行動をとっていることなどからすると、被告f（害を加えた者）の責任能力に疑いを容れる余地はなく、被告fについての刑事裁判でも、本訴訟における鑑定でも、本件不法行為時に被告fが是非善悪の弁別能力を保持していたことが明らかになっている」とし、

ゆえに害を加えた者の家族は〈当事者〉性付与を免れるとしている。同様に害を加えた者の刑事責任能力が認められた【事例8】では、害を加えた者は民事上の責任能力を欠いていたと原告は主張しているが、判決において「(刑事事件の判決書)によると、被告竹夫(害を加えた者)に対する刑事裁判において、捜査段階で……被告竹夫に対人恐怖症、視線恐怖症があり、回避性人格障害の症状、妄想性人格障害があるとされるものの、本件事件の際、同被告が心神喪失の状態にあったとする判断は存しない」とし、害を加えた者の家族に責任を課さない、つまり〈当事者〉性の付与を免れる理由の一つとしている。ただし、【事例8】では、被告側は害を加えた者に刑事責任能力があったことを〈当事者〉性を回避する積極的条件としては言及しておらず、監督責任を十分果たしていたことをもって〈当事者〉性の付与を回避できると主張している。

　つまり、害を加えた者の家族は、刑事裁判の結果を〈当事者〉性の付与を回避する事情として考える場合もあるが、そうでない場合もあるということができる。また、害を加えた者の家族は、被害内容や、被害者の年齢、被害者と害を加えた者との関係を、自らを〈当事者〉性付与の対象外と判断する上での重要な条件として認識していないということが明らかになった。

② 害を加えた者の年齢

　被害者側は、害を加えた者の年齢が低い場合、未成年と同じであると解釈し、その家族が〈当事者〉性付与の対象になると判断していた。また、害を加えた者の年齢に関係なく、独立した生計が無いことを、自立していないこととみなし、家族を〈当事者〉性付与の対象として認識する事例もあった。害を加えた者の年齢について、被告側はどのように認識しているのだろうか。

　被告側は、害を加えた者の年齢が壮年の場合は、監督が不必要であると解釈し、その家族が〈当事者〉性付与を免れうるという判断をしていた。たとえば【事例4】では、被告側が害を加えた者本人と被告自身の年齢を対比させることにより、被告に対する〈当事者〉性付与を回避しようとしている。具体的には「A(害を加えた者)はフォークリフト運転手の経験を有し、37歳の壮年であったのに対し、Y(被告)らは老齢」と述べており、働き盛りの年齢にある害を加えた者を、高齢の被告が扶養する困難さを強調しようとした、あるいは働き盛りの年齢にあり、実際に就労の経験もある、ほとんど

自立しているといって過言ではない害を加えた者と対比させることで、その害を加えた者を扶養する被告が、他者からの労りが必要な立場にあることを強調しようとしたとも解釈できる。

　また、害を加えた者が成人していることが、家族の監督の限界を意味し、したがって家族への〈当事者〉性付与の限界を示すという判断もみられた。たとえば、【事例5】では「25歳の成年の男子であり、両親である被告両名に同人の部屋を検索して文化包丁を発見すべき義務があったとは言えない」と述べている。

　被害者側、害を加えた側双方の認識を総括すると、次のようにまとめることができる。つまり、害を加えた者の年齢が若い場合は、被害者側が、害を加えた者を未成年と同一化し、その扶養および監督の必要性から、害を加えた者の家族を〈当事者〉性付与の対象としてみなす。しかし、害を加えた者の年齢が上がると、害を加えた者の家族の年齢も高齢の場合が多いので、被害者側は害を加えた者の年齢を理由にその家族に〈当事者〉性を付与しようとすることが難しくなる。したがって、害を加えた者の年齢がある程度高い場合は、被告が〈当事者〉性の付与を退ける手段として、害を加えた者本人の年齢を利用すると考えられる。

　ただし、実際はこのような場合、害を加えた者の年齢よりもむしろ、「被告の年齢」で示すように、害を加えた者の家族の年齢の高さについて被告側が言及することが多い。また、害を加えた者の具体的年齢にかかわらず、成人しているという事実をもって、監督の限界を示すこともある。

③　害を加えた者と被告の関係

　原告側は、害を加えた者の親あるいは配偶者であることは、すなわち監督責任があるということを意味し、したがって〈当事者〉性付与の対象となるとの見解を示していた。

　一方、被告側が、害を加えた者との関係性を理由に、損害賠償責任を負わなくてもよい存在として自らをみなしていた事例は無かった。つまり、被告らは害を加えた者の父親であるから、母親であるから、あるいは配偶者であるからという理由で、〈当事者〉性を免れることはできないと認識していたことが推察される。すなわち、被告らは害を加えた者の父親であれば、母親であれば、あるいは配偶者であれば、場合によっては害を加えた者の行った

事柄に対し、何らかの責任をとらなければならないと認識していたということができよう。

④　被告の年齢
　原告側は、子に対する監督義務は年齢にかかわらず継続してあると認識していた。では被告側はどうだろうか。
　被告の年齢について言及している事例の共通した特徴は、被告が一般に「高齢者」といわれる年齢（65歳以上）以上であるという点である。被告側は、被告の年齢が高いことは、すなわち害を加えた者に対する監督が困難であると解釈し、〈当事者〉性付与を免れうるという見解を示していた。つまり、被告の高い年齢を、〈当事者〉性付与を退ける手立てとして用いていたのである。具体的には、「害を加えた者の年齢」で示した【事例4】のように、害を加えた者の年齢と被告の年齢を対比させることにより、被告の年齢を強調する方法がみられる。また、【事例7】では被告側弁護人が「控訴人花子（被告）は、本件事件当時76歳の高齢者であり」と述べており、被告側主張を支持した判決でも「独り扶養義務者にのみ過重な義務を負わせることは相当でないというべきである。その年齢に照らして控訴人花子（被告）が本来なら自ら他の者による扶養又は介護を受けるべき状況にあったといえる本件においては、なおさらなのである」とし、本来、扶養される立場である高齢の母親に扶養させることによってもたらされる、負担の重さを強調している。この事例からもわかるように、被告側が、その高い年齢を強調する背景には「高齢者は扶養者としては不適切である」あるいは、「高齢者に扶養をさせることは可哀想だ」という共通認識があると考えられる。【事例7】は、そのような共通認識が反映された判決となっている。
　したがって、原告側の立場からは、年齢は〈当事者〉性の付与を左右する要素として認識されない一方で、被告側は被告の年齢の高さを、〈当事者〉性付与の対象となることを拒否する手立てとして用いる場合があるといえる。

⑤　被告の健康状況や生活状況
　原告側は、被告の健康状況や生活状況、経済状況は〈当事者〉性の付与を左右するものではないと受けとめる傾向がみられた。では害を加えた側はどうだろうか。

被告側は、被告自らの身体状況が事件当時芳しくなかった場合は、害を加えた者に対する監督が困難であったとし、〈当事者〉性付与を免れうると主張していた。身体の状況については、たとえば【事例3】では被告である父親が「昭和50年7月17日自転車で転倒して左肩胛骨々折等の傷害を負い、同年8月2日まで入院し、退院後も同年12月17日まで通院しながら温泉療法を施していた」ことと、「昭和52年6月1日再度自転車で転倒して頭頂部挫創等の傷害を負い、同年15日まで入院し、退院後も同年7月8日まで通院しながら温泉療法を頻繁に施していた」と言い表している。また、【事例4】では、父親が「両眼視力損失で1級の身体障害者」であること、【事例8】では、母親が「昭和38年11月から約3ヶ月余りの間、反応性うつ病で入院加療を受けたことがあり、平成6年8月、症候性てんかんの診断を受けて本事件当時まで通院治療受けていた」ことを、それぞれ主張している。これらの事例では、〈当事者〉性の付与を退ける理由として、被告は自らの芳しくない健康状態や身体状況を挙げ、積極的に主張していた。つまり、被告側は健康状態や身体状況が芳しくない場合は、社会的に〈当事者〉性の付与を免れうるとみていたということになる。

　また、被告の経済状況が事件当時芳しくなかった場合は、害を加えた者に対する監督が困難であるとし、〈当事者〉性付与を免れうるという見解を示していた。経済状況についても同様のことがいえる。被告の事件前から事件当時にかけての経済状況について触れている事例は【事例3】【事例4】【事例6】【事例7】【事例8】の5事例である。具体的には、たとえば【事例3】では「軍人恩給以外の収入が無いため、三郎（害を加えた者）に生活費を支給する余裕もなかった」、【事例4】では被告である母親が「生活を支えるべく日雇仕事にでていた」、【事例6】では「多額の負債を抱えて長男の家に身を寄せて世話を受けていた」、【事例7】では「控訴人（被告）らは、控訴人花子（被告）の老齢年金（月額約7万5,000円）及び控訴人松夫（害を加えた者）の障害年金（月額約6万5,000円）に頼る生活となった」、【事例8】では「被告両親は年金で生計を立てており、金銭的に余裕がなかった」と、被告側は事件前から事件当時にかけての厳しい経済状況を強調している。これは、経済状況の如何によっては、〈当事者〉性の付与を免れうるという考えが共通認識としてあったためと考えられる。

　このように、事件前から事件発生時にかけて、害を加えた者の家族の健康

状態や身体状況あるいは経済状況が芳しくない場合は、被告自らや時には原告も、被告は〈当事者〉性を付与されない存在であると認識する傾向がある。

　事件前から事件当時にかけての被告の健康状態や身体状況あるいは経済状況が、責任を付与する上で重要な条件となる理由は、裁判の中で害を加えた者に対する監督が、実際にできる状態にあったか否かが争点となるからである。病気や障害、あるいは厳しい経済状況は、監督機能の障壁として社会的に認識されていると原告被告双方が判断しているからこそ、これらについての言及が積極的になされるのである。

⑥　住まいの状況

　原告側は、害を加えた者と同居していれば「害を加えた者の異変にも気づくはず」「問題に対処する時間が十分にあるはず」という認識により、害を加えた者の家族を〈当事者〉性を付与されるべき存在としてみなす傾向にあった。

　一方被告も、同居していれば「害を加えた者の異変に気づくはず」「問題に対処する時間が十分にあるはず」という原告の認識を、社会一般の共通認識として受け入れていたのではないかと思われる事例がある。

　具体的には、半同居のような居住形態をしていた【事例3】では、同居していることがもつ意味を原告被告双方が重視していた。原告側は「三郎（害を加えた者）は、退院後三郎（害を加えた者）宅で被告甲野と同居していた」と述べたのに対し、被告側は「時折三郎（害を加えた者）宅に宿泊して三郎（害を加えた者）の食事の支度をしてやったこともあるが、三郎（害を加えた者）と同居していたわけではなく」と否定している。また事件前の同居期間が4日間であった【事例10】では、被告側は「被告らが、一人暮らしをしていた一郎（害を加えた者）を自宅に連れ戻してから本件事件までは、わずか4日しか経っていなかったのであり、その間の一郎の表情や行動から、本件のような凶暴な事件を起こす差し迫った危険があることを認識できる状況にはなかった」と主張している。それぞれの事例において、被告側は害を加えた者と別居していれば、あるいは同居期間が短ければ、害を加えた者の異変に気づき難く、被告は〈当事者〉性付与の対象になることを免れうるという考え方を示していた。これは、被告にとっても同居か別居かということが鍵となるために、あえて言及したと解釈される。

したがって、原告被告双方とも、害を加えた者と同居している家族は、〈当事者〉性を付与されるべき存在であると認識する傾向があるといえよう。

⑦　精神保健福祉法（旧法を含む）の保護者選任状況

被害者側は、害を加えた者の家族が精神保健福祉法上の「保護者」に選任されていることを、家族に〈当事者〉性を付与する積極的条件として認識していた。しかし、家族が「保護者」に選任されていなかったとしても、民法714条により家族を〈当事者〉性付与の対象としてみなすことにかわりはなかった。

一方、害を加えた者の家族は、自らが精神保健福祉法上の保護者選任を受けていない場合は、〈当事者〉性付与の対象を免れる要因としてアピールする。つまり家族が保護者選任を受けていないということは、すなわち法的監督義務がないということを意味するので、〈当事者〉性付与を免れうるという見解を示すのである。たとえば、【事例7】で、被告側は「精神保健福祉法第22条1項は、「保護者は精神障害者に治療を受けさせ、及び精神障害者の財産上の利益を保護しなければならない」と定めているところ、控訴人花子（被告）は、同条項の「保護者」に該当しない」と述べている。

しかし、前述の通り民法714条に基づき、〈当事者〉性付与の対象としてみなされる場合もある。この場合は、害を加えた者の家族は、害を加えた者の精神疾患については知らなかったことや、自らの身体的・経済的困難状況に基づき、監督義務は無かったと主張したり、事件前の相談状況に基づき監督義務を果たしていたと主張することにより、〈当事者〉性の付与を回避しようとしていた。

このように、原告被告双方が精神保健福祉法上の保護者に選任されていることは、〈当事者〉性付与の対象としてみなす明確な要因になりうると認識しているのである。

⑧　事件前の他害行為の有無

事件に近い時期に第三者に対する他害行為があった場合、原告側は、他害行為を予見できるはずという認識に基づき、害を加えた者の家族を〈当事者〉性を付与すべき存在としてみなす傾向がみられた。このような論理展開の背景には、一度他害行為をした者は、再び同様の行為を行う可能性がある

という認識があると考えられる。では、被告側はどうだろうか。

事件発生前に害を加えた者による他害行為が無い場合は、被告は他害の可能性を想定できなかったので、被告は〈当事者〉性付与を回避できるという見解を示していた。事件発生以前に第三者に対する他害行為が無かった【事例4】【事例5】【事例8】【事例9】【事例10】では、害を加えた者本人の他害行為は予見できず、したがって被告は、〈当事者〉性付与の対象にはならないという認識を示していた。たとえば【事例4】では被告が「本件傷害事件が発生するまで同人が他人に暴力を加えたことはなく、その行動に差し迫った危険があったわけではない」と主張している。このような主張は、原告側同様、過去に第三者に対する他害行為があった場合は、再び他害行為を行う可能性があるという認識に基づいていると考えられる。

他方、事件発生前に他害行為があった事例は【事例1】【事例2】【事例3】【事例6】【事例7】である。これらの事例では、被告は病気の深刻さを理解し、できうる限りの監督義務を果たしたと主張している。ただ、このような場合でも、他害行為を予見していたという認識と予見できなかったとする認識に分かれる。たとえば【事例7】においては、過去の他害行為から、害を加えた者が再び他害行為に及ぶことを防ぐために、「事前に竹夫（被害者）や被控訴人（原告）らに加害が及ぶ危険性を知らせ、万一のときは警察に通報することを要請するなど」していたと述べている。他方【事例6】は、「被告もA（被害者の会社）の関係者も、まさか夏男（害を加えた者）が殺人事件まで起こすとは考えてもいなかったのであり、本件の殺人事件は誰も予測していなかった。また、Aでは夏男の来訪に備え、昼でもシャッターを降ろしたりして警戒を続けていたのであり、被告の方でAへの注意喚起が不十分だった点もない」「たとえ怪文書がAに送付されたり、夏男が妄想を口にすることがあったとしても、前回の殴打事件のときとは異なって暴力事件は現実には起きておらず、夏男の自傷他害のおそれは、あくまでも想像の域を出ない」と述べている。

つまり、害を加えた者の家族は、本件発生前に他害行為があったとしても、必ずしも他害行為を予測できるわけではないので、ゆえに家族には責任はないという認識を示したのである。この背景には「過去に他害行為を行ったとしても、再び同じ行為を繰り返すとは限らない」という考え方があることが示唆される。

したがって、被告側は、過去に他害行為が無かった場合は、事件を予見できなかったので、家族は〈当事者〉性付与の対象にはならないという認識を示し、過去に他害行為があった場合は、家族は事件を予見し監督義務を果していた、あるいは家族は他害行為の再発は予見できなかったとして、やはり家族は〈当事者〉性付与の対象にはならないという認識を示すということがいえよう。ただし、それぞれの論理展開の背景にある考え方は異なっており、「過去に他害行為を行った者は再び同じ行為を繰り返す可能性がある」という考え方と、「過去に他害行為を行ったとしても、再び同じ行為を繰り返すとは限らない」という考え方があることが指摘できる。

⑨ 事件前の病気や危険性に対する認識

事件発生前の害を加えた者の病気や危険性に対する被告の認識について、原告側がどのように解釈しているか分析したところ、害を加えた者の家族を〈当事者〉性を付与できる存在としてみなす上で、事件前の本人の病気や危険性に対する家族自身の認識がどうであったかは、重要な条件とはなりにくいということが明らかになった。では、被告側は事件前の害を加えた者の病気や危険性に対する自らの認識についてどのように解釈しているだろうか。

被告の解釈を検討したところ、事件発生以前は精神疾患に対して思い違いをしていたので、害を加えた者の危険性や病気の重篤性も理解していなかったということから、〈当事者〉性付与の対象とはならないと被告側が考えているケースがいくつかみられた。

たとえば、【事例3】では、被告は、害を加えた者が最初に入院したのは、単なるノイローゼ治療のためと思っていたこと、2回目の入院もノイローゼが再発したものと考えたことを強調した（しかし、裁判では2回目の入院時に害を加えた者が統合失調症であることを、医師が被告に説明したことが明らかになっている）。このような病気に対する思い違いは、【事例5】や【事例6】【事例10】の被告も主張している。【事例5】では、害を加えた者本人が幻覚や妄想についての話を被告に一切していなかったこともあり、自閉的生活や未就労であることなどを、本人の内向的性格や、持病の潰瘍性大腸炎によるものであると捉えており、また近隣の人たちからも害を加えた者の精神状態について注意を受けたことが無かったから、精神疾患については気がつかなかったと主張した。

また、専門機関から病気の重篤性を示唆する説明や対処が無かったということは、専門的知識をもたない被告に、害を加えた者の病気の危険性や重篤性についての情報が十分伝わっていないということを意味するため、被告は〈当事者〉性の対象にはならないという解釈を示していた。【事例10】では、病気に対する思い違いが、そもそも警察の対応そのものに起因するとしている。被告は「警察から「病院で診てもらったほうがよい」との助言は受けたものの、被告太郎らの係累には統合失調症に罹った者はおらず、専門家でない被告太郎は統合失調症についての知識をもたなかったから、X（害を加えた者）が統合失調症に罹っていると認識することは極めて困難であった」「警察は害を加えた者の母親には「病院で診てもらったほうがよい」との助言をしたが、自らは、精神保健福祉法24条所定の警察官による都道府県知事への通報をしなかった。このことは、X（害を加えた者）に他人に害を加えるおそれがなかったことを裏づける重要な事情である」と主張している。つまり、専門機関による病気の重篤性を示唆するような説明や対処が無い場合は、精神疾患について専門的知識を持たない被告は、病気の重大性を知り得ず、したがって〈当事者〉性付与の対象にはなりえないと解釈していたことがわかる。

　しかし、前節の分析結果が示すように、判決でも害を加えた者の家族を〈当事者〉性を付与できる存在とみなす上で、事件前の害を加えた者の病気や危険性に対する家族自身の認識がどうであったかは、重要な条件とはなりにくいことが明らかになっている。すなわち、病気に対する思い違いにより、実際に法的な責任を免れるとは限らないのである。たとえば、上記【事例10】では、病気の重篤さに気づいて当然と判断されている。このように、病気についての思い違いゆえに、〈当事者〉性付与を免れる場合もあるが、状況によっては、その思い違いが許容されないこともあることが明らかである。

　とはいえ、ここでは被告が事件発生以前は精神疾患に対して誤解をしていたので、害を加えた者の危険性や病気の重篤性も理解していなかったということから、〈当事者〉性付与の対象とはならないと考えていること、そして専門機関から病気の重篤性を示唆する説明や対処が無かったということが、専門的知識をもたない被告に害を加えた者の病気の危険性や重篤性についての情報が十分伝わっていないということを意味するため、被告は〈当事者〉性の対象にはならないという解釈を示すことが明らかになった。

⑩　害を加えた者の被告に対する暴力の有無

　害を加えた者の被告に対する暴力の有無に関する原告側の分析では、被告に対する暴力や暴言をもって、監督の必要性を十分認識できたはずというようには論理展開していないことが明らかになった。では、被告側は、自らの暴力や暴言についてどのような解釈を示しているのか。

　被告の解釈を検討したところ、害を加えた者から被告に対する暴力・暴言があったことは、被告も被害者であると意味づけられ、〈当事者〉性付与を回避できるという見解がみられた。第三者に対する他害行為は、再度行う可能性が考えられ、そうであれば監督の必要性を十分認識できたはずという論理に基づき、〈当事者〉性付与の対象としてみなすことにつながっていた。

　しかし、被告に対する暴力・暴言の場合は、むしろ〈当事者〉性の付与を免れる目的で、被告側が言及していることが多い。たとえば、被告側の主張が支持された【事例4】では、判決で「被告らは食事のことでA（害を加えた者）から乱暴されたりして、娘らと共に警察や保健所にA（害を加えた者）の処置について相談に行っており」と述べており、【事例7】では、被告側が「本件事件直前も控訴人松夫（害を加えた者）から胸に包丁を突きつけられるなどの暴行を受けていたにもかかわらず、身を挺して控訴人松夫（害を加えた者）が竹夫（被害者）方に行くのを阻止したり」と主張している。さらに【事例8】では被告の主張を支持する判決の中で、「竹夫（害を加えた者）が被告両親に対して怒鳴ったり、小突いたりすることが何度かあったことから、被告が病院の医師と竹夫（害を加えた者）を入院させることを相談した」「家庭内では被告両親への暴力暴言や物への暴力があったものの、包丁等凶器を用いることはなく、暴力の程度も本件事件と比較すれば軽度である」と述べられている。

　このように、害を加えた者の被告に対する暴力や暴言は、精神科病院や保健所といった専門の相談機関につながる契機として言及されていたり、害を加えた者を監督することの身体的および精神的困難さを強調するために言及されていた。被告側による、害を加えた者から暴力や暴言を受けていた事実の強調は、被告もまた被害者であったということを示唆している。このような言及の仕方の背景には、被告側が「被害を受けていた者は、〈当事者〉性付与の対象にはなりにくい」という共通認識があると考えられる。

　また、害を加えた者から被告に対する暴力・暴言が無いことは、すなわち

暴力性を予見できないことを意味するので、〈当事者〉性付与を回避できるという見解もみられた。【事例9】では、暴力や暴言が無かったということについては、とりたてて触れていなかった。【事例5】では、被告が「日常生活においても、家族とはよく談笑したり、家事を手伝ったりしている」と、円満な家族仲をアピールし、それゆえ害を加えた者の暴力性を予見することが困難であったと強調していた。また、【事例10】では、「X（害を加えた者）は、家族らに対し、怒鳴ったり暴力を振るったりすることはなかった」とし、暴力性を予見することが困難であったことを主張していた。このように、被告に対する暴力や暴言が無いことは、暴力性の予見が困難であったことの理由の一つとして触れられることになる。

ただし、このような認識が必ずしも判決に影響を与えるわけではなく、被告に対して暴力や暴言があった7事例の中でも、3事例において損害賠償義務が認められている。

まとめると、害を加えた者の家族は、害を加えた者から自らに対して暴力や暴言があったことは、家族も被害者であるゆえ、家族には責任は無いと認識する傾向にあること、そして害を加えた者から自らへの暴力や暴言が無ければ、害を加えた者の暴力性を予見できないことであるので、家族には責任は無いと解釈することが明らかになった。

⑪　害を加えた者の性格

原告側は、乱暴であったり衝動的という性格であるからといって、必ずしも他害行為を行うわけではないという一般的な認識に基づき、害を加えた者の性格を家族に〈当事者〉性を付与する重要な事情とは認識していなかった。

他方で、被告側は害を加えた者の性格を家族は〈当事者〉性を付与されるべき存在ではないと主張する上での条件と認識していた。たとえば【事例3】では「三郎（害を加えた者）は、生来おとなしい性格で、成人後もその性格及び生活が荒廃したことはなく」と述べている。また、【事例5】では「一郎（害を加えた者）は、本来内向的、非社交的な性格であり、……友人もほとんどいなかったのであるから、外出する機会が少なくなったことはとくに不自然ではない」と述べている。また、【事例9】では「被告f（害を加えた者）は、学校では、あまり目立つ生徒ではなかったようであるが、無口で大人しく、真面目との評価を受けており、勤務先の経営者や同僚からも、

……教師や上司、同僚は被告 f についての特段の異常性は感じていなかった」としている。このように、被告は害を加えた者の性格から、異常性や危険性を予見することは困難であるとし、したがって家族は事件について責任を負うべき存在ではないと判断していた。このような論理展開がなされる背景には、原告の場合と同様に、特定の性格と他害行為を結びつけることは困難であるという認識があるということが指摘できよう。

⑫　害を加えた者の就労状況

　原告が、害を加えた者が未就労であったと強調することで、家族に扶養されていた事実を明確にしようとする一方で、被告は、害を加えた者が未就労であったことを認めながらも、就職の努力をしていたことを述べることで、害を加えた者の社会参加あるいは経済的自立の可能性の高さを強調し、監督の必要性が低かったことをアピールする、というパターンがみられた。

　たとえば、**【事例1】**では原告が「凶行当時も通院加療中の身であって就職もなし得ず」と述べているのに対し、被告は「最後の退院については、医師の、就職も十分可能であり、その準備をせよ、との勧めによるもので、被告も就職の努力を払っていた」と述べている。**【事例3】**では、原告が「三郎（害を加えた者）は、退院後三郎（害を加えた者）宅で被告甲野と同居していたが、仕事に従事することもなく日を送り」と言い表しているのに対し、被告は「三郎（害を加えた者）は、再退院後医師の紹介で中庭ブロック工業に勤務し、更に昭和51年5月頃から鎮西陶業に勤務していたが、瓦葺作業中、2階屋根から転落して以来、その仕事に恐怖感を抱くようになったため、昭和52年5月頃同社を退職し、その後福岡市内でビルのガードマンのアルバイトをしながら求職していた」と述べている。**【事例5】**では、原告が「K（害を加えた者）は、高校卒業後、昭和51年4月に財団法人乙山保安協会に就職したが、潰瘍性大腸炎を患い、同55年11月に退職した。以後就職せず、両親と同居し被告太郎に扶養されていた」と主張したのに対し、被告は「就職についても自分の方からいいだし、同年6月29日、本件犯行の前日には、午前6時30分頃起床し、親子三人で食事をとり、7時30分頃家を出て丙会社の入社試験を受けに行った」と述べている。さらに、**【事例6】**では、被告が「夏男（害を加えた者）は、退院してからもエンジニアの仕事を続けて一人で自活することができ」と述べているが、害を加えた者の仕事

上の取引先だった原告側は「夏男（害を加えた者）の自宅に電話をかけても連絡がつかなかったり、打ち合わせをしようとしてもできず、納期も守られないなどの問題があったうえ、平成5年6月頃には突然行方不明となって家族にも行方が分からない状態になったため、A（原告）はその頃夏男（害を加えた者）との取引を打ち切った」と言っている。

このようなパターンがとられる背景には、原告側にみられた認識、つまり「たとえ成人でも経済的自立をしていない未就労の者に対しては、その家族に扶養および監督責任がある」という認識が、被告側にもあることが指摘できよう。このような見方があるからこそ、被告側は害を加えた者が就職の努力をしていたことを主張することで、害を加えた者の社会参加あるいは経済的自立の可能性の高さを強調するのである。

⑬ 事件前の相談状況

被告が害を加えた者について事件前に専門機関に相談していない場合は、原告は家族が監督義務を怠ったと意味づけ、また、害を加えた者が事件前に医療機関を受診したり、被告が専門機関に相談に行ったことがある場合は、害を加えた者の危険性について被告が十分に理解していたことを意味するとし、危険性を知りながら放置したため事件が発生したとして、被告を〈当事者〉性を付与すべき存在としてみなすことが前節の分析により明らかになった。では、被告の場合は事件以前の相談状況についてどのような見解を示すのだろうか。

被告が害を加えた者について事件前に専門機関に相談していた場合は、被告が精神科の医師など専門職者の指示に従い、害を加えた者を入通院させていたことから、〈当事者〉性付与の対象とはならないと解釈していた。つまり、医師の指示に従い入院・通院をさせるということが、監督していたことを意味するため、〈当事者〉性付与の対象とはならないという見解である。たとえば【事例1】では、被告は害を加えた者を精神科に複数回入院および通院させたこと、事件発生の20日ほど前の医師の診療では何の指示もなされず、安心していたこと等を主張した。

また、入院や通院に至らない場合でも、精神科や保健所あるいは警察などの専門機関に相談していたことで、〈当事者〉性付与を免れうるという考えを示した事例もある。すなわち、事件前に専門機関に相談していたことが、

害を加えた者を監督していたことを意味するので、〈当事者〉性付与の対象にはならないという判断である。たとえば【事例4】では、被告は害を加えた者が食事のことで害を加えた者から乱暴されたりして、事件発生前に娘らとともに警察や保健所に害を加えた者の処置について相談に行ったことを強調している。また【事例7】でも、被告側が、事件が発生した地域は都市部と比べて入院措置がとられにくいにもかかわらず、被告が一貫して医師に協力し、その指示に従い、害を加えた者に入通院治療を受けさせていただけでなく、事件の数か月前から直前までの間、再三にわたって医師に害を加えた者の病状を訴え、入院を要請してきたことを強調している。

このように、被告側は害を加えた者について専門機関に相談したり、あるいは医師の指示に従って入通院させていたということをもって、害を加えた者の行為について家族に責任は無いと立論する一方で、原告側は専門機関に相談したり入通院させていたということは、すなわち危険性を理解していたということであり、にもかかわらず監督を怠ったとして、家族にも責任があると主張することが明らかになった。

⑭ 事件の影響および事件後の出来事

原告側は、精神的、経済的損失については誰かが責任をとらなければならないという見方に基づき、害を加えた者の家族を〈当事者〉性を付与すべき存在とみなす傾向がみられた。被告側もまた、原告側のような精神的損失の主張とは別のかたちで、事件の影響や事件後の出来事について言及している。

被告側が言及する事件の影響や事件後の出来事は、被告側がとった被害者や被害者遺族が被った精神的損失に対する対応である。具体的には金銭の受け渡しがある。たとえば【事例3】では被告は葬儀代および見舞金として130万円を支払った事実を、【事例7】では弁償金105万円を支払った事実を述べている。また、【事例10】では被告は200万円を支払ったとしている（原告側は否定）。このような葬儀代や見舞金を通して、被告側は被害者や被害者遺族に対する「誠意」を示したことを表現しようとする。しかし、このような金銭の受け渡しについてはどの事例でも積極的に言及しておらず、金銭の受け渡しをしたから「家族に責任は無い」とする立論はなされていなかった。

それは、民事訴訟で求められている「責任」が、原告と被告との相互行為

により決定づけられる「責任」であり、被告だけが考える「責任」ではないからといえる。家族は、家族が考える「責任」に基づき、事件直後に被害者やその遺族に葬儀代や見舞金を支払う。しかし、訴訟において「家族に責任は無い」と主張する際の「責任」は、相互行為により決定づけられる「責任」なのであり、家族が考える「責任」と同じではない。ゆえに、金銭の受け渡しをしたことをもって「責任は無い」とする主張は意味を成さないことになる。

　このような見舞金や葬儀代について以外にも、被告側が事件後の出来事について言及している場合がある。具体的には【事例10】では、害を加えた者の母親が、事件を苦に自殺していることにふれている。しかし、ここでもまた被告側は〈当事者〉性付与を退ける要因として訴訟の中で積極的に言及してはいない。これは、言及されている事柄が事件後のことであるからと考えられる。つまり、被告が事件後に過酷な状況に置かれていたことについては、事件後のことは〈当事者〉性付与とは無関係であると被告自身が解釈し、〈当事者〉性付与の是非を左右する要因にはならないと判断したと指摘できる。

　総じて、原告側が事件後の精神的損失を「家族にも責任がある」とする上での事情と認識していたのに対し、被告側は自らに生じた事件後のことについては「家族には責任は無い」と主張する上で重要な条件として認識しない傾向にあるということが明らかになった。

5．まとめに代えて

(1)　責任判断のための諸条件

　1965年から2002年までに起きた10件の事件に関する裁判事例の分析を通して、家族を「責任がある存在」あるいは「責任が無い存在」と判断する際に用いる諸事情を検討した。その結果、①事件内容、②害を加えた者の年齢、③害を加えた者と被告との関係、④被告の年齢、⑤被告の健康状況や生活状況、⑥住まいの状況、⑦精神保健福祉法（旧法を含む）の保護者選任状況、⑧事件前の他害行為の有無、⑨事件前の病気や危険性に対する認識、⑩害を加えた者の被告に対する暴力の有無、⑪害を加えた者の性格、⑫害を加えた者の就労状況、⑬事件前の相談状況、⑭事件の影響および事件後の出来

事という14の事情が見出された。
　次に、これらの事情に対する害を加えた側と被害者側それぞれの認識について検討し、それらが〈当事者〉性付与の是非を判断する上で、どのような使われ方をするのかを分析したところ、同一の事情に対し、被害者側と害を加えた側では異なる解釈をする傾向にあることが明らかになった。具体的には、事件内容については、被害者側は心神喪失者あるいは心神耗弱者による他害行為により被害者が死亡した場合は、精神的損失が大きいにもかかわらず、害を加えた者本人に責任を課すことができないので、その家族は責任をとるべき、つまり家族は〈当事者〉性を付与されるべき存在であると認識する傾向が強いことが推察された。一方、害を加えた者の家族は、被害者が受けた被害内容や、被害者の年齢、被害者と害を加えた者との関係を、自らを〈当事者〉性付与の対象外と判断する上での重要な事情としてみなしていないということが明らかになった。また、害を加えた者の家族は、刑事裁判の結果を〈当事者〉性の付与を回避する条件として考える場合もあるが、そうでない場合もあるということが示された。
　害を加えた者の年齢については、被害者側は、害を加えた者を未成年と同一視し、その扶養および監督の必要性から、害を加えた者の家族を〈当事者〉性付与の対象としてみなしていた。しかし、害を加えた者の年齢が上がると、害を加えた者の家族の年齢も高齢の場合が多いため、被害者側は害を加えた者の年齢を理由にその家族に〈当事者〉性を付与しようとすることが難しくなっていた。害を加えた者の年齢がある程度高い場合は、害を加えた側が〈当事者〉性の付与を退ける手段として、害を加えた者本人の年齢を利用する傾向がみられた。
　害を加えた者と被告の関係については、被害者側は害を加えた者の親および配偶者をとくに〈当事者〉性付与の対象としてみなす傾向にあり、兄弟姉妹は、両親や配偶者が死亡するなどの状況によっては、〈当事者〉性付与の対象としてみなす可能性が高いということが推察された。一方、害を加えた側が、害を加えた者との関係性を理由に、損害賠償責任を負わなくてもよい存在として自らをみなしていた事例は無かった。害を加えた側は害を加えた者の父親であるから、母親であるから、あるいは配偶者であるからという理由で、〈当事者〉性を免れることはできないと認識する傾向にあることが推察された。

害を加えた者の家族の年齢については、被害者側の立場からは、年齢は〈当事者〉性の付与を左右する要素として認識されにくい一方で、害を加えた側は自らの年齢の高さを、〈当事者〉性付与の対象となることを拒絶する手立てとして用いる場合もあるということが明らかになった。

　被告の健康状況や生活状況については、次のようなことが明らかになった。すなわち、事件前から事件発生時にかけて、害を加えた者の家族の健康状態や身体状況あるいは経済状況が芳しくない場合は、害を加えた者の家族自身や時には被害者側も、害を加えた者の家族は〈当事者〉性を付与されない存在であると認識する傾向があるということである。

　住まいの状況については、被害者側は、害を加えた者と同居していれば「害を加えた者の異変にも気づくはず」「問題に対処する時間が十分にあるはず」という認識により、害を加えた者の家族を〈当事者〉性を付与されるべき存在としてみなす傾向にあった。一方害を加えた者の家族も、同居していれば「害を加えた者の異変に気づくはず」「問題に対処する時間が十分にあるはず」という被害者側の認識を、社会一般の共通認識として受け入れていたのではないかと思われる事例があった。

　精神保健福祉法（旧法を含む）の保護者選任状況については、被害者側は、害を加えた者の家族が精神保健福祉法上の「保護者」に選任されていることを、家族に〈当事者〉性を付与する積極的事情として解釈していた。しかし、家族が「保護者」に選任されていなかったとしても、民法714条により家族を〈当事者〉性付与の対象としてみなすことにかわりはなかった。そして害を加えた者の家族もまた、精神保健福祉法上の保護者に選任されていることは、〈当事者〉性付与の対象としてみなされる明確な要因になりうると認識していることが明らかになった。

　事件前の他害行為の有無については、事件に近い時期に第三者に対する他害行為があった場合、被害者側は、他害行為を予見できるはずという見解に基づき、害を加えた者の家族を〈当事者〉性を付与すべき存在としてみなしていた。このような論理展開の背景には、一度他害行為をした者は、再び同様の行為を行う可能性があるという認識に基づいていることが指摘できる。一方、害を加えた側は、過去に他害行為が無かった場合は、事件を予見できなかったので、家族は〈当事者〉性付与の対象にはならないとし、過去に他害行為があった場合は、家族は事件を予見し監督義務を果たしていた、ある

いは家族は他害行為の再発は予見できなかったとして、やはり家族は〈当事者〉性付与の対象にはならないという認識を示すということが示唆された。この場合のそれぞれの論理展開の背景にある考え方は異なっており、「過去に他害行為を行った者は再び同じ行為を繰り返す可能性がある」という考え方と、「過去に他害行為を行ったとしても、再び同じ行為を繰り返すとは限らない」という考え方があることを指摘した。

事件前の本人の病気や危険性に対する捉え方については、害を加えた者の家族を〈当事者〉性を付与できる存在として判断する上で、事件前の本人の病気や危険性に対する家族自身の見解がどうであったかは、被害者にとって重要な条件とはなりにくいということが明らかになった。一方、害を加えた者の家族は、本件発生以前は精神疾患に対して思い違いをしていたので、害を加えた者の危険性や病気の重篤性も理解していなかったということから、〈当事者〉性付与の対象とはならないと認識していること、そして専門機関から病気の重篤性を示す説明や対処が無かったということが、専門的知識を持たない害を加えた者の家族に、害を加えた者の病気の危険性や重篤性についての情報が十分伝わっていないということを意味し、したがって害を加えた者の家族は〈当事者〉性の対象にはならないという解釈を示すことが明らかになった。

害を加えた者から家族に対する暴力の有無については、被害者側は、害を加えた者の家族に対する暴力や暴言をもって、監督の必要性を十分認識できたはずというように論理展開していないことが明らかになった。他方、害を加えた者の家族は、害を加えた者から自らに対して暴力や暴言があったことは、家族も被害者であるゆえ、家族には責任はないと認識すること、そして害を加えた者から自らへの暴力や暴言がなければ、害を加えた者の暴力性を予見できないことであるので、家族には責任は無いと解釈することが明らかになった。

害を加えた者の性格については、被害者側は、乱暴であったり衝動的という性格であるからといって、必ずしも他害行為を行うわけではないという一般的な認識に基づき、害を加えた者の性格を家族に〈当事者〉性を付与する重要な条件とはみなしていなかった。他方、害を加えた者の家族は害を加えた者の性格から、異常性や危険性を予見することは困難であるとし、したがって家族は事件について責任を負うべき存在ではないと判断していた。この

ような論理展開がなされる背景には、被害者側の場合と同様に、特定の性格と他害行為を結びつけることは困難であるという見方があるということが指摘できる。

　害を加えた者の就労状況については、被害者側が、害を加えた者が未就労であったと強調することで、家族に扶養されていた事実を明確にしようとする一方で、害を加えた側は、害を加えた者が未就労であったことを認めながらも、就職の努力をしていたことを述べることで、害を加えた者の社会参加あるいは経済的自立の可能性の高さを強調し、監督の必要性が低かったことをアピールする、というパターンがあった。このようなパターンがとられる背景には、被害者側の考え方、つまり「たとえ成人でも経済的自立をしていない未就労の者に対しては、その家族に扶養および監督責任がある」という認識が、害を加えた側にもあることが指摘できる。

　事件前の相談状況については、害を加えた側は害を加えた者について専門機関に相談したり、あるいは医師の指示に従って入通院させていたということをもって、害を加えた者の行為について家族に責任は無いと主張する一方で、被害者側は専門機関に相談したり入通院させていたということは、すなわち危険性を理解していたということであり、にもかかわらず監督を怠ったとして、家族にも責任があると判断することが明らかになった。

　事件の影響および事件後の出来事については、被害者側が事件後の精神的損失を「家族にも責任がある」とする上での事情と考えていたのに対し、害を加えた側は自らに生じた事件後のことについては「家族には責任は無い」と立論する上で重要な事情としてみなしていないということが明らかになった。

(2) フィルターとしての諸条件

　家族の損害賠償責任をめぐる民事訴訟の中では、害を加えた者の家族が監督義務者としての立場あるいは続柄にあったか、実際に監督可能であったか、監督が具体的に必要であったか、また監督の必要性を認識できたかといったことが争点となる。本研究で検討した14の事情あるいは条件は、これらの争点について、原告被告双方が、自らの立場を主張するために用いるフィルターである。

　本研究を振り返ると、これらのフィルターは、「害を加えた者の家族が高

齢であること」や「害を加えた者が未就労であること」といった条件そのものだけで機能しているのではなく、解釈あるいは意味づけがなされることにより、フィルターとしての機能を発揮していることがわかる。換言すると、これらの条件には、さまざまな規範あるいは共通認識が織り込まれているのである。たとえば事件発生時に害を加えた者の家族が害を加えた者と同居していた【事例5】では、「同じ甲野荘内に同居しており、生活を共にしていたのであるから、当然K（害を加えた者）が精神病にかかり、前記㈡のような症状を呈していることに気づいていたか、あるいは気づくべきであった」と原告側が主張している。つまり、主張された言葉に「同居している家族は、他の家族の異変に気づくべきである」といった規範が内在しているからこそ、原告のこのような主張に意味があったのである。同様に、事件発生以前から医師の指示に従っていた【事例1】で、害を加えた者の家族が害を加えた者を精神科に複数回入院および通院させたことを主張している。この主張が意味をもつのは、主張された言葉に「医師の指示には従うべきである」といった規範が含まれているからである。また、害を加えた者の未就労状況についての言及が意味をもつのも、「成人は働くべきである」という規範があるからである。その他の主張、たとえば【事例7】における害を加えた者の家族が高齢であることの主張が意味をもつのは、「高齢者や障害者にとって監督は負担が大きすぎる」という共通認識があるからであり、【事例1】や【事例3】において過去の第三者への他害行為があったということを主張することに意味があるのは、「他害行為は繰り返される」といった共通認識があるからである。事例の中で、第三者への他害行為に比べて、家庭内の暴力や暴言が軽視される傾向にあったことも、共通認識の反映といえよう。したがって、「家族にも責任がある」あるいは「家族に責任は無い」と認識させる条件は、これらの規範や共通認識の上に成り立っていることがわかる。

確かに、たとえば「医師の指示に従っていた」という発言のみをもってすれば、単なる事実の表現に過ぎないだろう。しかしその発言が、「規範の主張」として原告被告にも解釈されていると理解できるのは、これらの主張がなされているのが、裁判という場であり、規範に沿った行動であったかどうかにより、「損害賠償金の支払い」という、いわば制裁がもたらされるということを、原告被告双方が知っているからである。規範、規範命題（規範が言語的に表現されたもの）という言語的表現、規範をガイドとして従う行動、

そして違反への制裁行動という3つのものによって示されるといわれているのである[1]。

(3) 常識的推論

とはいえ、どのフィルターをどのように機能させるかは、フィルターにどのような意味を付与するか（どう解釈するか）により異なってくる。意味付与の仕方は規範や共通認識といった常識に沿ったものであって、初めてフィルターとして機能する。小宮は、ある事柄が、法的事実にあたるかどうかを判断する作業には常識的推論が必要であることを指摘した上で、裁判における事実認定と常識的推論の関係を次のように述べている。「一方で、法的概念についての知識に基づいて、その存否を認定するのに必要な常識的推論が動員されているのだが、他方で、そうした常識的推論の使用の仕方こそが、それを法的概念として有意味なものにする、すなわち、それだけでは具体的内実をもたない概念に、有罪／無罪の決定に利用可能な内実を与えている」[2]。小宮のいう「常識的推論」は、規範や共通認識に基づく推論と言い換えることが可能であり、したがって、裁判において〈当事者〉性の付与を左右するフィルターが、規範や共通認識の上に成り立っていることは、必然的といえよう。つまり、行為の理解可能性は規範により与えられているので、仮に、フィルターの使用に関して常識（規範）的推論に基づいていなければ、判決を下す者、判決文を読む者、判決文を聞く者の理解可能性が失われることになる[3]。

すなわち、司法プロセスにおいては、判決を下す者、判決文を読む者、判決文を聞く者の理解可能性が優先され、原告被告それぞれの規範解釈の独自性は、二の次に置かれるということである。たとえば、被告である両親が、害を加えた者Aに対して「医師の指示に従って通院をさせたこと」をもって

---

1) 樫村志郎「法律現象のエスノメソドロジーにむけて」『神戸法学年報』6 (1990) 76-59頁。
2) 小宮友根「「法廷の秩序」研究の意義について」『法社会学』66 (2007) 162-186頁。
3) このことは、陪審員は常識を使って出来事を秩序づけることにより罪の有無を判断するということを明らかにした、Garfinkelらの研究結果からも推測される (Garfinkel, H. The origin of the Term "Ethnomethodology" in Roy Turner (ed.) Ethnomethodology, penguin 1974, p15-18, originally published as Pursue Symposium on Ethnomethodology, 1968. (= 1987、山田・好井・山崎訳『エスノメソドロジー：社会的思考の解体』せりか書房))。

「監督していた」と解釈しても、常識的に（共通認識として）は、害を加えた者Aのような者に対しては「医師の指示に従って通院させる」だけでなく、「服薬管理」「日々の活動管理」「交友関係の確認」が必要と裁判所がみなせば、両親の行為は「危険性を知りつつ放置した」ということになり、監督は不十分と判断される。

また、事例の中にもあったように、医師が害を加えた者の病気や療養方法について説明したにもかかわらず、被告である父親がその説明を理解せず、独自の解釈をしていた場合、常識として「医師の説明は理解できるもの」とされていれば、裁判所は独自の解釈をした父親に非があったとみなすことが多い。実際には、医師が説明し父親がそれを十分理解するまでには、医師の説明の仕方、父親の認知レベルや感情といった個人的要因および、精神障害に対する社会的イメージ、誤解や偏見といった社会的要因など乗り越えなければならない課題が複数あるが、これらについては裁判の中で付加的に参照されることはあっても、〈当事者〉性の付与と引き受けを左右する中核的要因にはなりにくいのである。

このことからは、触法精神障害者家族の法制度上の位置づけが、民事裁判で動員される規範や共通認識の後ろ盾となり正当性をもたらす一方で、逆にこれらの規範や共通認識が、触法精神障害者家族の法制度上の位置づけに正当性をもたらしていることに気づかされる。つまり、医師と保護者との関係についての常識（規範）、家族についての規範、監督するということについての規範が、法制度上の触法精神障害者家族の位置づけを支えているのである。

第1章で論じたように、前近代における共同体は家族とともに〈当事者〉性を付与される立場にいた。しかし、近代市民社会の成立により、共同体に対する連帯責任性は消滅する。代わって地域社会は、社会常識あるいは規範といった枠組みを通して、もっぱら家族に〈当事者〉性を付与し責任を課す立場にまわることになる。

第2章および本章を通して、「どのように〈当事者〉性の付与と引き受けがなされるのか、そしてとくにどのような場合に〈当事者〉性が付与されるのか」という問いについて検討した。その結果、法的ディスコースに基づく〈当事者〉性の付与と引き受けは、それを行う本人の手を離れ、検察官や弁護士といった法専門職者主導の元、特定のカテゴリーをあてはめられ、「事

表 3-1　事例の概要

	事件発生日	判決日	関係法令	事件内容	損害賠償請求者	加害者の年齢	被告との関係	被告の年齢	被告の健康・生活状態	住まいの状況	保護義務者選任	事件前の第三者に対する他害行為の有無
事例1（地裁）	S 45.7	S 47	精神衛生法民法714条	隣人（49）の頭部を石で乱打し、頭蓋骨骨折及び脳挫創等で殺害	被害者の妻	24	父親	記載無	記述無	同居	未	S 42以降、断続的に上役や同僚、医療関係者を殴る
事例2（地裁）	S 54	S 56	精神衛生法国家賠償法	隣人（35）に侮辱されたことに激高し、包丁で刺殺	被害者の妻子	35 結婚歴有			広島市長（妻は婚姻以前に精神障害があり保護義務者になれず。ただし結婚後は寛解し通常の育児やパートを行っていた・母親は72歳の高齢で格別の資産収入なく、加害者他、三男（精神障害あり）と同居のため保護義務者になれず←被害者側の解釈）⇒妻は現時点では寛解、母親は健康なため保護義務を行い得ないわけではないとしてそれぞれ一時的、二次的保護義務者とされた（←裁判所の判断）。		S 50.12母親が選任（保護義務者の効力は退院後も継続するが、配偶者の出現により保護義務者たる地位が高順位になると解釈される。）	無
事例3（高裁）	S 52.7	S 57.3	精神衛生法国家賠償法民法714条	8ヶ月の乳児の顔面及び頭部を滅多切り	被害者の両親	（記載無）結婚歴有	父親	75	S 52.6転倒入院、身体の自由×。収入は軍人恩給のみ。	別居（時折宿泊）	未	3年前友人の首を絞める
事例4（最高裁）	S 53	S 58	精神衛生法民法714条	通行人（年齢記載無し）に、40分にわたり暴行、傷害を負わせた（重傷ではないため救済の対象外）	被害者	37	両親	76 65	父親は全盲母親は日雇労務者（"無学な老女"）→事実上監督不可能	同居	未	無
事例5（高裁）	S 58.6	S 61.9	精神衛生法民法714条	隣人（26）をメッタ刺しで殺害	被害者の両親と妹	25	両親	記載無	記載無	同居	未（精神障害者の診断があって初めて保護義務者の義務が発生）	無
事例6（地裁）	H 8.7	H 10	精神保健福祉法（他害防止監督義務あり）	元勤務先の代表取締役を殺害	被害者の妻子	30代	父親	記載無	倒産、負債を抱え長男宅に身を寄せる	別居（加害者が同居を拒否・同一市内か？）	有（H 6〜）	有（事件発生の3年前、同被害者への殴打）

第3章　裁判事例にみられる〈当事者〉性の付与と引き受けの条件　183

本人の病気や危険性に対する認識 事件前の人の	事件前の家族に対する暴力・暴言の有無	事件当時の本人の性格	加害者本人の就労状況	事件前の相談	事件及び事件後の出来事の影響	責任の有無	請求-賠償金額
・S40.1～3回入退院。 ・事件時も通院中	有（対両親）	精神異常をきたしてから荒っぽくなり、飲酒、浪費などで生活が荒れる	S40.5以前：有 事件時：無	・医師の指示に従い、入院通院させ、看護に専念、就職の努力も払う。 ・医師から異常が認められれば直ちに入院させるよう言われていた。 ・帰ってこなかったので、自殺を心配し、友人や警察に連絡（他害の危険性を考慮してもっと積極的に行動すべきだった）	原告は精神的損害を被った	有（従来の発病の経過に照らし、いったん発病し得たら凶暴なる可能性があることは予見できたはず。また、発病の前兆の不眠を見逃した）	請求890万円 決定890万円
退院後はイライラしていたが、他害の兆候なし	有	生来的に衝動的なところに統合失調症の影響が加わりその傾向が強まっていたが、外来で十分と医師が判断	事件前：1ヶ月前まで有 事件時：無	S 50～54精神衛生教室に参加し保護者として積極的態度を示していた。入院中も積極的に医師の指導を受けていた。	加害者の妻は事件のショックにより統合失調症を再発し入院	予見は困難として、無	請求6,487万円 決定0円
2度入院し、2度目に医師は統合失調症と説明するも、ノイローゼと思い違い	有（暴言のみ）	生来、大人しい	事件前：2ヶ月前まで有 事件時：アルバイト	・S 47以降2回、精神科入院（被告は、分裂病を神経症と思い違い）一服薬監督の必要性について医師から指導 ・S 49異常行動のため医師に往診を依頼	被害者は、被害者の追善をし、葬儀料及び見舞金130万円を支払った。	有（保護義務者は未選任だが、社会通念上同視し得る程度の実質を備えており、事件発生の予見可能性もあったと判断されるため、民法714条により代理監督者に該当する。）	請求3,300万円 決定2,631万円
保健所や警察に相談→危険性感じていた？	有	記載無	S52末まで有 事件時：日雇い	・S 53.5～暴力を受けており、処置について警察や保健所に相談（←出来る限りのことはやったと判断された）	被害者は深夜に幻覚がひどく、情緒不安定なため、家庭生活がなしえなくなった。	無（監督者として機能することは不可能であったこと、それでも出来る範囲の監督はしていたことから、損害賠償責任はないと判断された。事件を予見することも困難だったと判断された）	請求639万円 決定0円
ひきこもるのは、本人の内向的性格と、潰瘍性大腸炎のせいと理解	無	内向的で非社交的、短気、頑固で気分にむらがあり、気が小さく神経質。極端に清潔好き。	S55.11まで有 事件時：無	無	原告が甚大な精神的損害を被った。	無（加害者が幻覚妄想については話しておらず、病state的内向性格や慢性の潰瘍性大腸炎からも精神疾患には気づくことは難しいと判断された。）	請求5,594万円 決定0円
問題はあくまでも被害者と本人との関係性であり、話し合えば解決と理解	有（暴言・敵視）	記載無	事件以前：2年程度前まで有 事件時：無	・H 6.8～10医療保護入院 ・H 7.7～相談無。加害者へのアクセス複数回試みるも難。	原告らの無念は甚だしいものがあり、敬愛する夫ないし父親を奪われ相当の精神的衝撃を受けた。	有	請求1億円 決定1億円

	事件発生日	判決日	関係法令	事件内容	損害賠償請求者	加害者の年齢	加害者との関係	被告の年齢	被告の健康・生活状態	住まいの状況	保護者選任（義務）	事件前の第三者に対する他害行為の有無
事例7（高裁）	H11	H15	精神保健福祉法（他害防止監督義務なし）	隣人の男性(68)とその母親を切りつけ失血死させた	被害者の妻子	47	母親	76	老齢年金75000円と、本人の障害年金65000円で生活	同居	未（H5に保護者選任を受けた夫が死亡）	有（事件発生の13年前、隣家の女性の顔面を殴打）
事例8（地裁）	H11	H16	精神保健福祉法（他害防止監督義務なし）	JR山口駅で、無差別大量殺傷（5名殺害、10名重軽傷）	被害者および遺族	35	両親	父66 母63	・母てんかんのため通院 ・年金生活で金銭的余裕なし	同居	未	無（家庭内でのみ暴力暴言有）
事例9（地裁）	H13	H17	精神保健福祉法（他害防止監督義務なし）	小学1年の女児に対し強制わいせつ、殺害し、死体を遺棄	被害者の両親と兄姉妹	23	両親	記載無	父：会社員 母：専業主婦	同居	未	無
事例10（高裁）	H14.3	H18	精神保健福祉法（他害防止監督義務なし）	近隣の29歳女性とその飼い犬、自宅の飼い犬を殺害	被害者の夫と両親	20	父親	記載無	親戚事故死／葬儀	同居（4日間）	未	無（警察官の前で暴れるも、24条通報の必要性は否定されている）

第3章 裁判事例にみられる〈当事者〉性の付与と引き受けの条件

事件前の本人の病気や危険性に対する認識	事件前の家族に対する暴力・暴言の有無	事件当時の本人の性格	加害者本人の就労状況	事件前の相談	事件の出来事及び事件後の影響	責任の有無	請求金額・賠償
危険性理解し、被害者に事前警告	有	記載無	S63.8まで2ヶ月ほど有 事件時：無	通院している精神科の医師に相談	・被告が弁償105万円を支払った。 ・原告は犯罪被害者等給付金支給法により495万円程度を支給された。	無（事件を事前に予見することは困難であり、警察や病院へ通報することは難と判断された。高齢の母親にのみ過重な義務を負担させるべきではない）	請求3,592万円 決定0円
本人は無差別殺人を口にせず他者からの苦情なし（→危険性ないと理解）	有	記載無	事件時：有	H5～対人恐怖症・視線恐怖症で通院 H10～別の病院に通院 H11～上記症状は緩和していたが、両親に対する暴力があり、医師に入院を打診	・原告は精神的・肉体的被害を受けた。 ・原告のうち1名がPTSDになった。 ・原告のうち1名は自賠責保険3000万円を受け取った。	無（事件を事前に予見することは困難であり、金銭援助を断ったのが契機になったかもしれないが、本人の身勝手でしたこと）	請求1億6000万円 決定0円
高校生の頃、未学齢児に対し性的いたずらする程度と理解	無	無口で大人しく、真面目	事件前：9ヶ月前まで有 事件時：無	無	・被告が見舞金30万円を支払い済み。被告が「一生かかっても償います」と発言。 ・原告一家が同県他市に転居。 ・原告らはうつ状態と診断受ける。精神的ショックにより就労困難。	無（事件を事前に予見することは困難）	請求2,490万円 決定0円
・警察の対応から危険性低いと理解 ・統合失調症について知らない	無	どちらかといえば大人しい	H14.1頃まで有 事件時：無	警察から受診を勧められる	・被告らは病院へ連れて行っていれば事件を防げたかもしれないと後悔。 ・被告である母親が事件を苦に自殺。 ・被告らは、葬儀代200万円持参するも原告は受け取らず？	有	請求9,690万円 決定7,334万円

件前の相談状況」や「害を加えた者の就労状況」等、本章で明らかにした条件を用いながら、社会規範や役割規範に沿ったストーリーを双方が展開させることにより行われることが明らかになった。この過程の中で、〈当事者〉性の付与と引き受けを行う本人たちの独自の経験やナラティブは、双方に届くことなく切り捨てられてしまう。

　ただし、法的ディスコースは、〈当事者〉性の付与と引き受けの一形態であり、〈当事者〉性の付与と引き受けのすべてを物語るわけではない。法的ディスコースでは説明しきれない、害を加えた側・被害者側双方の経験やナラティブがあるはずであり、それもまた、〈当事者〉性の付与と引き受けということの本質をかたち作るものであろう。そこで次章では、切り捨てられたナラティブの再提示を試みることにより、〈当事者〉性の引き受けがもつ異なる様相を明らかにしよう。

第3章　裁判事例にみられる〈当事者〉性の付与と引き受けの条件　187

表 3-2 〈当事者〉性付与の対象とみなされる（みなされない）事情

項目	事情	解釈者又は法律上（注）	解釈	〈当事者〉性付与（対象○対象でない×）
事件の内容	被害者が死亡している	被	精神的損失が大きい	○
	刑事責任が認定された	加	害を加えた者本人が責任を取るべき	×
害を加えた者の年齢	低い	被	未成年と同じ	○
	年齢に関係なく独立した生計無い	被		
	成人している	加	監督の限界	×
害を加えた者と被告の関係	親・配偶者	被	監督責任がある	○
	兄弟姉妹	法	監督役割の一翼を担う	△
	親族以外	法	事件とは無関係	×
被告の年齢	高い	加	監督困難	×
	低～高	被	監督可能性に影響無し	○
被告の健康状況・生活状況	身体状況が芳しくない	加／被	監督困難	×
	経済状況が芳しくない	加		
住まいの状況	害を加えた者と同居	被	害を加えた者の異変に気づくはず	○
		被	害を加えた者の異変に対応する時間があるはず	
	害を加えた者と別居	加	害を加えた者の異変に気づき難い	×
保護者選任状況	有	被	法的責任有	○
	無	被	民法714条の監督義務あった	
		加	法的責任無し	
事件前の他害事件	他害事件有	被	再度行う危険性から監督の必要性を認識できたはず	○
	他害事件無	加	他害の可能性を想定できない	×
病気・危険性に対する認識	思い違い	加	危険や重篤度知らず	×
	専門機関による病気の説明が無い	加	専門的知識無くわからない	
被告への暴力・暴言	暴力・暴言有	加	被告も被害者	×
	暴力・暴言無	加	暴力性を想定できない	×
害を加えた者の性格	生来おとなしい、真面目	加	異常性や危険性を結び付けられない	×
害を加えた者の就労状況	未就労	被／加	家族に扶養・監督の義務あり	○
事件前の相談状況	専門機関に相談しなかった	被	監督義務を怠った	○
	医師の指示に従い入通院させていた	加	監督していた	×
		被	危険性を知りつつ放置した	○
	専門機関に相談していた	加	監督していた	×
		被	危険性を知りつつ放置した	○
事件の影響	経済的・精神的損失	被	誰かが責任を取るべき	○

（注）被：被害者側、加：加害者側、法：法律上

第 4 章

触法精神障害者家族の経験を通してみる〈当事者〉性の引き受け

　本章では、第 3 の設問である「〈当事者〉性を引き受けるという行為がどのような経験であり、〈当事者〉性を引き受ける者自身がその経験をどう意味づけているのか」を検討し、〈当事者〉性を付与され引き受ける触法精神障害者家族が、地域社会の中でいかなる現実を生きるようになるのかを明らかにする。

　前章までを通して、「加害者（性）」にカテゴライズされた家族が、実質的には自らの体験を自由に語ることのできない、もっぱら語られる客体として存在していることを明らかにした。このことは、ある物語だけがあたかも必然であるかのように提示されるが、実際には人々が溜飲を下げられるように、特定の規範に沿って選び取られ、組み換えられた結果としての物語であるということを意味している。このような「語り方」がイデオロギーであり、物語はこのようなイデオロギー機能を果たしている[1]。イデオロギーによる物語は、人々が溜飲を下げられない、簡単には納得できないような物語の可能性を隠し、問題の本質や隠れた問題をみつけ難くする。

　しかし、もし「加害者（性）」にカテゴライズされた者が、特定の規範にしたがって切り捨てられるということなく、自らの経験を自由に語る権利を十分に保障されたならば、〈当事者〉性を引き受けるという経験の詳細が明らかになるのではないか。また、〈当事者〉性を引き受けるという経験の多様性を理解することにより、法廷では表現されない「責任」の諸相をみるこ

---

1) 浅野智彦『自己への物語論的接近――家族療法から社会学へ』勁草書房（2001）。

とができるのではないか。

そこで本章では、状況に対する個人の意味づけを重視する「シンボリック相互作用論」を理論基盤に据え、切り捨てられた触法精神障害者家族のナラティブの再提示を試みる。

1. 理論基盤

本章においてシンボリック相互作用論を理論基盤に据える理由は、シンボリック作用論が状況に対する個人の意味づけを重視する理論であり、本章の焦点もまた、〈当事者〉性を引き受ける者自身のその経験に対する意味づけであることから、研究の目的上、シンボリック相互作用論が適当と考えるからである。

シンボリック相互作用論は、構造機能主義に対峙する理論潮流の一つとして1960年代に社会学者H. G. ブルーマー（Blumer, H. G., 1900-1987）の貢献により確立されたが、その理論的背景となっているのはG. H. ミード（Mead, G. H. 1863-1931）の相互行為理論である。シンボリック相互作用論は、次の三つの前提に立脚している。第1に、人間はものごとが自分に対してもつ意味にのっとって、そのものごとに対して行為するということ、第2に、このようなものごとの意味は、個人がその仲間と一緒に参加する社会的相互作用から導き出され、発生するということ、第3に、このような意味は、個人が自分の出会ったものごとに対処する中で、その個人が用いる解釈の過程によって扱われたり、修正されたりするということである[2]。これら三つに共通しているキーワードは「意味」であるが、Blumerによれば、「意味」は客観的に定まっているものではなく、相互行為の過程からその都度生じる社会的形成物であり、常に「解釈」と「定義」の過程を含んでいるという[3]。「解釈」とは、行為者が他者との相互行為において、相手の行為の意味を確定することであり、「定義」とは、行為者が自分の行為の意味を他者に指示し伝達することである[4]。シンボル的相互作用とは、言語やジェスチ

---

2) Blumer, H. Symbolic Interactionism-Perspective and Method, University of California Press. (1998). First published by Prentice-Hall, Inc. (1969) p.2.
3) Blumer・前掲注2) 10頁。

ャーのように双方に共通の意味内容を呼び起こす有意味シンボルを媒介とすることにより成立する相互行為と定義できる[5]。

ゆえに、この理論に立脚した研究では、個々人が行為を構成する際に、状況をいかに解釈しているかを明らかにすることが要請される。換言すると、経験に対する個々人の意味づけを重視した研究分析ということである[6]。本章における研究は、自らが置かれた状況を家族自身がどのように意味づけているかを重視するものであり、したがって、シンボリック相互作用論に立脚することは妥当であると考える[7]。家族本人の意味づけを重視するシンボリック相互作用論は、標準的家族像の想定を許さず、多様な家族像を浮き立たせるだろう[8]。

ただし、シンボリック相互作用論においても、EM 研究と同様に大局的社会構造との関連性が希薄であることが指摘される。社会とは複数の行為者間に進行しつつあるシンボル的相互行為の連結であるとし、「解釈」と「定義」の「過程」を重視する Blumer は、心理学と社会学における規範的アプローチを次のように非難する。つまり、それらは人間にとっての物事の意味を考察することなく、人間行動を人間に作用するいろいろな要因（価値、社会的地位、社会的役割、文化的規範等）の結果産物として扱う傾向にあると

---

4) 解釈には、行為者が自分の自我に対して意味を指示する内的過程も含まれる。
5) 富永健一「社会学理論におけるミクロ社会学の位置」『社会学史研究』20（1998）43-53 頁。
6) Wilson のパラダイムの分類方法に従うと、シンボリック相互作用論もまた、エスノメソドロジー同様、社会的世界における個人の解釈過程を重視する「解釈的パラダイム」に近いだろう（Wilson, T. P. Conception of Interaction and Forms of Sociological Explanation. American Sociological Review, 35 (1970) p.697-710.）。仮に、社会が個人を規定する因子を重視する「規範的パラダイム」を採用した場合、家族自身の状況に対する意味づけを掘り下げることが極めて困難になる。
7) シンボリック相互作用論において研究者は、フィールドにおける1人の「行為者」に他ならない。ゆえに、調査研究という行為も一つの解釈の過程に他ならず、研究者と対象者の相互作用も、シンボリックな相互作用として捉えられる（桑原司「シンボリック相互作用論序説(3)東北大学審査学位論文（博士）の要旨」『鹿児島大学　経済学論集』54（2001）69-86 頁）。このことから、シンボリック相互作用論に立脚した研究行為は、「対象者の解釈過程に対する研究者の解釈過程」ということになる。
8) ただし、誰を触法精神障害者家族としてみなすかという点では、精神保健福祉法や医療観察法、そして民法上の枠組みから、ある程度規定されることも否めない。法制度上「保護者」としての家族が位置づけられており、客観的存在として触法精神障害者家族がカテゴリー化されているといえる。

いう[9]。しかしだからといってシンボリック相互作用論が大局的構造や社会制度を軽視しているということにはならない。シンボリック相互作用論においては、社会システムや社会的役割といった構造的特性は、行為の条件を設定はしてもそれを決定はしないと考える[10]。構造的特性は極めて重要なものであるが、それが重要なのは、それが行為を決定するからではなく、それが解釈と定義の過程に入り込み、そこから連携的な行為が形成されるということにおいてのみ重要であると考える[11]。つまり、人間の行為の「原因」ではなく「条件」を考える上で、構造的特性が重要とみなすのである[12]。

とはいえ、分析の焦点がミクロな相互作用のあり方に偏ってしまい、いかなる条件の元で解釈がなされているのかを見過ごしてしまう可能性も否めない[13]。たとえばある人が医師の訪問診療を受けた場合、その行為を「ありがたいこと」と解釈するか、「当然のこと」と解釈するかは、その地域における医療サービスの量や質、医師の社会的位置づけ、医療制度における訪問診療の位置づけなどにより異なる可能性がある。したがって、人々の相互作用を分析する上では、解釈や認識だけでなく、それらを支える大きな文脈をも理解することが求められる[14]。

2．先行研究の分析

触法精神障害者家族のナラティブといっても、具体的にどのような点を明

---

9) Blumer・前掲注2) 3頁。
10) Blumer・前掲注2) 75頁。
11) Blumer・前掲注2) 75頁。
12) Blummerは、「新しい状況の解釈とは、その状況に選考する条件によってあらかじめ決定されたものではなく、行動が形成される現実の状況の中で何が考慮され評定されるかということによって決定されていく」と述べる（Blumer・前掲注2) 89頁）。
13) この点について野々山は、相互作用論的アプローチを用いた既存の家族社会学研究に対する警鐘を鳴らしている（野々山久也「第12章　相互作用論アプローチ」野々山久也・清水浩昭編『家族社会学研究シリーズ5家族社会学の分析視角――社会学的アプローチの応用と課題』ミネルヴァ書房 (2001)）。
14) Cicourelは、相互作用を分析する際に、イントネーションや強勢の使われ方といったローカル・コンテクストも然ることながら、その外部に存在する制度的コンテクストが非常に重要であると主張している（Cicourel, A. V. (1980) Three Models of Discourse Analysis; The Role of Social Structure, Discourse Processes, 3 (1980) p.101-32.）。

第 4 章　触法精神障害者家族の経験を通してみる〈当事者〉性の引き受け

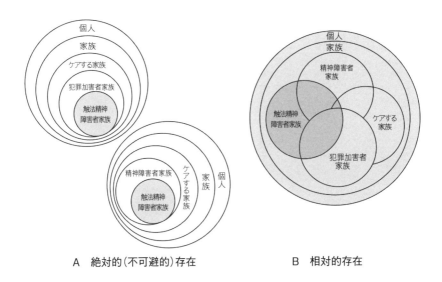

図 4-1　触法精神障害者家族のとらえ方

らかにすればよいのか、焦点を絞り込み研究設問を設定する必要がある。そこで研究設問の絞込みのために、触法精神障害者に関する先行研究を振り返ることにしよう。ただし、制度的な側面からはすでに第 1 章で論じているので、ここでは主に臨床研究に限って論じることにする。

　触法精神障害者家族研究ということで当該研究領域の先行研究のみを振り返れば、個人のもつ多様な側面を見逃す危険性がある。第 2 章における裁判研究を通して、司法プロセスにおいては原告被告を特定のカテゴリーに当てはめることで、ストーリーが固定化されていることが示された。だが、ここでは、家族の多様な側面をすくい上げることに主眼を置く。したがって、触法精神障害者家族は、図 4-1 の A における中心部分に常に位置づいていると考えるのではなく、たとえば B の図の中を揺れ動いており、あるときは 1 人の個人として、またあるときは精神障害者の家族として、さまざまな経験をしていると考える必要がある。このことを踏まえ、先行研究領域の選定は次のように行った。まず触法精神障害者家族を構成する主たる要素を「触法（犯罪加害）」「精神障害」「家族」と考え、「家族」を絶対条件にして 4 通りに組み合わせ（章末表 4-1）、それぞれの組み合わせごとに 1998 年～ 2007

年の主に国内における先行研究を整理することにした。文献の選定には、国立国会図書館蔵書検索システム（NDL-OPAC）を利用した。章末表4-1にある検索キーワードを入力し、家族を対象とした実証的研究に絞り込んだ。ただし、単一の事例研究については除外している。また、触法精神障害者家族研究と犯罪加害者研究については、上記期間内では実証的な先行研究が見出せなかったので、医療系検索サイトなど複数利用し、事例研究も含めて1998年以前まで遡及的に検索した。以下ではそれぞれの研究領域の動向について論じる。

(1) 精神障害者家族研究

欧米において1940年代から着手されてきた精神障害者家族研究の視座は、家族関係を精神疾患の原因と位置づける家族病因論から、家族を生活者あるいはストレスを受ける主体として捉える見方へと移行し、さらには家族ケアが障害者にもたらす結果への着目（家族の感情表出と病状との関連性に関する研究）へと推移してきたと言われている[15]。家族の感情表出に関する研究は、精神障害者の病気の再発防止という観点から重視されるようになり、結果的に家族に対する支援プログラムの基盤形成につながってきた。日本においては1970年代から精神障害者家族研究は本格化しているが、実際、1998年以降の実証的な精神障害者家族研究（約40研究）を概観すると、心理教育アプローチを中心とした援助技術についての研究が目に付く[16]。

その一方で、この頃になると取り上げられる研究テーマおよび方法が多様化してくる。たとえば、介護負担感や障害受容プロセスに関する質的研究[17]、社会的距離とイメージについての研究[18]、家族のストレス研究[19]、家族のスティグマ認知と患者の自己コントロール感の関連性についての研究[20]などがある。これらの研究は、結果的に、家族に対する支援の重要性を示すことに

---

15) 南山浩二『精神障害者――家族の相互関係とストレス』ミネルヴァ書房（2006）23-35頁。
16) 福井里江・大島巌・長直子ほか「統合失調症に関する家族心理教育プログラムの家族の視点からみたプロセス評価（第1報）心理教育プログラム実施要素の家族による認知尺度（FPPIE）の開発」『精神医学』46(4)（2004）355-363頁。
17) 宮崎澄子・岩崎弥生・石川かおりほか「精神障害者を家族にもつ男性家族員のケアの内容及びケア提供に伴う情緒的体験と対処」『千葉大学看護学部紀要』23,（2001）7-14頁。六鹿いずみ「統合失調症の家族の受容過程」『臨床教育心理学研究』129(1),（2003）21-29頁。

貢献したということができよう。たとえば山本らは、家族のスティグマ認知が高いと、患者の自己コントロール感が低下することから、家族のスティグマ認知が改善するような心理社会的支援が重要であると指摘する[21]。

しかし、地域の支援システムを選択するか否かには、家族の価値観も決定要因として関与することも示唆されており[22]、干渉されたくないという意識が家族に強い場合、資源を増やしたところで、介護負担感を軽減できない可能性が高いと考えられる。したがって、とくに医療観察法のように、法律上、家族が他者からの支援を拒めない可能性が高い場合に、家族が他者と相互作用する中で、状況や自らの役割や受けているサービスをどのように意味づけ、それをどのように変化させていくかは、適切な家族支援の方法や方向性を考える上でも理解する必要がある。

以上をまとめると次のようになる。これまでの精神障害者家族研究は、病気の再発防止や、患者の自己コントロール感の向上など、精神障害のある人への影響を軸に研究が進められることが多かった。これらの研究は、障害のある本人の病状安定や治療に貢献してきたと同時に、家族に対する支援の重要性を示してきた。

一方、従来の精神障害者家族研究は、対象者の主観的意味づけに重きを置くアプローチよりもむしろ、標準化された調査票による数量データ分析が行われることが多く、そのため研究上は「精神障害者の家族」として一括りにして捉えがちであり、一個人または一家族として捉えられることが少なかった[23]。このような傾向は、従来の家族機能の考え方とも関係していると思われる。厚生労働白書は「家族は、その構成員の精神的な安らぎの場としての情緒的な役割を担いながら各人の生活を保持するために生産や労働に従事し、子どもを育て、互いに助け合う。そして、次世代を担う人間が育まれ、社会

---

18) 鋤田みすず・辻丸秀策・大西良「患者家族と一般家族の統合失調症に対する社会的距離イメージ──多面的調査からの比較」『久留米大学文学部紀要　社会福祉学科編』5, (2005) 57-67頁。
19) 南山・前掲注15)。
20) 山本貢司・佐々木淳・石垣琢磨ほか「統合失調症患者とその家族におけるスティグマ認知」『精神医学』48(10) (2006) 1071-1076頁。
21) 山本ほか・前掲注20)。
22) 大島巌・伊藤順一郎・柳橋雅彦ほか「精神分裂病者を支える家族の生活機能とＥＥ (Expressed Emotion) の関連」『精神神経学雑誌』96(7) (1994) 493-512頁。

が存続していくことから、家族は社会の基礎的な構成単位であるといえる」としている[24]。このような考え方に対し、家族支援理念の再検討を試みた鶴野は、家族福祉において、家族という場の設定を出発点にするのではなく、個人に戻り、個人の中に家族を設定することを提案している[25]。

(2) 触法精神障害者家族研究

触法精神障害者家族は、刑事政策上の加害者の家族になるとともに、被害者の家族、あるいは被害者そのものになる可能性が高い。これは、精神障害者による暴力や犯罪の被害者の多くが、家族や近親者であることによる[26]。しかし、このような社会的位置づけの変化が家族自身にもたらす影響について、その詳細はまだ明らかにされていない。

医療観察法が成立する以前は、触法精神障害者家族に関する課題は、措置入院との関係で、主に精神医学的・心理学的観点からの事例研究を通して取

---

23) この傾向は、従来の家族機能の考え方とも関係していると思われる。厚生労働白書は「家族は、その構成員の精神的な安らぎの場としての情緒的な役割を担いながら各人の生活を保持するために生産や労働に従事し、子どもを育て、互いに助け合う。そして、次世代を担う人間が育まれ、社会が存続していくことから、家族は社会の基礎的な構成単位であるといえる」としている（厚生労働省『平成13年版 厚生労働白書』ぎょうせい（2001）107頁）。このような考え方に対し、家族支援理念の再検討を試みた鶴野は、家族福祉において、家族という場の設定を出発点にするのではなく、個人に戻り、個人の中に家族を設定することを提案している（鶴野隆浩「家族支援理念の再考――家族福祉論の再構築のために」『社会福祉学』44(1)（2003）3-12頁）。

24) 厚生労働省・前掲注23) 107頁。

25) 鶴野・前掲注23)。精神保健福祉サービスにおいては、病気の治癒ではなく、自らが納得する生き方の実現を目指す「リカバリー」志向の実践へと、パラダイム転換がなされようとしているが、「リカバリー」は、障害をもつ本人だけでなく、その家族も志向し得るべきものとして考えられている。岡田は、リカバリー志向の家族学習会を通して、精神障害者家族が「障害当事者の困りごとではなく、自分自身のことを語ることができるように変化し」、「自分の体験を言葉にして伝えることで、体験してきたことや学んできたことが整理され、あらためて自分にとっても意味ある体験であることを再確認する」と述べている（岡田久美子「日本におけるFamily to Family：家族による家族学習会プログラム」『精神障害とリハビリテーション』14(1)（2010）44-50頁）。これは援助実践での取り組みではあるが、「リカバリー」概念の普及にともない、鶴野が提案するような、一個人の体験や認識を軸とした研究が増えると考えられる。

26) 山上皓『精神分裂病と犯罪』金剛出版（1992）。田玉逸男・中川之子・井口喬ほか「指定病院における殺人を犯した触法精神障害者の治療と処遇に関する研究」『日本社会精神医学雑誌』8(1)（1999）86頁。

り組まれていた。たとえば中原らは、触法行為により措置入院となった患者について、その父親への面接過程と経過を報告している[27]。また、田玉らは、祖母を殺害し措置入院になった患者の家族の精神的後遺症および家族の社会復帰に及ぼす影響について検討している[28]。この他、三浦らが触法精神障害者家族との関係構築について事例検討を行っている[29]。これらの研究では、触法精神障害者家族が過酷な立場に立たされており、家族自身もPTSD等の問題を抱える可能性があることが明らかにされている。ただ、職場の同僚や近隣住民との社会的なかかわりを通して、家族の生活が、事件後どのように変化していくかは明らかにされていない。とりわけ触法精神障害者家族の場合、地域社会からの偏見やスティグマを強く感じとっている可能性が高く、社会との関係性が家族自身にとって重要な意味をもたらすと考えられる。

しかし、家族に焦点をあてたこのような研究はわずかであり、その他の多くは障害者本人の処遇課題あるいは触法精神障害者をめぐる精神保健福祉制度に焦点があてられている[30]。その要因として、「触法精神障害者家族」という存在が、措置入院制度や保安処分という制度的課題の陰に隠れ、家族が抱える臨床的課題がみえにくくなっていたことが考えられる。結果的に、これまでの精神保健福祉制度は、触法精神障害者家族が直面している現実についての理解が不十分なまま、家族にケア提供者あるいは保護者としての役割を課してきたということができよう。

医療観察法成立後は、2007年の段階では施行後まだ間もないこともあり、家族を対象とした実証的研究報告は見かけられない。したがって、家族が医療観察法をどのように認識しており、当該法律にかかわることが家族にとっ

---

27) 中原満里子・教山文子・佐藤友美ほか「触法行為により措置入院となった患者の退院過程」『精神保健』46 (2001) 101頁。
28) 田玉逸男・鳥越由美・高塩理ほか「精神障害者のIntrafamilial homicideにおける家族のPTSDと家族支援に関する研究」『法と精神科臨床』4 (2001) 50-63頁。
29) 三浦智陽・一ノ関猛・阿部琢也ほか「触法精神障がい者家族との関係構築のためのアプローチ」『日本精神科看護学会誌』49(1) (2006) 114-115頁。
30) 白石弘巳「不幸にして触法行為を行ってしまった精神障害者の社会復帰」『病院・地域精神医学』46(2) (2003) 157-159頁。幸村幸男・泉山保広・齊藤亮ほか「触法行為精神障害者の退院支援における一考察」(日本精神科看護学会精神科リハビリテーション看護)『日本精神科看護学会誌』46(2) (2003) 473-476頁。松岡浩「触法精神障害者の処遇に関する法制の検討――二つのPT報告書を中心として」『日本精神科病院協会雑誌』21(2) (2002) 70-74頁。池原毅和「触法精神障害者をめぐる課題」『社会福祉研究』84 (2002) 36-40頁。

てどのような意味をもたらすのかは明らかにしなければならない課題となっている。とくに医療観察法に基づく入院では、従来の精神保健福祉法に基づく入院とは異なり、社会復帰調整官をはじめとする複数の専門職者が入院処遇を受けている者だけでなくその家族にも、集中的にかかわることになる[31]。このような周囲との密接なかかわりが、家族の生活や状況認識に多大な影響をもたらす可能性がある。

　以上は次のようにまとめることができる。触法精神障害者家族研究は事例分析に偏っており、これらの事例分析は触法精神障害者家族が置かれた困難な状況を示唆するようなものであった。しかし、実証的な研究成果の蓄積はまだ十分とは言い難く、とくに地域社会とのかかわりの中で家族がどのような体験をしているのか、そして医療観察法をどのように認識しているのかは明らかになっていない。

　諸外国における触法精神障害者家族研究も極めて少ない。本研究に類似した研究として、Nordströmらによる研究がある[32]。これはスウェーデンにおいて暴力犯罪を犯した統合失調症患者の両親の経験を明らかにしようとしたものであり、貴重な知見を提示している。たとえばNordströmらの研究では、子が司法精神科病棟に入院すると、両親はそれまで抱えていた責任感をようやく精神科病棟に移すことができるようになり、同時に子の将来に期待をもつようになることが明らかになっている。つまり、司法精神科病棟への入院は、両親に多大なる安堵と希望をもたらしていたのである。また、すべての親が入院を通して子の回復や成長に対する明確な期待をもつものの、退職年齢に達している親たちの場合は、自分たちの援助がなくなったら子どもはどうなるのかと深く憂慮するという。さらに、両親が孤立状態に置かれることも明らかになっている。たとえば家族の中に精神疾患のある者がいても、暴力犯罪は誰にとっても対処するには困難過ぎる問題だからと、家族は他の親族に支援を求めることをはばかったり、グループ活動やその中での暴力行為についての話題を避ける傾向があることを指摘する。

---

31)　社会復帰調整官は、保護観察所に所属する精神保健福祉士などで、対象者の生活環境の調整や関係機関連携確保などを行う（医療観察法第19条および第20条参照）。
32)　Nordström, A., Kullgren, G., and Dahlgren, L. Schizophrenia and violent crime: The experience of parents. Int. J Law Psychatry, 29 (2006) p.57-67.

(3) 犯罪加害者家族研究

これまでの犯罪加害者家族研究は、大きく分けると「原因としての家族」、「犯罪抑止要因としての家族」、「被害者としての家族」の三つの位置づけから論じられている。まず「原因としての家族」とは、貧困や家庭内の情緒的交流の乏しさなど主として生育家庭における要因を犯罪と結びつける視座である。この視座からの研究は、検討対象として未成年による犯罪を取り上げることが多い。たとえば岡邊らは、粗暴的非行と家庭環境の関係を統計データを用いて分析している[33]。

次に「犯罪抑止要因としての家族」とは、つまり犯罪者に対する家族からの援助や家族との交流が、犯罪者の更生にとって重要であり、再犯防止の機能をはたしているという視座である。小柳は、拘置所の受刑者150名に対し調査票を用いた個別面接を行っている[34]。そして、家族関係の調整と、就職の機会が犯罪抑止に極めて重要と結論づけている。一方、同様の観点で家族を対象にした調査も行われている。佐藤は、保護観察所記載の調査票と家族自身への面接調査を元に、矯正施設への収容が家族に与える影響等について調べている[35]。この研究では、罪を犯した者の収容が、残された家族に心理社会的に対応困難な変化をもたらすことが明らかにされている。犯罪加害者家族の研究は、実証的研究が少ない領域であることを考慮すると、定量的に分析処理されたこれらの研究は、数少ない貴重な調査であるといえよう。

「被害者としての家族」については、実証研究ではないが、家族社会学者の望月嵩による論考がある。望月は、日本社会において世間の非難が犯罪者だけに向けられずその家族にも及ぶ理由を、家制度と、家族の紐帯の観点から検討している[36]。このような、家族を被害者として捉える視点が社会の中に欠落している状況を憂慮し、望月は、原因としての家族と更生の場としての家族の二分状況を克服するためには、家族への援助システムの確立が必要

---

33) 岡邊健・小林寿一「近年の粗暴的非行の再検討——「いきなり型」・「普通の子」をどうみるか（II自由論文）」『犯罪社会学研究』30（2005）102-118頁。
34) 小柳武「犯罪抑止要因としての家族（〈特集〉犯罪者とその家族）」『犯罪社会学研究』14（1989）23-41頁。
35) 佐藤典子「受刑者の受入環境の実態と問題点（〈特集〉犯罪者とその家族）」『犯罪社会学研究』14,（1989）4-22頁。
36) 望月嵩「犯罪・非行と家族の紐帯」『犯罪社会学研究』10（1985）4-15頁。

であり、そのためには「被害者としての家族」の視点をもつことが重要であると主張する[37]。

以上のように先行研究を振り返ると、とくに成人による犯罪では、犯罪者本人に焦点をあてたものと比べると、その家族に焦点をあてたものが顕著に少なく、希少な研究のほとんどは客観的視座から定量的研究手法を用いていることがわかる。犯罪加害者家族に関する研究が少ない理由として、関係機関が個人情報保護を理由に、家族への接近を極めて困難にしていること、そして犯罪加害者家族自身もまた胸を張って名乗り出ることに抵抗を感じやすいということが考えられる。このことは、「表に出てはいけない人」「出るべきではない人」という社会における犯罪加害者家族の位置づけを示唆している。その一方で、家族に接近できる立場の者が家族の実態を明らかにしてこなかったことは、罪を犯した者の社会復帰を包括的にみる視点が不足していたということ、そしてそれ以上に、罪を犯した者やそれを取り巻く人々の社会復帰の重要性が看過されてきたことの表れではないだろうか。そのため、日本においては、犯罪加害者家族についての知見が全体的に不足しているだけでなく、一般論として回収しきれない家族の主観的な「生きづらさ」が明らかにされていない。

他方、欧米の研究では、触法精神障害者家族や犯罪加害者家族が経験する苦悩が、より詳細に浮き彫りにされており、とくに配偶者や子どもに対する影響が深刻視されている[38]。たとえば、受刑者の配偶者たちにとって、受刑は主たる稼ぎ手の喪失を意味するため、経済的困窮に陥りやすくなる。それだけでなく、仕事や将来計画、子育て、社会活動、親戚との関係、友人や近隣との関係など、受刑は配偶者の生活のあらゆる側面に悪影響を及ぼす[39]。そして、受刑者の子どもたちは抑うつ症状や攻撃的な行動、多動傾向、ひきこもり等、心理的な問題を抱えることが多いことが明らかにされている[40]。さらに、Noble の研究では、たとえば受刑者の両親など、配偶者や子ども以外の家族メンバーもまた、実際的かつ心理的な困難を抱えることが明らかに

---

37) 望月嵩「犯罪者とその家族へのアプローチ(〈特集〉犯罪者とその家族)」『犯罪社会学研究』14(1989)57-69頁。
38) Ferraro, K., Johnson, J., Jorgensen, S. and Bolton, F. G. Problems of prisoners' families: The hidden costs of imprisonment, Journal of Family Issues, 4 (1983) p.575-91.

なっている[41]。英国で殺人や強姦、暴力犯罪等の他害行為を犯した者の母親や妻、パートナー計32名を対象にCondryが行った、インタビュー調査は、極めて詳細であり貴重な知見を提示している[42]。Condryの研究からは、対象者らが同じ文化を共有していることが明らかになっている。この文化とは、たとえば自らが置かれた状況に対する理解の仕方や定義づけの方法、互いに助け合う方法、類似の立場にある家族とのネットワーク等である。このような文化は、固定しているものもあれば、時とともに変化する要素もある。さらにCondryの研究では、犯罪や刑事司法が、多くの女性たちにさまざまな影響をもたらすことを照らし出している。

(4) 家族社会学研究（家族介護を中心に）

家族社会学研究は、ジェンダー研究や、家族政策研究、歴史研究など多岐にわたっているが、ここでは触法精神障害者家族の経験と関係の深い家族介護（家族ケア）に関する研究の動向について焦点をあてることにする。1998年以降から現在までの家族ケアに関する研究（約65研究）[43]の7割近くは高齢者介護がテーマとなっている。尺度を用いて高齢者介護に関する変数間の関連を調べる研究がある一方で[44]、介護者である家族の語りに耳を傾ける研

---

39) Morris, P. Prisoners and their Families. Working: Unwin Brothers (1965)。Morrisの調査は、イギリスで行われたものであるが、その後の英国、米国、アイルランド、オーストラリアの調査でも受刑者の家族は類似の課題を抱えることが明らかになっている（Murray, J. Chapter 17. The effects of imprisonment on families and children of prisoners, Liebling, A. (ed.) Cambridge Criminal Justice Series: The Effects of Imprisonment. Willan Publishing. (2005)）。

40) Boswell, G. and Wedge, P. Imprisoned Fathers and their Children. Jessica Kingsley (2002). Centre for Social and Educational Research.Parents, Children and Prison: Effects of Parental Imprisonment on Children. Dublin Institute of Technology. Centre for Social and Educational Research (2002).

41) Noble, C. Prisoners' Families: The Everyday Reality. Ipswich: Ormiston chidren and Families Trust (1995).

42) Condry, R. Families Shamed; The consequences of crime for relatives of serious offenders. UK, Willan Publishing (2007)。受刑者の家族に関しては、諸外国では数多くの書籍が存在しているが、Condryの研究のように、凶悪犯の家族や親族（パートナーを含む）に特化したり、参与観察者として彼らの経験を考察するような研究はほとんど見られない。

43) 枠組み上は家族社会学としているが、家族ケアに関する研究に限定した場合、看護学からの研究が多くある。それらの中には社会学的・福祉学的視点が強い研究も多く含まれているため、検討対象から除外していない。

究も多くみられる。天田は痴呆性高齢者の家族介護者を対象にインタビューを行い、相互作用論の観点から、介護者の価値変容過程を検討している[45]。

また、障害者の家族介護に関する研究としては、たとえば中根が参与観察に基づく質的データを分析し、障害児の父親がケアや、成人期を迎えた子どもについて、どのような意味づけや不安をもっているのかを考察している[46]。これらの研究が示すように、家族介護にかかわる研究では相互作用論や、社会構築主義の視点がしばしば取り入れられるようになってきている。

家族社会学研究において対象者の解釈や認識に重きを置く視座が積極的に取られるようになった背景には、従来の家族研究における中心的枠組みとしての集団論的パラダイムに対して、日本では1980年代後半頃から疑念が呈せられるようになり、個人の主観的経験に焦点化するアプローチへと転換が求められるようになったことがある[47]。こうして家族をある自明の集団として捉えるのではなく、個人が捉える「家族」に着目する実証的研究が登場してくるのである。

ただ、家族社会学における相互作用論的アプローチにおいては、研究の焦点が家族内の役割分析に絞られており、コミュニティなどの家族外との相互作用について等閑視されているとの指摘もある[48]。また、役割実行における制度や規範や文化の影響についての看過についても指摘されている[49]。精神障害（者）に対する社会的スティグマやそれが人々の相互作用に及ぼす影響、

---

44) 山本則子・杉下知子「老人病院通院患者家族の介護支援利用パターンとその要因」『老年社会科学』19(2)(1998)129-39頁。広瀬美千代・岡田進一・白澤政和「家族介護者の介護に対する認知的評価のタイプの特徴——関連要因と対処スタイルからの検討」『老年社会科学』29(1)(2007)3-12頁。

45) 天田城介「在宅痴呆性老人家族介護者の価値変容過程」『老年社会科学』21(1)(1999a)48-61頁。天田城介「痴呆性老人と家族介護者における相互作用過程——「痴呆性老人」と「家族」の視点から解読する家族介護者のケア・ストーリー」『保健医療社会学論集』10(1999b)38-55頁。

46) 中根成寿「障害者家族の父親のケアとジェンダー——障害者家族の父親の語りから」『障害学研究1』明石書店(2005)158-188頁。

47) 土屋葉『障害者家族を生きる』勁草書房(2002)2-9頁。「集団論的パラダイム」とは、戦間期のアメリカに勃興した、白人中流家庭の内的構造を扱い、これを規範的に捉えた研究であり、日本においては近代家族の特徴を家族一般の本質に敷衍していく形で展開された（落合恵美子『近代家族とフェミニズム』勁草書房(1989))。

48) 野々山・前掲注13) 260頁。

そして触法精神障害者家族が医療観察法という制度の〈当事者〉になっているという事実等に鑑みると、触法精神障害者家族の経験を明らかにする上でも、家族とコミュニティの関連性、家族外の相互作用、そして役割実行における制度や規範・文化の影響については、注意を向ける必要があるだろう。

　以上のように、家族ケアにかかわる研究は家族内部での家族役割や家族関係の意味づけに焦点があてられており、これらの研究は家族内におけるアイデンティティ構築の有り様を映し出してきた。家族の捉え直しが生じており、標準的家族を想定することはもはやできないことが理解できる。

(5) 研究設問

　国内における関連領域の研究動向は、次のようにまとめることができる。

① これまでの精神障害者家族研究や犯罪加害者家族研究は、障害をもつ本人あるいは罪を犯した本人を軸とした研究が多い。「家族研究」であっても、家族が本人の生活安定や症状安定のための資源としてみなされており、家族の存在が一義的に捉えられにくい傾向にあった。

② 標準化された調査票を用いた客観的視座から、家族が置かれている状況を理解しようとする研究の結果、家族支援が必要であることが明らかにされた。とくに、既存の触法精神障害者家族研究では、家族が直面する困難状況が示唆されている。

③ しかし、触法精神障害者家族に関連する領域の研究全体を概観すると、いくつかの課題があることがわかる。まず、日本では家族を軸にした、家族の主観的な認識を問う研究が不足しているため、家族の生活変化のプロセスの多様性が十分に表現されていない。

④ さらに、家族一人ひとりは、地域に住む住民であるにもかかわらず、地域住民として家族を理解する視座に欠けている。支援者との交流や地域社会と相互作用する中で、家族自らの役割や支援に対する家族自身の認識がどのように変化していくのかについて理解を深める必要がある。

---

49) 野々山・前掲注13) 260頁。野々山の指摘は必ずしもすべての研究に当てはまるわけではない。たとえば山本・前掲注44) や中根・前掲注46) の研究では、ジェンダー論、介護における規範、施設入所に対する家族の意味づけなどが分析に含まれている。

⑤ そもそも、いずれの研究領域でも、研究成果についての蓄積が依然として不十分であり、家族の置かれている状況や実態について明らかになっていない点が多い。これまでの研究においては、精神障害者家族、犯罪加害者家族、それぞれが個別に研究されることはあっても、二つのカテゴリーを兼ね備えた者として、触法精神障害者家族を捉えることが少なかったため、触法精神障害者家族の実態が的確に捉えられていない可能性が高い。
⑥ 家族研究の動向からは、触法精神障害者家族の経験を明らかにする上で注意しなければならない点もみえてきた。具体的には、標準的家族像を想定することは困難であることを理解する必要がある。
⑦ そして役割実行における制度や規範・文化と家族との相互作用にも注目しなければならない。

以上のことを踏まえると、触法精神障害者家族が〈当事者〉性を引き受けるプロセスを明らかにする研究を進める上で、次の(a)～(c)を研究設問として提示することができる。
(a) 触法精神障害者家族は、自分自身に対する社会の眼差しをどのように認識・経験しているのか……④⑦より
(b) 事件が起こり、精神障害をもつ者が医療観察法の対象となることが、その家族の役割認識にどのような影響を及ぼしているのか……①④⑦より
(c) 事件により、触法精神障害者家族の生活はどのように変化したか
　　……①②③より
そして⑤や⑥に鑑みると、これらの課題を明らかにするにあたり、状況に対する家族自身の意味づけを重視することの意義が明らかである。社会の眼差し、役割、生活の変化それぞれに対する家族自身の認識の有り様が、触法精神障害者家族を理解する上での鍵となる。

3．方法

(1) 研究対象と調査方法
　本研究では対象者選定にあたり次のAとBの方法を採用した。
方法A：医療観察法の指定入院医療機関であるA病院に入院中の患者（調査期間中の延べ入院患者数57名）の家族（20歳以上）のうち、研究の趣旨を

説明し、参加への同意を表明した13事例に対し病棟職員1名同席のもと1ケースずつ病棟で話を聞いた。なお、家族の選定や働きかけにあたっては、病棟のソーシャルワーカーからの協力を得ている。

方法B：入院処遇を終了し、すでに関東地域で通院処遇を受けている者の家族（20歳以上）4事例に対し、自宅や保護観察所等で話を聞いた。Bでは社会復帰調整官が対象家族の選定をしており、必要に応じて調査に同席した。

本研究では入院あるいは通院中の本人と家族との関係性による相違を重視していることから、属性による調査対象者の限定は行っていない（章末**表4-2**）。インタビューは2007年から2008年にかけて実施した。1事例につき30～90分程度の時間を費やした。実際のインタビューでは、事件前後からの自分の経験について自由に話すよう促した上で、必要に応じて研究設問に対する回答が得られるような質問をした。いずれの方法でもインタビューは調査者である筆者が行った。なお、この研究の着手にあたっては、筆者が調査時に所属していた研究機関の倫理審査の承認を得ている。

(2) 分析方法

方法A、B両方とも同様のデータ分析を施している。得られたデータを、筆者が逐語録に書き起こし、グラウンデッド・セオリー・アプローチ（GTA）のストラウス版の分析プロセスに即して1ケースずつ分析した[50]。GTAは、プロセス的性格をもつ現象を明らかにする際に有効な方法といわれている[51]。GTAにおける研究プロセスは研究設問の設定、データ収集、解釈が同時並行的にかつ循環的に行われるため、データ収集と同時並行してデータの解釈を行う[52]。論者が行った具体的な手続を①から⑤に示した。

① 収集したデータを、会話に沿って読み込み、指示語の内容や、発話者の気持ち、疑問点などを明確にした。

---

50) 戈木クレイグヒル滋子『グラウンデッド・セオリー・アプローチ——理論を生み出すまで』新曜社（2006）。Strauss, A. and Corbin, J. Basics of Qualitative Research-Techniques and Procedures for Developing Grounded Theory. (2nd ed.) SAGE Publications, CA (1998).

51) 木下康仁『グラウンデッド・セオリー・アプローチ——質的実証研究の再生』弘文堂（1999）。

52) 戈木・前掲注50）、Strauss & Corbin・前掲50）。

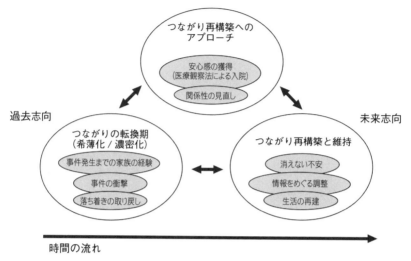

図 4-2　家族の経験（全体像）

② データを意味のまとまりごとに区切り、個々の切片ごとにプロパティ（特性）とそれに対応するディメンション（次元）を列挙し、それらをヒントに切片の内容を端的に表す「ラベル名」を付けた（章末表 4-5）。
③ 類似したラベル名同士を統合し、より抽象度の高い「カテゴリー名」をつけた（章末表 4-5）。
④ 語りの中に見出される現象ごとに、複数のカテゴリーを関連付け（章末表 4-4）、現象の構造とプロセスを説明する「カテゴリー関連図」を現象ごとに作成した（たとえば図 4-3）。
⑤ ①〜④の手続を繰り返し、最終的に複数の現象を組み合わせて家族の経験を構成する中核カテゴリーを抽出し（章末表 4-3、図 4-2）、それらをつなぐストーリーラインを生成した。

(3) 理論的感受性を高める

　フィールドワークにおいては、膨大なデータを状況や文脈に即して理解するよう導くメンターの助言が、データ解釈可能性を高める上で非常に役立つと考えられている[53]。そこで本研究のデータ分析の過程では、質的研究に詳しく、自らも質的アプローチを用いた研究を行っている研究者から、データ

読み込みの支援、ラベル名やカテゴリー名などデータ解釈の検討、適切な質問方法等について定期的に指導と支援を受けた。

また、家族たちが置かれている状況への理解をさらに深め、データに対する感受性を高めるためにインタビュー調査と並行して、論者は病棟で月々開催されていた家族相談会に継続的に参加した。この家族相談会への出席は、家族の語りの解釈に役立っただけでなく、論者が病棟を含めたフィールドの雰囲気になじむ上でも有効であった。

(4) データ収集上の課題

本研究ではデータ収集上いくつかの課題を残している。まず、二つのデータ収集方法を採用した点がある。多数の回答者から協力を得られる状況になかったため、上記A・Bの方法を採用した。対象家族へのアプローチには、病棟職員や社会復帰調整官からの紹介が不可欠であったため、対象者が紹介者と比較的良好な関係が保持されている者に限られた傾向が否めない。また、家族関係が芳しくないケースでは、家族が面会やケア会議のために来棟しない場合もある。さらに、家族メンバー2～3人で来棟した場合は、来棟した家族全員がインタビューに同席するケースが多く、家族関係への配慮から家族自身が発言の内容について制限を加えていた可能性もある。このような自由な発言の制限は、病棟職員や社会復帰調整官の同席によりもたらされた可能性もある。さらに、処遇の段階によって家族の心理は異なると想定されるため、本来であれば同一段階の対象者を選定するのが適切であろう。しかし、本研究では声かけの機会が限られていたことから、実現が困難であった。ただ、本研究の対象者はいずれも過去を冷静に振り返り、その時の自らの心理状況を語っていた。

これらの課題により、通常GTAで用いられる「理論的サンプリング」（得られたデータを比較分析し、必要なデータあるいは不足しているデータを戦略的に収集していくサンプリング方法）を自由に行うことが困難であった。そこで本研究では、事例の共通性だけでなく個別性を尊重し、多彩な事例からの情報を統合し、一つのモデルを構築することに努めた。

---

53) 野坂祐子「メンターによる指導を活用する」無藤隆・やまだようこ・南博文・麻生武・サトウタツヤ編『質的心理学――創造的に活用するコツ』新曜社（2004）205-211頁。

4．触法精神障害者家族の経験——ストーリーライン

インタビューから得られたデータを分析した結果、家族の語りから「つながりの転換期（つながりの希薄化・濃密化）」「つながりの再構築へのアプローチ」「つながりの維持と再構築」という三つの中核カテゴリーを抽出することができた（章末表4-3、図4-2）。そこで、これらの中核カテゴリーを統合させて、一つのストーリーラインを作成した。これらの作業を行う中で、「時間」と「つながり」という家族の経験を語る上での二つの鍵となる概念が立ち上がってきた。

鍵概念の一つである「時間」は、必ずしも無限の過去から無限の未来へと直線的に一方向的に流れて行くわけではない。むしろ、家族は過去への振り返りと未来への前進を振り子のように繰り返しながら、次第に未来志向を強めていく。つまり、未来へと意識を向けていくのである。このような時間的経過をたどりながら、家族は自分を取り巻くさまざまな人々との「つながり」をめぐって揺れ動くことになる。なお、ここでの「つながり」とは、語り手である家族と処遇を受けている本人、親族、友人、職場の人々、近隣の人々との結びつきあるいは関係性を意味しているが、「ネットワーク」や「紐帯」をも含むより広い範囲での相互行為を意味する[54]。下記は、触法精神障害者家族の経験を表現したストーリーラインである。

本人の発病を機に、事件以前から家族と本人や地域社会、親族、知人とのつながりは、家族自身が理想とするつながり方から離れ始めていく。それは、家族と周囲の人々との結びつきが希薄化あるいは逆に濃密化している状態であるかのように見受けられる。そして事件発生により、家族自身が理想とするつながり方と現実との乖離が決定的なものとなる。一方、事件を契機に本人の病気に気づいた場合は、過去を振り返ることにより、つながりに意識を向けるようになる。

[54) 本研究の視座であるシンボリック相互作用論においては、相互作用する個人つまり本研究では触法精神障害者家族自身が意味づける「つながり」が重視される。そのため、研究者による「つながり」の定義は、あくまでも仮定に過ぎず、したがって限定的でない方が適当と考えられるからである。

理想像から乖離したつながりの再構築に寄与するものが医療観察制度である。医療観察制度にのることで、家族は安心感を獲得するとともに、本人との関係を見直す機会を得る。このプロセスを通して、家族は新たな結びつきの再構築のための足場作りを行う。このとき、多くの家族は親として、子として、きょうだいとして、あるいは配偶者としての役割認識と現実との間で葛藤を経験する。この葛藤を通して、他者との「つながり」、そして〈当事者〉性を引き受けることの意味の見直しが行われていく。

　足場を整えつつ家族は、つながりの再構築を行っていく。しかし、一度結びつきの希薄化を経験している家族は、結びつきを維持することに対して不安を継続的に抱く。そのため、つながりの維持あるいは強化に向けて、情報の調整を行ったり、生活の再建に向けて努力する。

　一見このプロセスは一連の流れのように見受けられる。しかし、前述のように、実際はつながりの再構築に向けて直進していくわけではない。たとえば、処遇を開始しさまざまな人との結びつきを構築し始めた後でも、事件前を振り返ることで、理想とするつながり方からの乖離を実感することもある。また、事件原因の模索を続ける家族もいる。したがって、家族の経験は直線的というよりもむしろらせん状のものとして理解するのが妥当である。

　以下では、家族の語りから抽出された三つの中核カテゴリーが、それぞれどのような内容で構成されているのかを概説していく。なお、本研究では属性により対象者を限定することなく話を聞いたが、属性による受け止め方に顕著な差がみられた場合は、具体的差異についてその都度記述している。また、本研究では二つの方法で対象を選定しているが、両群で回答の傾向が大きく異なることはなかった。1点だけ異なっていた部分は、方法Bは指定入院医療機関の数が少ない段階で入院しているため、遠方の入院施設を利用せざるをえなかったことから、制度や指定入院医療機関への改善点が挙げられていた点である。

5．つながりの転換期

　本節では「つながりの転換期（つながりの希薄化・濃密化）」に焦点をあて詳説する。この部分は、他者との理想のつながり方と現実とが乖離してい

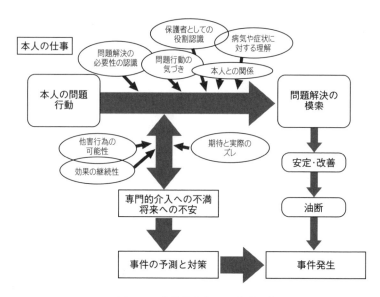

図 4-3 事件発生までの家族の経験

く経験であり、「事件発生までの家族の経験」と「事件の衝撃」と「落ち着きの取り戻し」という三つのサブカテゴリーから構成されている（章末**表 4-4**）。以下で、各サブカテゴリーについてみていく。

(1) 事件発生までの家族の経験——問題解決の模索

他者との理想とするつながり方と現実とが乖離していく時期は、三つのサブカテゴリーから成立している。その一つは事件発生に至るまでの家族の経験（**図 4-3**）であり、多くの家族にとっては「問題解決の模索」が中心となっている。だが、より厳密には大きく次の三つのタイプに分けられる。

一つ目は、問題に気づき、医療機関や保健所等に相談するが、不満を募らせる家族である。これらの家族の場合、対処しきれない本人の問題行動を背景に、それまで保持していた、本人や公的機関との理想とするつながり方と現実とが、徐々に乖離していく。多くの家族は事件発生以前から、本人が呈する昼夜逆転の生活、ひきこもり、妄想に基づく暴言や奇異な行動、繰り返す転職といった問題行動に頭を痛めていた。病気に基づく問題行動の顕在化に伴い、本人とのコミュニケーションスタイルの変化に気づく家族も少なく

ない。具体的には「一つの話題に対して、長く、自分がどう思ってるってことを綿々と語ることがなくなった」「喧嘩腰みたいなかたちの会話が多くなった」と表現されている。

　家族が問題解決に向けて何らかの行動を起こす場合も多い。具体的には精神科受診を本人に勧めたり、それが難しい場合は家族だけが精神科に足を運んだり、あるいは保健所や警察への相談などを行う。しかし、自分たちが期待した支援内容と実際に提供された支援内容にズレがある場合や、薬物治療などの介入効果がすぐに途切れてしまい、本人の問題行動が繰り返される場合、あるいは本人が過去に他害行為を行ったことがあり、焦りが強い場合などは、提供された専門的介入の内容に不満を抱くとともに、将来への不安を募らせる。

　インタビューの中で、家族は当時の医療機関や相談機関の対応の不十分さに対する戸惑いと憤りを表現していた。過去に子どもが窃盗事件等を起こしたことのあるDは、次のように述べている。

D：ただ、いずれこの子は何かやりそうだからっていうんで、警察には相談に行ってたんですよ。大きな事件が起きたら困るからって。でも、全然。「事件にならなかった」って言われてね（苦笑）。（省略）警察にも本当、相談に行ってましたもん。だけど「事件が起きなくちゃね、警察は手出せないんですよ」で終わりでしょ（苦笑）。どうしたらいいの……って。

　このように、過去に触法行為があったケースでは、家族の焦燥感はとりわけ強くなる。
　そして、本人の問題行動と不毛な対処行動は、本人との関係だけでなく、家庭全体の雰囲気に暗い影を落とす。Cは、当時の家庭の重い雰囲気を次のように述懐している。

C：いつもその、（本人）のことで症状が発症したときには、（本人）のことで「どうしよう、どうしよう」っていう生活だった、毎日。とくに母親がすごかったですね。私が帰る時間まで、家にいたくない。やっぱ罵声浴びせられたり、なんだかんだがあるから。暴力は振るわないんだけれど。それに居たたまれないんで、私が帰って来るまでどっかで時間つぶしてたり。私が帰

る頃になると電話が来て、「もう今帰るよ」って言うと、その時間に合わせて一緒に玄関入って。だから（本人）と一緒にいるのはやっぱり大変だったみたい。

　本人との関係が、きょうだいや配偶者や子ども等、親以外の場合、自分が置かれた状況に対して「仕方がない」という諦めと、「どうして自分が」という納得できない気持ちの間で揺れることもある。一方、両親は「自分の子どもだから何とかしてあげたい」と思いながらも、問題行動への対処に疲労困憊し、精神的にも追い詰められるようになる。当時を振り返り、「地獄絵を見てきた」と表現した家族もいる。

　事件前に家族がたどるプロセスの二つ目のタイプは、問題に気づき、医療機関や保健所等に相談した結果、一時的に本人の症状が安定し、油断をしてしまう家族である。本人の症状に改善がみられたことに安心し、病気が再発して事件発生に至っている。これらの家族の場合は、問題行動の影響で、本人との理想とするつながり方と現実が乖離しつつあったが、専門的介入の一時的な成功により、かろうじて維持されたように見受けられる。しかし事件後に自らの経験を振り返る中で、実際はそうではなかったことに気づき、決意新たに理想に向けて努力しようとすることも少なくない。

　一般に、精神疾患についての知識をもち合わせていないと、精神科治療における服薬継続の重要性を知らずに、服薬や通院を止めてしまい結果的に再発に至ることが多い[55]。本研究の対象となった家族の中にも、積極的に本人に服薬継続あるいは通院継続を勧めることなく事件に至っている場合もある。

　しかし、すべての家族が必ずしも本人の問題行動が精神疾患によるものであると認識できるわけではない。三つ目のタイプとして、本人の行動に多少の違和感をもちながらも、「疲れているのだろう」「寂しいのだろう」と自分なりの解釈をし、本人が病気であることや病気の重さに気がつかず対応が遅れ、事件発生に至っている家族がある。このような家族は、理想とするつながり方からの乖離を経験していない場合もある。このようないわば「病気の見逃し」には、精神疾患に関する知識の不足以外に、本人との物理的距離が

---

55)　尾崎紀夫「アドヒアランスを重視した統合失調症の治療——再発予防の視点から」『精神神経学雑誌』108(9)(2006) 991-996頁。

あったり、本人との親密度が低かったり、語り手自身の保護者としての役割認識が強くはないことなどが影響しているように見受けられる。本人と離れて暮らしていたきょうだいMは、次のように述べている。

M：（本人と同居していた）母は病気のことは言わないし、（本人）も一切私に教えないし、でも通院はしてました。（通院に関する詳細を聞かなかったことについて）聞きにくいのと、（母も本人も）話さない。聞くとやっぱり相手（母や本人）も落ち込んでしまうと可哀想だと思ってこっちも……内緒にしておくっていうかたちがあったのかもしれません。（精神科の通院については）不眠だとかそういうのはあるのかなっていう程度で、まさかそこまで重いとは思ってませんでした。また、話さないし、私にも。

　Mの場合は、家族間のコミュニケーションのあり方、精神障害に対する偏見、本人との物理的距離、家族関係などさまざまな要因が絡み合って、病気についての気づきが妨げられていたと推測される。

(2)　事件の衝撃
　このような経緯を経て事件が発生するわけだが、理想とするつながり方と現実とが乖離していく時期の、家族の経験を構成するカテゴリーの二つ目は、事件そのものの経験、つまり「事件の衝撃」である（図4-4）。
　事件は、どの家族にとっても極めて衝撃的な出来事である。事件発生を予測し危惧していた家族も例外ではない。事件の一報を聞いたとき、家族は「嘘だろう」「まさか」「冗談だろう」と事実を否認しようとする。しかし、事件発生に伴う事情聴取や鑑定入院、病名告知、審判、そして報道陣や被害者への対応など、さまざまな"初めて"を通して家族は事実を突きつけられることになる。そして社会から「加害者（性）」を付与される対象となる。これらの初めての経験はまた、事件による衝撃を助長する役割を果たし、家族の心理的負担を大きくする。家族は、事件発生後すぐから他者を避け自宅に閉じこもる。自営業を営むD（母親）は、次のように述べている。

D：人目のつかない夜中に出てって、人が出てくる頃はもう家に入ってこもってましたよ。ずーっと嫌で。

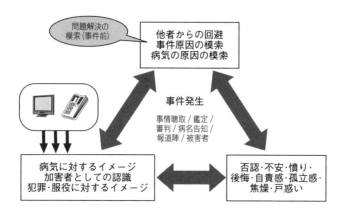

図 4-4　事件の衝撃

インタビュアー：誰かに会うのが嫌で？　いろいろ聞かれたくなかったんですか？
D：顔見られるのも嫌だった。向こうは知ってるか知らないかわからないけど。だから夜中 1 時頃から仕事して、5 時くらいまでやって、あとは家帰って、あとは一歩も出ない。それがしばらく続いたの。

　警察から、報道関係者についての助言を受けていたEもまた、自宅に閉じこもりがちになっていた。

E（父）：もう食べたくないんですよ。食欲が無くて。夜なんてぐっすり寝れないですね。2 時ごろ目が覚めたらもうなかなか。もう、頭から離れないですから。もう痩せましたもんね。とにかく警察に脅かされたんで、部屋しばらく出ない方がいいなんて言われますとね、出れませんよ。で、どっか 2 人で事情聴取で署の方に行って、今度まだ明るいうちに家に帰るわけですけど、どっかのスーパーの駐車場に車停めてね、ある程度夕日が落ちて暗くなるのを待って、それで帰ったもんですよ。
インタビュアー：実際に報道陣は来たんですか？
E（父）：来ないですよ。
インタビュアー：でも、誰かに見られているんじゃないかと？
E（父）：ええ、それはありました。だから、どうしてもほら、××警察署

に行くのに自分の車で……駐車場行って車で行くじゃないですか？「駐車場誰か来てないかな？」ってカーテン開けて、ビクビクしてましたよ。

　家族が他者を回避しようとすることは、事件直後に限らない。事件を機にそれまであった他者とのつながりを断ち切らざるをえなくなるケースもある。家族の中には「昔の仲間のいっぱいいる所には行けない」「どんな顔をしていいかわからない」と、5年間続けてきた習い事を辞めざるをえないと嘆く者もいた。
　家族が他者から回避し、孤立してしまう背景には、家族自らが抱く精神疾患に対する否定的なイメージや、犯罪や服役に対する否定的な捉え方、「加害者（性）」としての認識があった。Ｐは処遇内容に対する希望について次のように述べた。

Ｐ（母）：とにかく被害を加えた方の立場だから、何でも言われることをね、受け入れる以外ないなって、そういうふうには思いましたよ。それこそ、自分でこういうふうになるんじゃないかっていう考えよりもね。もう言われるままにね、やっぱりそれ以外ないなって。

　この語りは、Ｐが「加害者（性）」として、状況に対するコントロール感を放棄せざるをえない立場として自らを位置づけていることを示唆している。
　すべての家族は過去を振り返り、事件発生や病気発病の原因を模索する。このような原因模索の作業は、鑑定や審判を通して伝えられる外的な情報に、必ずしも大きく左右されるわけではなく、本人の生い立ちや性格、家族関係など、家族は自分が納得できるような独自の原因を探し求める傾向にある。この作業の中で、家族は「もしも自分がこうしていたら」「こうすればよかった」という後悔の気持ちと強い自責の念を抱く。とくに、事件前に問題に気づき対応しながらも油断をしたと認識していたケースでは、自責の念が強いように見受けられた。

(3)　落ち着きの取り戻し
　事件の衝撃により、強い不安や憤り、後悔や焦燥を感じていた家族は、入院処遇が決定すると、次の二つのプロセスをたどって落ち着きを取り戻す

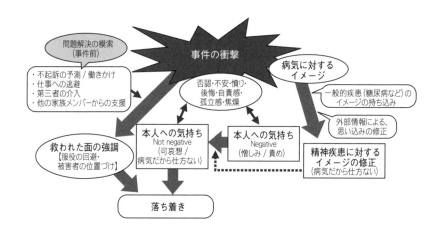

図 4-5　落ち着きの取り戻し

（図 4-5）。一つ目は、救われた面の強調である。家族は本人が病気とされ、責任能力が無いと判断されることにより、本人の病気に対する治療が施されたり、社会的な汚名を免れたり、起訴や服役を回避できるといったメリットがあると考える。すなわち、本人に公的な〈当事者〉性が付与されないことをこの時点ではメリットと考えていたのである。

　さらに、被害者との関係においても肯定的な側面を強調する傾向にある。たとえば被害者が身内にいる場合は、「他者に迷惑をかけないで済んだ」と捉えていた。身内が被害に遭ったDは、インタビュアーの「辛い体験だったのでは？」との問いかけに対し、

D：でも、それよりも、まぁ、（被害者）が亡くなったのはあれだけど、他人様じゃなかったぁ……もう……。（被害者）には悪いけど、これ他人様にやっちゃったらどうだろうと思ってね。その点いくらか……安心って言ったらおかしいけど、身内でよかったっていうのは……。

と、しみじみと語っていた。一方、被害者が身内以外の場合でも、謝罪時に被害者が良心的な対応をしたことや、慰謝料の支払いによる問題解決認識を強調していた。このようにすることで、家族は自らが置かれた事態の深刻さを軽減しようとしていた。

ただし、救われた面を強調することは、事件発生後すぐに行われるというわけではなく、その伏線として、事件前の状況を受けての不起訴の予測、弁護士を通じた不起訴への働きかけ、仕事への逃避、家族との話し合い、親しい友人や弁護士といった第三者からの支援がある。このような他者との相互行為を通して、家族は〈当事者〉性を引き受けるということについて思考するようになるのである。

　落ち着きを取り戻す二つ目のプロセスは、「病気だから仕方ない」と自分を納得させることである。どの家族も事件を防げなかった自分自身に対する強い自責の念を表現していたが、家族が親や子どもの場合は、事件を起こした本人に対する憎しみや責める気持ちを吐露する者はいない。むしろ、病気だから仕方がなかったと、本人に対し同情や哀れみの気持ちを抱く傾向にある。換言すると、病気であることが重大な他害行為の免罪符の役割を果たすようになるのである。ただし、このように「病気を言い訳にする」ことに対して罪悪感を感じる場合もある。つまり害を加えた者が公的な〈当事者〉とならないことに対する罪悪感である。一方、きょうだいや配偶者の場合は、本人に対する憎しみや責める気持ちが表現されることもしばしばあり、このようなケースでは病気だから仕方がないと自分を納得させるのは、一層困難であるように推察される。たとえば、きょうだいKは本人に対する憤りを次のように表現していた。

K：最初……その……懲役にならないってことがちょっと腹が立ちました。もう、とにかく警察の調書を作ってもらったときに、「厳罰にしてくれ」って言ったんですよ。もう……（本人）がやったことが許せないんで、自分は。

　その一方で、Kは、本人の病気に対する理解を示している。

K：ただ、よくよく考えてみると、精神病っていうことであれば、本人が望んで精神病になったわけじゃないはずなんで、そこの部分を考えればもう……病院で早く治した方がいいのかなっていうのは、今思ってますけど。

　にもかかわらず、Kは本人に対する憤りは抑えがたいと述べる。このように、本人に対する気持ちの揺らぎがみられる。

落ち着きを取り戻す過程で、病気に対するイメージの修正を試みる家族もいる。精神疾患も風邪や糖尿病といった他の疾患と変わらないというように、より一般的な疾患のイメージの持ち込みや、書籍や他者からの情報を通して、自分がそれまで抱いていた精神疾患に対する認識の修正を図るのである。たとえばMは次のように述べている。

インタビュアー：病気に関しては、偏見というか誤解されている部分も結構あると思うのですが、そのあたりはどのように捉えていますか？
M：最初はそういう面が強かったですけども、でもやっぱりまぁ、病気っていうのは精神病だけじゃなくて、成人病、いわゆる糖尿病とか肝臓病とか腎臓病とか病気は病気だと。対応して薬をきちっと……治療をきちっとしながら少しでも、1日でも早く回復できるようにしていけば、病気は病気としてみていけばいいと思っています。

　しかし実際は、本人に精神疾患があるという事実の受け入れも、精神疾患に対するイメージの修正も容易ではなく時間もかかる。
　このような家族が落ち着きを取り戻すプロセスは、入院処遇が開始されることにより終了するということはなく、処遇開始後もなお続くことになる。

(4) 小括
　家族が理想とする他者とのつながり方と現実とが乖離していく「つながりの転換期」は、「事件発生までの家族の経験」「事件の衝撃」「落ち着きの取り戻し」という三つのサブカテゴリーから構成されていた。
　事件発生前までに自分の枠組みの中で対処を試みていた「コントロール可能（と考えていた）な事柄」は、重大な他害行為を機に既存の枠組みから突然外れ、さまざまな人々を巻き込みつつ「コントロール不可能な事柄」に変化していく。このプロセスにおいて家族は「何とかできたのではないか」とコントロールを維持しようとする気持ちと、「病気だったから仕方ない」とコントロールを断念する気持ちの間で揺れる。家族が落ち着きを取り戻すプロセスは、このような両方向への揺らぎが、次第にコントロールの断念へと比重を移していくプロセスとも解釈できよう。
　入院処遇が開始される前までに、家族と他者とのつながりの転機は2度見

出せる。一つ目は、多くの精神障害者家族に共通する転機であり、事件発生前に本人の問題行動が顕在化してくることによる転機である。本人とのコミュニケーションがうまくいかなくなったり、本人の問題行動を表沙汰にしたくないという気持ちから、近隣や友人との距離が遠のく傾向がみられる。二つ目は、触法精神障害者家族に特有の転機であり、事件発生による転機である。事件を機に、家族は本人とのつながり方はもちろんのこと、近隣や友人とのつながり方も、不本意なものとなっていく。事件の発生は、家族に衝撃とさらなる孤立をもたらし、それまでの問題行動に振り回されてきた家族の日常生活を一変させる契機となる。

6．つながり再構築へのアプローチ

次に、図4-2の中の「つながり再構築へのアプローチ」に焦点をあてて詳説する。「つながりの転換期」では、精神疾患の発症や事件の発生により、家族自身が理想とする他者とのつながり方と現実とが乖離するが、「つながり再構築へのアプローチ」では、家族は医療観察法に基づく処遇を通して、新たなつながり方の模索に向けた、いわば足場作りを行うようになる。この経験は「安心感の獲得」と「本人との関係の見直し」という二つの現象から構成されている（章末表4-3）。以下で各現象についてみていく。

(1) 安心感の獲得（医療観察法による処遇の経験）

事件発生前まで多くの家族は、本人の症状に悩まされ、孤立無援の状態で対応を迫られる。医療観察法に基づく入院は、疲労困憊した家族にとって一種の救いとなる。家族が安心感を獲得するまでには、図4-6に示すような一定のプロセスを踏むことになる。これはまた、それぞれの家族が医療関係者や地域の保健福祉関係者を含めた専門職者との「つながり」、そして、類似の経験をした他の家族との新たな「つながり」に向けた足場作りのプロセスでもある。

病棟に対して最初に家族が抱く印象は、必ずしも肯定的なものではない。当時を振り返り「セキュリティが物々しく、刑務所のようで嫌な感じがした。」「ある程度予想はしていた。うちの子は病気が無ければ刑務所だから。」と述べる家族もいた。

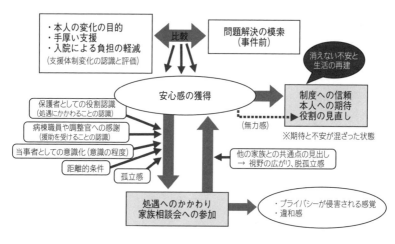

図 4-6　安心感の獲得

　しかし、処遇が開始されると、それ以前に自分や患者本人が置かれていた状況との比較を通して、家族は安心感を抱くようになる。たとえば、面会を繰り返すうちに「笑顔を見せた」「冗談を言った」「私を気遣ってくれた」といった患者本人の表情や会話の変化を目のあたりにする。すると家族は次第に安心感を獲得し、病棟での治療に対する信頼感を強めるようになる。さらに、指定入院医療機関での処遇が、事件前に経験した一般の精神科医療機関のそれと比較して手厚いことも、安心感の獲得、さらには病棟や医療観察制度に対する信頼感の高まりに貢献する。

　また、入院処遇は患者の問題行動への対応、審判、鑑定入院、被害者対応といった事件発生直後まで家族にかかっていた重圧を軽減し、安心感をもたらす。家族の安心感は、病棟職員に対する感謝の気持ちを喚起し、「自分も何かできることはないか」、「何かしなければならないのではないか」と、保護者としての役割認識に影響を及ぼすことがある。その結果、ケア会議に出席したり、定期的に面会に訪れるなど、処遇に積極的にかかわるようになる。ただし、Kのように患者本人と家族との関係が良好でないケースでは、処遇に対する評価とは関係なく、次の語りが示すように病棟職員による家族に対する積極的な働きかけがあって初めて処遇へのかかわりに至る場合がある。

K：やっぱり直接（本人）にかかわっている人達なので……ワーカーさんも含めて、看護師さんとかもですね。そういう方々のある意味「お願い」というかたちで話をされましたので、無下に断るのもちょっと自分としては良くないなと思ったんで。ま、もちろん正直な気持ちとしては、もう（本人）にはかかわりたくないんですよ。それが正直な気持ちなんですけども、でも、兄弟であるってことは消えないですし。

　処遇に対する積極的な参加は、病棟で毎月開催される家族相談会への出席にもつながる。最初は「自分も家族として何かできるのではないか」「何をすべきなのか知りたい」という意図で参加した家族でも、グループワークを通して他の家族との共通点を見出したり、それまで自分の置かれた状況一点に集中していた家族自身の眼差しが、他のケースにも広がりをみせるようになる。
　その一方で、処遇への積極的な参加としてではなく、自らの抱える苦しみへのヒントを求めて家族相談会に参加する家族も少なくない。家族Eも例外ではない。

E：本当、親兄弟にもね、話せないのね。この苦しみをやっぱり相談し合える家族会っていうのは、もっと広げてほしいなって思う。もう少し親身になって、患者さんだけじゃなくて、その親族もね、みんなね。そういう……いろんな考えはあるでしょうけど、やっぱしいろいろな方がいらっしゃるってわかるだけでもすごく（気持ちが）軽くなるの。だからそういうのは続けてほしいなって思います。

　このように家族相談会は、病気や制度に関する学びだけでなく、家族が抱く孤立感の軽減にも寄与していた。ただし、プライバシーが侵害されるような不安や、他の家族との背景や状況の違いに対する違和感が強く、家族相談会が自分には合わないと感じる家族もいた。
　このような病棟職員や他の家族との相互行為を通してみられる家族の態度からは、家族が〈当事者〉性を引き受けるということを、自らの家族としての適切な役割を果たすことと認識していたことが示唆される。しかしこの時点で〈当事者〉性を引き受けることの意味の見直しが求められており、これ

らの相互行為が、これまで家族が認識していた〈当事者〉性とは別の〈当事者〉性を引き受けることの意味を見出す契機になることが示唆される。

　処遇に対する積極的なかかわりや、それがもたらす孤立感の軽減や視野の広がりがまた、病棟での治療や医療観察制度に対する信頼感の高まりにつながる。それだけでなく、本人の変化を目のあたりにし、病棟内での処遇や制度への信頼を高めた家族は、「いずれ所帯を持ってほしい」「就職してほしい」「自活してほしい」というように、本人への期待を強めるようになる。とはいうものの、家族の抱える不安が医療観察法に基づく処遇によりすべて解消されるわけではなく、退院後や処遇終了後についての不安は継続的に抱かれる。このような期待と不安が混ざった状態が、持続しているように見受けられる。

　事件前に孤立無援の状況で本人にかかわっていた家族は、医療観察法に基づく手厚い処遇に戸惑いを感じることもある。たとえばBは、自分が「変わった」と述べる。

インタビュアー：「自分でジャッジできなくなった」と、今おっしゃっていましたよね？　それは、今回の事件をきっかけにということですか？
B：そうですね。この事件で、いろいろ鑑定とか、精神鑑定の書類とか見てたら、手のつけられないというか、初めて聞くような……性の悩みとか、……もうとても何だろう……。言葉で私は理解することができても、これだけのバックアップを私と夫が与えてあげることはできないことに気がついた……みたいな。

　この語りからは、病棟で手厚い処遇が行われるようになったことにより、Bが自分自身の役割の見直しの必要性を認識し始めていることがわかる。このようなことからも、〈当事者〉性を引き受けることがもつ意味についての見直しが家族に要請されるようになったということができる。

(2)　本人との関係の見直し
　家族は、専門職者や類似の経験をした他の家族たちとのつながりだけでなく、入院処遇を受けている本人との関係性の見直しも行うようになる（図4-7）。

第4章　触法精神障害者家族の経験を通してみる〈当事者〉性の引き受け

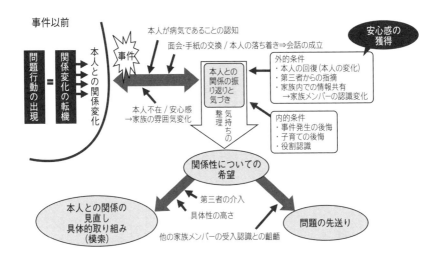

図4-7　本人との関係の見直し

　患者本人とのつながりの有り様は、事件以前の病気発症や、それに伴う問題行動の発生を転機に変化したと家族は認識していた。問題行動への対応に無我夢中だった家族は、本人が入院するという環境変化により、次第に落ち着きを取り戻し、本人との関係を振り返ることが可能となる。ここには、本人の問題行動の原因判明や、病棟での手厚い処遇等がもたらした心理的安寧が影響していると考えられる。
　さらに、いくつかの外的条件や内的条件が整うことで、家族の気持ちの整理は進められ、本人との関係性の見直しが図られる。この過程で重要となるのが、専門職者を含めた第三者の介入である。たとえば、Aは親子の信頼関係を損なわないために「叱りたくても常に喉元まで出かかっている言葉を飲み込」むような「いい母親ぶり」を演じてきたという。

A：（病気発症の）前よりは結構親密にはなったとは思うんですけどね。それを壊したくないがために私自身無理してるっていうのが私自身もあるなぁって。
　今後これを機会にですね、ざっくばらんにお互いにぶつかり合っても……、そういうふうにしていかなきゃいけないのかなって思うんですよ。（省略）

（本人が）「お母さん言ったでしょ⁉」って物凄く目を吊り上げて怒るんですよね、実際（苦笑）。それがものすごく恐怖になってる時期もあったんです。それではちょっと将来的に駄目だなぁって、あの席（ケア会議）で初めて私も気がついたんですけど。（省略）同居とかすると、結局深い意味の自立にはならないなって思うもんですから。そして人からもちょっと「付かず離れずしないと共倒れになっちゃうよ」っていうことを一時言われたことがあるもんですから。

　一方、Cは事件直後からの自らの心の動きを次のように述懐している。

C：本来だとね、そういう事故を起こしたら、やっぱり罪を償ってね、反省できるまではそういう元の家族との、そういうのは控えるべきだと当初思ってたんですよ。そうしないと……確かに病気のせいでそうなったんだよと頭ではわかっていても、やっぱり……うーん、……やっぱりきちっとそういう処置をすべきだ、退院した後もこういうもんだと思ってたんですけど……。入院してかなり（本人が）改善していく様子を見ていくと、退院した後も本人が一生懸命その……社会復帰してね、生活しようとする努力が……。そのために今訓練をしているわけですから。退院した後も通院しながらそれができるようであれば、やっぱり家族としては支援していくべきだというのは思ってますんで、市内で生活するぶんについても、今はいいだろうとなっているんですね、家族として。

　Cの場合は、本人を受け入れることに対する家族の足並みが揃っているような印象を受ける。一方、本人の病気や事件に対する家族内の認識の違いや、コミュニケーション不全、あるいは本人との関係性の違い等が家族内（もしくは家庭内）での不協和を生み出す場合もある。たとえばOは夫とのすれ違いを次のように語っている。

O：うちね、（本人）について喋んないのよ。喋っても、やっぱお互いに話が下手っていうか……。結局「こうだ、こうだ」と言えば、黙っちゃう。私の方が。「もう言ってもしょうがないじゃん」と思ったりしちゃう。
インタビュアー：そうすると、建設的な方向に話が行かないんですね？

O：進まないの。だから私１番それ、今ずっと思ってるんだけど、かといって……。だから噛み合わないの、そこなの。気持ちが。お父さんと。建設的にどんどん意見を言い合って、喧嘩しようが何しようが……と思えばいいんだろうけど、(省略)お父さんが言ってるのも全然わからないわけでもないし、曲がったことは言ってないのよね。だけど、結局「本人の気持ち次第だよ」っていうそれがあるから、（本人）に対しても……。

　本人との関係性を見直す必要性を感じ、個別的には少しずつ関係性の再構築を図れている家族でも、本人の受け入れや本人の病気に関して家族内の意見が異なり、そのことを問題と認識しているケースは少なくない。このような家族の多くは、問題に直面化し解決を図るというよりも、むしろOのように、問題を先送りする傾向にある。

(3) 小括

　「つながり再構築へのアプローチ」は、家族が医療観察法に基づく処遇を通して、新たなつながり方の模索に向けた、いわば足場作りを行う現象である。この経験は「安心感の獲得」「本人との関係の見直し」という二つのサブカテゴリーから構成されていた。

　指定入院医療機関への入院は、両親に多大なる安堵と希望をもたらしていた。しかし一方で、先のことに対する不安を一様に表明していた。家族は物理的にも心理的にも孤立状態に置かれがちではあるものの、処遇開始に伴う専門職者との「つながり」の構築や、病棟で開かれる家族相談会が、このような家族の孤立状態の軽減に寄与していた。入院後本人が不在になり、家族の雰囲気が変わると、本人との関係の見直しが見受けられるようになった。そこには家族に対する第三者の介入が重要な役割を果たすことが示唆された。病棟での手厚い処遇を目の当たりにすることで、家族が自分自身の役割を見直す必要性を認識し始めることもあった。

7．つながりの再構築と維持

　次に図4-2の中の「つながり再構築と維持」に焦点を当てて詳説する。「つながりの転換期」では、精神疾患の発症や事件の発生により、家族自身

が理想とする他者とのつながり方と現実とが乖離してしまうが、「つながり再構築へのアプローチ」で、家族は医療観察法に基づく処遇を通し、新たなつながり方の模索に向けた、いわば足場作りを行うようになる。

「つながりの再構築と維持」とは、家族が足場を整えつつ、つながりの再構築を行う経験である。一度結びつきの希薄化を経験している家族は、結びつきを維持することに対して不安を継続的に抱く。そのため、つながりの維持あるいは強化に向けて、情報をめぐる調整を行ったり、生活の再建に向けて努力する。

この経験は「消えない不安」「情報をめぐる調整」「生活の再建」という三つのサブカテゴリーから構成されている（章末表4-3）。以下で各現象についてみていく。

(1) 消えない不安

家族の不安は、医療観察法に基づく処遇により一時的に和らぐが、完全に消滅するわけではない。とりわけ医療観察制度がいかなるものかを把握できていない時期や、退院の時期が近づく頃は、家族の不安が強まる。それらの不安は、具体的には「退院後の本人の生活や症状再発に関連した不安」あるいは「再発した際のサポート態勢に対する不安」といったいわば本人の疾患に関連した不安と、「地域社会に受け入れられないのではないか」「再び孤立するのではないか」という地域生活を送る上での不安というかたちで表れていた（図4-8）。

これらの不安には、社会的な事柄、家族内部の事情、事件以前の経験など、過去・現在・未来にわたる複数の事柄が関連していた。

社会的な事柄としては、近隣の事件に対する認識や、社会の眼差し、被害者感情の推測等が挙げられる。事件発生により、家族は親戚や知人、近隣住民といった家族メンバー以外の人々とのつながり方にも気を回すようになるのだが、実際に近隣住民から障害や事件のことについて苦情を寄せられたり、非難されるという経験をした家族はほとんどいない。にもかかわらず、家族は「周りの人たちは私たち家族を快く思っていないはず」と近隣住民の認識を予測する。以下は、自宅近くで事件が発生したE夫妻のやりとりである。

E（母）：うちのことは皆さん知ってると思いますよ。あそこの子だってす

第4章　触法精神障害者家族の経験を通してみる〈当事者〉性の引き受け　227

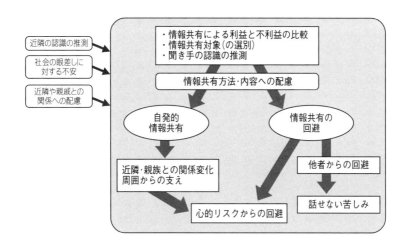

図4-8　情報をめぐる調整

ぐわかるでしょうね。ましてや記事に出たし、名前だけは出ませんでしたけど。新聞に報道されましたから。子どもが帰ってきても、そこじゃもう住めないでしょ。
E（父）：やっぱりあの場所で（本人）に「お帰りなさい」とは言えないですよね。まして地域の方にも迷惑かけましたし、マンションのオーナーにも迷惑だと思いますからね。マンションの大家さんは「今のところ居住者の方から不安だとか何とかしてくれとかそういう、あれは無いですから」とはおっしゃいましたけど。やっぱりオーナーさんに対して申し訳ないですもんね。
E（母）：口ではそうおっしゃっても、心ではどういうふうに思ってるのか、だいたいわかりますよね。自分でもそうですもんね。隣でなんかあったって、「ああ嫌だね」って感じでしょ？「すぐ（家に）入りなさい」とかね。やっぱ普通の生活はできなくなりますよ。
E（父）：「お帰りなさい」って（本人）を迎える気はしないですよ（苦笑）。

　E夫婦の語りが示すように、家族は自分自身を他者の立場に置き換えたときの認識に照らして、事件に対する他者の認識を推測することが多い。その一方で、普段の何気ない会話を通して、他者の認識を推測する場合もある。たとえばPは社会の眼差しについて次のように述べている。

P（母）：いろんな事件があるでしょ？　そうすると、ほら、何かそんな風に話して……。昨日だったか、一昨日だったか……玄関の前で子どもが刺された事件があったでしょ？　そしたら一緒に働いていた人たちの世間話がね、「頭が変な人がいてね、そういう人たちがやったのよ」って。そういうふうな言葉を発してましたけどね。やっぱりあれは世間一般のね、会話じゃないかってね、私はその時黙って聞き流したんですけどね。だから、そういう偏見の目は避けられないんじゃないかな。それが一番つらいですよね。

　このような他者の眼差しに対する認識が、本人が地域生活を送る上での、家族の不安の要因となっていた。不安の背景となっている家族内部の事情としては、退院してくる本人を迎え入れる物理的および精神的な準備ができていない、家族自身が仕事上の問題や身体的疾患を抱えている、あるいは家族の中の特定の者が本人との同居を拒んでいる等が挙げられる。
　そして、事件以前の経験としては、本人が呈する深刻な問題行動に対して、期待するような専門的介入が得られないまま、家族が孤立無援の状態で対応を迫られていたことがある。長期にわたり適切な専門的介入を受けられなかったケースでは、本人が退院し地域社会に戻ったならば、再度類似の状況に追いやられ、再び同じような事件を起こすのではないかとの不安がとりわけ強かった。今受けている医療観察法に基づく処遇の質がよいからこそ、退院後に不安を感じるとの声もあった。家族は、せっかく築くことができた専門家を含むさまざまな支援者との「つながり」が、退院を機に途切れてしまうことをおそれていた。
　しかし、その一方で、家族は処遇を機に構築されつつある「つながり」の維持や強化を図っていた。

(2)　情報をめぐる調整
　他者との「つながり」の維持や強化を図る取り組みの一つは、情報をめぐる調整である（図4-9）。前節で論じた社会の眼差しに対する予測を前提に、家族は本人の病気や事件に関する情報を調整する。具体的には、打ち明けることによる影響（メリットとデメリット）や、打ち明けた場合の相手の反応等を考慮した上で、情報共有の対象を決定する。そして、どんなことをどの

第4章 触法精神障害者家族の経験を通してみる〈当事者〉性の引き受け

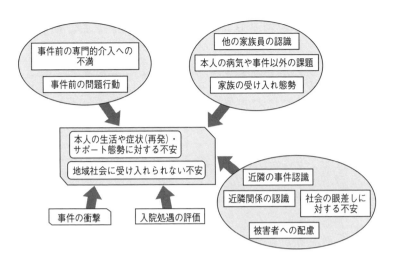

図4-9 消えない不安

程度（情報共有内容）、どのように（情報共有方法）伝えるかにも配慮していた。このような調整により、周囲の人々とのつながりや、地域社会における位置づけを維持しようと努める。以下はD夫妻とのやりとりである。

D（母）：一切みんなそのこと（事件）には触れないし、触れてくれないから、まぁ、ほっとしてますけど。
インタビュアー：もし、触れられたらどういうふうに……
D（父）：まぁ、しょうがないわね。
D（母）：でも向こうも触れにくいでしょ。
インタビュアー：この事件についてお二方が話している人はいるんですか？
D（母）：地域でも何人かいますけどね。いろいろ相談にのってもらってる人とかいますし。

このやりとりからは、家族自身が事件を他者にとっては「触れにくいこと」と認識した上で、情報の所有者として、情報共有によりメリットが得られる（つまり相談にのってもらえる）対象を選別していることがわかる。
　事件について打ち明けることは、家族にとっては必ずしも容易ではないが、情報提供の対象や伝える内容を選別し、事件や本人の障害について打ち明け

た結果、周囲の人々から励まされ、八方ふさがりの孤立状態から抜け出せた、つまり心理的なリスクを回避できたということも少なくない。一方、あえて情報共有を控えることで、他者からのネガティブな反応を避け、心理的なリスクから自分を守っていることも多かった。しかし、それはまた、他者からの回避を意味することもあり、話せない苦しみが残るという声も聞かれた。Aは自らのアンビバレントな気持ちを次のように述べている。

A：私としては、すべてを言えて、病名も言えて、現在はこういうふうにしてるっていうことを、まぁ、言えればどんなに気が楽かなと思うんですよね。だけど、将来的に事件のことは隠せるなら隠し通したいと思うし……、病名については時期が来れば（親戚）には言うべきときには言いたいと思ってますけどね……。

このように、近隣や親戚との関係を意識して情報調整をする家族がいる一方で、近隣関係をほとんど意に介さない家族もいる。このような家族は、事件前の本人との住まいが離れており、事件が自分と周囲とのつながりのあり方に影響を及ぼしにくい場合が多い。ただし、そのような場合でも、自分の職場での情報共有には留意する傾向にあった。

(3) 生活の再建

他者との「つながり」の維持や強化を図るもう一つの取り組みは、生活の再建である（**図4-10**）。家族は、強い不安を抱くがゆえに、本人の長期入院や長期施設入所を希望したり、処遇に対する強制力の強化、あるいは入院中の処遇強化を希望する。その一方で、"ケアする家族"としての役割認識があり、その間で葛藤を経験する。F夫妻は、事件前から子どもの問題行動への対処で苦難を強いられてきた。

F（母）：以前、自閉症の人のテレビをやってましたけどね。お母さんが本当に苦労されて。施設にその子が入ったんだけれど、やっぱり、こう、捨てたっていうんじゃなくて、まぁ、その専門の人に任せたっていう……。施設に入れちゃったっていうんじゃなくて、いくら子ども可愛くても、自閉症のね、大変な人をみる親の気持ちっていうのは大変だろうなぁと思って（涙

第 4 章　触法精神障害者家族の経験を通してみる〈当事者〉性の引き受け　231

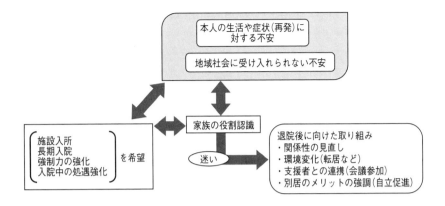

図 4-10　生活の再建

声)。
F（父）：だからちょっと（本人の面倒をみるのは）老人介護みたいなところと似てるんじゃないかな。そりゃ親だから何とかしてあげたいとは思うんだけども、こっちも手一杯だし、精神的にも辛いところがあるからね。もうどうしようもなくなっちゃう人も結構いますよね。

　母親は自閉症児のケアに、父親は老人介護にそれぞれ自分の体験をなぞらえながら、自らの役割認識とその限界について語っている。この葛藤は、〈当事者〉性を引き受けることの意味を見直す上で直面する心の動きと解釈することができよう。
　このような誰かに頼りたい気持ちと、ケア提供者としての役割認識との葛藤以外にも、転居すべきかどうか、本人と同居すべきかどうか、仕事先にどう説明するか等、家族はさまざまな迷いを経験する。退院してきた本人とのかかわり方も課題の一つである。

Q：（事件の話をしないのは）とくに理由はないんですけど、あんまり嫌な思いを思い出させてもっていうのと、本当、（本人）と話しても「完全に忘れちゃってるな」って感じるのがよくあるので。（省略）本人は振り返って反省っていうよりも、今ね、どうやって 1 人で一生懸命生きていこうってい

う方が大きいみたいで。

O：（本人は）病気じゃないって言うんですよ。何か言うと、「俺はどうせ病気じゃないんだけど」って言うんですよ。だけど、そのとき私が「いや違う。病気なんだよ、そういうのは」って言い切っていいもんかね……そのへんはね、私も困るんですけど。

　これらの語りには、事件についての直面化の回避や、本人に対する接し方の戸惑いの傾向が現れている。
　このような迷いや葛藤を経験しながら、本人との関係性の見直しや、支援者らとのネットワークの強化のような、本人および本人を取り巻く人々との「つながり」の再構築、そして転居による環境変化のような地域の人々との「つながり」の再構築、さらに、これらを通しての生活の再建に向けての取り組みを行っている。

(4) 小括
　「つながりの再構築と維持」は、家族が足場を整えつつ、つながりの再構築を行う経験であった。結びつきの希薄化を経験した家族は、結びつきを維持することに対して継続的に不安を抱く。そのため、つながりの維持あるいは強化に向けた取り組みをしていた。この経験は「消えない不安」「情報をめぐる調整」「生活の再建」という三つのサブカテゴリーから構成されていた。このような取り組みの一方で、家族には〈当事者〉性を引き受けることのもつ意味の見直しが求められており、他者との相互行為を通して新たな〈当事者〉性引き受けを模索していた。
　精神疾患の発症や事件の発生により、家族自身が理想とする他者とのつながり方と現実との間に乖離が生じてしまう。しかし、家族は葛藤や迷いを経験しながらも、不安を原動力に、「つながり」の再構築に向けて立て直しを図っていた。具体的には、事件や入院に関する情報について、友人や隣人や同僚といった他者と共有する際に、内容や方法を調整したり、本人との物理的距離をとろうとしたり、自分自身の役割についての再考などをしていた。家族が抱く不安は主に二つのことに対して感じられていた。一つ目は再発の不安であり、二つ目は退院後の地域生活に対する不安である。この二つ目の

不安に関しては、「周りの人は私たち家族を快く思っていないはず」と、近隣住民の認識に対する推測が伴っていた。

8．まとめに代えて

　本章では、〈当事者〉性を付与され引き受ける触法精神障害者家族が、地域社会の中でいかなる現実を生きるようになるのかを明らかにした。家族の経験は、「つながり」をめぐって揺れ動いており、直線的というよりむしろ螺旋的なものとして浮かび上がってきた。この経験は、「つながりの転換期」「つながり再構築へのアプローチ」「つながりの維持と再構築」という三つのカテゴリーから説明できるものであった。

(1)　家族が感じる社会の眼差し

　インタビューにより明らかにされた家族の経験に照らして、最初に設定した三つの研究設問について、どのようにまとめることができるだろうか。第1の問いは、「触法精神障害者家族は、自分自身に対する社会の眼差しをどのように認識・経験しているのか」である。「自分自身に対する社会の眼差し」といったとき、厳密には誰に向けられた眼差しについて語っているのかに注意しなければならない。というのも、家族が自分自身に対する社会の眼差しを語っている場合と、害を加えた者に対する社会の眼差しを、あたかも自分自身に対する社会の眼差しとして語っている場合があったからである。とくに親の場合は、害を加えた者と自分を一心同体であるかのように捉えていると感じさせる語りがしばしばみられた。

　まず、害を加えた者に対する社会の眼差しを、家族はどう受け止めていたのかをみてみよう。たとえば、病気が無ければ起訴され刑務所に送られていたところが、実際は不起訴になった上に医療施設で手厚い治療を受けているということに対して、家族が「罪悪感」を感じていたことからもわかるように、家族は害を加えた者に対する社会の眼差しを、怒りや非難あるいは軽蔑として受け止めている。換言すると、害を加えた者が公的な〈当事者〉性の付与を免れたことに対する怒りや非難を感じていたということである。それは、退院時期が近づく頃の経験が表現された「つながりの再構築と維持」において、本人が地域社会に受け入れられないのではないか、再び孤立するの

ではないかという強い不安が語られていることからも示唆される。つまり、このような不安は、害を加えた者あるいは精神障害者に対する社会の眼差しは厳しいということを認識しているからこそ感じられるのである。

　このような眼差しに対して、家族は「情報調整」という形で、なんとか害を加えた者の社会での居場所を確保しようと努めていた。Goffman は、スティグマをもつ個人が行う「パッシング（passing）」や「カヴァリング（covering）」といった印象操作について論じている[56]。これは、露呈すればスティグマにつながる情報を隠ぺいや偽装で操作し、社会的信頼を維持しようとする試みである。家族が行っていた「情報をめぐる調整」は、これらの印象操作に該当するだろう。印象操作をすることにより、家族は、害を加えた者に対する社会的信頼を維持しようとしたということである。

　しかし、ここで留意すべきことは、本研究の対象家族の場合、家族自身は、事件や入院中の本人について、実際に本人を誹謗中傷するような言葉を第三者からかけられたり、匿名の手紙がきたり、家の外壁に落書きをされるというような直接的態度に示された経験は、ほとんど無いということである。つまり、他者の考えや気持ちを直接聞いて、社会の非難や怒りを認識していたのではない。それよりもむしろ、家族は、自分自身を他者の立場に置き換えたときの認識に照らして、事件や退院といったことに対する他者の受け止め方を推測したり、あるいは普段の何気ない会話を通して他者の考えを推測していたのである。すなわち、ここでは〈当事者〉性を免れることに対する非難は、家族自身の推測の産物なのである。

　さらに、ここで論じた社会の厳しい眼差しは、家族自身に対してではなく、事件を引き起こした本人に対して向けられたものを、家族が推測しているのである。したがって、家族による「情報をめぐる調整」は、スティグマを付与された個人として家族が自分自身の信頼回復のために行っていたというよりも、むしろ事件を起こした本人の信頼回復が主たる目的ということになる。しかし、果たしてそうと言い切ることができるだろうか。

　筆者は当初、扶養義務者や保護者に付帯した法規範、あるいは「家族は助

---

56) Goffman, E. Stigma: notes on the management of spoiled identity. Simon & Schuster, Inc. NY (1963).（＝2001, 石黒毅訳『スティグマの社会学——烙印を押されたアイデンティティ』せりか書房）.

け合うべき」、「親は子の面倒をみるべき」といった社会規範により、事件を起こしたことに対する、子やきょうだいや配偶者あるいは親の贖罪意識が、家族の語りの中に頻繁に現れるものと予測していた。実際、第2章や第3章で論じたように法廷でのやりとりでは、これらの法規範や社会規範が原告被告双方の主張の中に反映されていたのである。しかし家族の語りの中では、事件を防げなかったことに対しての罪悪感を除けば、贖罪意識の表現と読み取れるような部分はなかなか見出すことができなかった。すなわち、明らかに被害者の期待に呼応するかたちで自ら積極的に〈当事者〉性を引き受けているとわかる場面が見出されなかったのである。確かに、医療観察法により本人の行為が「犯罪」に該当せずと判断されたことに鑑みれば、罪の意識が家族の語りの中で明瞭に表明されなくても当然と判断される。

　だが、自らが「加害者（性）」を付与されることに対する一種の"うしろめたさ"や"恥ずかしさ"が、家族から完全に消えたかというとそうではないだろう。たとえば、事件発生時の家族の経験を表現した「事件の衝撃」「落ち着きの取り戻し」の部分では、事件発生を機に、自宅に引きこもっていく家族の姿が現れている。「どんな顔をしていいかわからない」「カーテンを閉めてビクビクしていた」と語り、長年続けてきた習い事を辞めたり、物理的に家に閉じこもる家族は、自分自身に対する社会の眼差しもまた、非難や怒りあるいは軽蔑として受け止めていた可能性が高い。つまり、これこそが「加害者（性）」を付与されるという経験なのである。

　子どもや親やきょうだいが重大な他害行為を犯したこと、にもかかわらず公的な〈当事者〉となることを免れ、受刑せずに医療機関で治療を受けていること、あるいは精神障害をもっていることを、家族は自らのこととして受け止め、うしろめたさや恥ずかしさを感じていた。加えて、事件を防げなかったこと、そして子が精神障害をもったことに対して、家族は社会からの厳しい眼差しを感じていた。これが「加害者（性）」を付与された家族の経験の一端である。だからこそ、親戚や知人、近隣住民との「つながり」に危機感を抱き、「情報をめぐる調整」や「生活の再建」という可能な方法を駆使して、自分自身の社会的な信頼をも取り戻し、なんとか「つながり」を再構築しようと試みるのである[57]。

(2) 役割認識への影響

さて、第2の問いは、「事件が起こり、精神障害をもつ者が医療観察法の対象となることが、その家族の役割認識にどのような影響を及ぼしているのか」というものであった[57]。事件発生前の家族の状況はさまざまであり、GやJのように、本人が目立った問題行動を起こさず、本人の精神疾患に全く気づかなかったケース、DやEのように本人の問題行動が活発で、関係機関に何度も相談に行っているケース、AやMのように、本人に精神疾患があることはわかっていたが、それほど重篤とは考えていなかったケース等、本人の病気に対する理解の仕方によって、家族が認識していた役割も異なっていた。

様子がおかしいことには気づいていたが、さほど重篤とは考えていなかった場合は、積極的な対応をするというよりも、むしろ心配しつつ見守るという役割を果たしていた。一方、本人の問題行動が活発なケースでは、「自分の子どもだから何とかしてあげたい」という親としての気持ちに基づき、医療機関や保健所等に足を運んでいる。兄弟姉妹の場合は、親の場合とは異なり、諦めや納得できない気持ちを抱きながら、問題解決に取り組む。このような相違は、両者の間の、役割規範に対する意識の違いによるものと解釈できる。しかし、第1章で明らかになったように、法制度上、扶養義務者や監督義務者として位置づけられれば、兄弟姉妹だから本人に対する役割が異なるわけではなく、親と同じ役割規範に従わなければならなくなる。すなわち、

---

57) 表4-2が示すように、本人の対象行為には複数種類が含まれているものの、対象行為と社会の眼差しに対する認識との明確な関連性を、本研究の家族の語りから明らかにすることは困難であった。対象行為に限ったことではないが、グループ間の相違を明らかにする上では、比較検討に適した別の研究アプローチが求められるであろう。

58) シンボリック相互作用論の始祖といわれるMeadの役割取得の考え方を紹介しておきたい。Meadは、幼児からの相互作用の積み重ねを通じて、人はさまざまな他者の、自分に対する役割期待を内面化し、自我を形作っていくとした。このようにして形作られた自我をMeadは客我「me」と呼び、個人の内発的反応を主我「I」と呼んだ（Mead, G. H. Mind, Self and Society, University of Chicago Press (1934））。社会的規範も、社会的に期待された役割にふさわしい行動のモデルとして内面化される。自我はこの二つの側面（社会的な期待通りに行動しようとする側面と、これに対し独自の反応を示し、型通りの行動に何らかの修正を加え社会変革を志向する個人としての側面）の間の相互作用の過程として把握される。もっとも、シンボリック相互作用論の前提に立てば、状況をどのように解釈するかにより、遂行する役割も異なってくるということになる。

求められている役割規範と、自らが兄弟姉妹として認識している役割規範に齟齬が生じるのである。ともあれ、それぞれの気持ちのもちようは異なるが、家族として問題解決を図るべき役割を認識していることは明らかである。

インタビューの最後に、自らのがんばりを支えてきたものについて問うた際、家族たちは「子どもだから」「親だから」と答えている。そして、「他人だったらしない」と言いながら問題の解決を試みていた。このような回答からは、家族の問題は家族内で解決すべきという内在化された家族規範が家族の行動に強い影響を及ぼしていることが示唆される。同時に、これらの回答からは、野崎が指摘した当事者概念がもつ排他性の考え方が想起される[59]。つまり、コミットメントの強さの理由を親子関係に依拠させる発言は、特権的役割認識の現れでもあり、このような認識ゆえに第三者の深いコミットメントを寄せ付けなくなる。それが結果的には家族の孤立を招いているとも考えられるのである。問題が深刻化した時期に家族が感じる焦りや苛立ちは、本人の問題を解決するという役割を認識しつつも、コントロール不能となり、家族規範に基づく役割が果たせなくなることに起因している。そしてこれらのことからは、家族が認識している役割を果たすということが、家族にとって〈当事者〉性を引き受けるということを意味していると示唆されるのである。

本人が入院処遇を受け始めると、「安心感の獲得」におけるBの語りが示すように、家族は未経験の状況に直面するため、果たすべき役割を模索することになる。また「本人との関係の見直し」におけるAの語りも、同居して「いい母親」を演じることから、付かず離れずしながら本人の自立を支える母親へという役割の転換を模索していると解釈することができる。さらに、家族相談会への参加理由の一つには、「家族として何をすべきかを知りたい」という、いわば新たな役割の明確化の欲求があった。しかし、自らの役割認識を変化させることは容易ではない。とくに退院が近づき、本人が地域社会の厳しい眼差しにさらされる不安が強まると、事件前と同じような過度な親密さを伴う役割認識からの脱却が困難になる。また、子が刑務所ではなく病院で治療を受けていたり、精神障害があることに対して"うしろめた

---

[59] 野崎泰伸「当事者性の再検討」『人間文化学研究集録』14（2005）75-90頁。

さ"を抱いていればこそ、他者からの批判を回避するために、家族としての役割規範に沿った行動を起こそうとするだろう。したがって、たとえば「生活の再建」におけるFのように、「ケアする家族」としての役割認識を変える、あるいは誰かに全面的に頼ることは、葛藤や罪悪感を伴う。役割認識を変えるということは、すなわち「親は子の面倒を見るべき」という役割規範からの逸脱を意味する。家族が感じる葛藤や罪悪感は、役割規範からの逸脱がもたらす感情と解釈されよう。〈当事者〉性を引き受けるということが、家族にとっては役割規範に沿いつつ自らの役割を果たすことと仮定すると、役割規範からの逸脱は、それまで保持していた〈当事者〉性の引き受けがもつ意味からの脱却ということも意味する。

(3) 生活上の変化

　第3の問いは、「事件により、触法精神障害者家族の生活はどのように変化したか」というものであった。生活の全体像を理解する上では、身体的、心理的、社会的などさまざまな側面からのアプローチが必要になる。Spilkerは、生活の質は次の五つの領域で構成されるとした[60]。①身体的状態、②心理的状態、③社会的交流、④経済的・職業的状態、⑤宗教的・霊的状態である。これらの領域は、WHOの定義した健康概念にほぼ相当する。しかし、家族の語りの中では、①⑤についてはほとんど言及されていなかった。そこでここでは、②③④に焦点を絞り、触法精神障害者家族の生活変化について考察する。

　まず、②心理的状態についてみてみよう。結果が示すように、事件発生前から家族が継続的に抱いている感情は「不安」である。事件によって不安が高まり、入院によって不安が低下し、退院が近づくと不安が再び高まるというように、不安の強弱は時期によって異なってはいたが、家族の不安は消えることはない。また、とりわけ事件前に問題行動が頻繁にみられたケースでは、事件前は不安とともに焦燥感や地域の専門機関に対する憤りを強く感じていた。事件発生直後の家族の感情はより複雑である。驚き、不安、憤り、自責感、悲しみ、羞恥心、喪失感などが渾然一体となって一気に押し寄せ、

---

60) Spilker, B. Quality of life and pharmacoeconomics in clinical trial. New York: Lippincott (1996).

心理的負担に耐えられなくなり、他者との交流を避けたり、睡眠導入剤などを服薬せざるをえなくなるというケースがみられる。入院処遇が開始されると、幾分安心感は高まるが、不安や罪悪感、喪失感を継続的に感じる者も少なくない。このように、事件による家族の精神的負担は大きく、中には医療的かかわりが必要と思われるケースもある。触法精神障害者家族の心理的サポートについては、さらに詳細な臨床研究が必要である。

次に、③家族の社会的交流の変化は、本研究の鍵概念である「つながり」をめぐる揺らぎと言い換えることができる。家族の社会的交流の変化は、事件発生以前からみられる。本人が問題行動を起こしたり、家にひきこもる生活が続くことで本人との関係が濃密化したり、逆に希薄化したりする。また、成人した自分の子どもが働いていないことに対する負い目、問題行動を繰り返すことに対する負い目から、近隣住民や知り合い（子どもの同級生の親など）から距離をとるようになり、家族は孤立を深める。医療や福祉につながった場合は支援者との結びつきは強まるが、必ずしも支援を得られるわけではない。

事件により、家族の地域における孤立はさらに深まるが、そこに物理的要因が関係している場合もある。つまり、事件後の転居である。「もうこの地域には住めない」と、別の地域に転居したケースもあれば、放火事件により家が全焼し、結果的に転居を余儀なくされたケースもあった。その一方で、病棟で開かれる家族相談会に参加することにより、同じような境遇に置かれた家族とつながることが可能になっていた。また、医療観察法という制度の対象になることにより、それまで支援が受けられなかった公的支援を受けられるようになっていた。新しい状況における新しい人々とのかかわりの中で、家族は既存の役割とは違う、新たな役割のあり方を模索していたのである。このことは、〈当事者〉性を引き受けることの新たな意味を見出す上で、他者との交流がヒントをもたらす可能性があることを示唆している。また同時に、このような他者との相互行為を通して、裁判を通して付与される〈当事者〉性とは別の〈当事者〉性が付与される可能性が出てくるのである。

では④経済的・職業的状態についてはどうだろうか。事件前の本人の収入源が一家の主たる収入源であったというケースはなく、また、入院費用は公費で賄われているため、面会に訪れる際の交通費負担を除けば、本人の入院により家族の経済的負担が急増したという発言はみられなかった。ただ、被

害者と加害者の関係が親族（つまり、親、子、配偶者、兄弟姉妹等）ではない場合は、調停や訴訟にかかわっている可能性も高く、「和解金」「慰謝料」「お見舞い金」という名目での経済的負担があったと推測される。また、転居した場合は転居費用もかかっているだろう。ただ、本研究からは経済的側面での具体的変化は明らかにすることはできなかった。

　一方、仕事については、さまざまな語りがみられた。A、D、F、Oを含め複数のケースにおいて、事件後の仕事への没頭が報告されている。事件については上司や同僚に話していない場合も多いが、とくにそのことにより不都合は感じていなかった。仕事に打ち込むことにより、事件や入院といった課題がもたらす不安から気持ちを逸らすことができていた。つまり、「自営業者」「会社員」「パート労働者」「公務員」といった、本人の親、本人のきょうだい、本人の子、あるいは本人の配偶者とは別のカテゴリーに自分を位置づけ、職場での役割に没頭することで、家族としての役割を果たせていない罪悪感や不安を無意識的に和らげていた可能性が高い。DやEなど上司あるいは従業員に事情を報告したケースでは、「あたたかい言葉をかけてもらった」「理解してもらえた」と肯定的な反応を得ていた。これらの肯定反応が、家族にとっては予想外であり、職場での新たな「つながり」を発見しているケースもあった。その一方で、「事件の新聞記事を机上に放り出して」あり、「深く傷ついた」という報告もあった。このようなことは、個人が触法精神障害者家族とは異なるアイデンティティに自らを位置づけ他者と相互行為している際には、〈当事者〉性を引き受けることの重圧感から一時的に解放されることを意味している。「深く傷ついた」ケースは、個人が自らを家族とは異なるカテゴリーに位置づけ、重圧から解放される場において、他者の行為により〈当事者〉としてのカテゴリーに引き戻された際の個人の感情であると解釈できる。また一方で、被害者とは異なる人々との相互行為によりもたらされる〈当事者〉性が、被害者との相互行為によりもたらされる〈当事者〉性とは異質なものである可能性を示唆している。

(4)　社会的責任の引き受け

　さて、ここまで三つの研究設問に関して得られた知見を考察してきた。本研究の目的は、家族が〈当事者〉性を引き受けるというプロセスを明らかにし、切り捨てられたナラティブを再構築することにあった。触法精神障害者

家族が〈当事者〉性を引き受けるプロセスは、加害者本人、支援者、近隣住民、友人、同僚といったさまざまな人々との関係性（つながり）の再構築を行うプロセスであり、このプロセスにおいては、新たな役割を見出していくこと、つまり新たな意味での〈当事者〉性の引き受けを模索していくことが、重要なテーマとなっていた。

　重大な他害行為は、「精神障害者の家族」としての役割のみに変化をもたらすわけではない。社会の眼差しについての考察および家族の生活変化についての考察は、事件が、たとえば「地域住民」や「自営業者」といった、社会の中での多様な位置づけにおいてもまた、家族個人の役割に変化をもたらすことがあることを示唆している。

　新たな役割を見出す前提として、家族はさまざまな他者とのこれまでの関係性とその中での自らの役割を振り返る作業を行っていた。触法精神障害者家族の場合、この作業は幸福感、満足感ではなく、後悔や自責に満ちたものであった。さらに、新たな役割の見出し、つまり新たな意味での〈当事者〉性の引き受けは、不安や罪悪感を伴うし、なにより手探りで進めなければならない。したがって従うべき役割規範も自明ではない。なぜ、家族はこのような容易ならざる状況でも何とか新たな役割を見出そうとするのだろうか。そこには、もちろん家族としての情愛もあるだろう。しかし、それだけではなく、法廷で問われる法的責任とは異なる、社会的責任あるいは障害をもつ本人への責任を、社会の眼差しに照らして意識し続けていることがあるのではないだろうか。

　法廷で問われる法的責任は、損害賠償や慰謝料を支払うという利益のやりとりにより果たされるが、地域社会の中での責任をとるということが、どのような意味をもつのか、どのようにすれば果たされるのかは自明ではない。にもかかわらず、家族は自らの中に内在する社会の眼差しに照らして責任を感じるのである。家族は、本人にかかわり続ける、あるいは「つながり」を保持し続けることにより、自分なりの責任を果たそうとしているのである。

　この意味で、〈当事者〉性を引き受けるということは、必ずしも積極性を伴った前のめりのプロセスというわけではない。地域社会における責任あるいは家族としての責任として、好むと好まざるとにかかわらず〈当事者〉性を付与され、結果的に引き受けざるをえなくなっていたという人も多い。社会的責任や本人に対する責任を意識すればこそ、過去の役割もこれからの役

割も放棄するという選択肢は、無いに等しくなる。

　民事法廷において〈当事者〉性を引き受けることは〈当事者〉というラベルを貼られ、判決が出たら〈当事者〉の位置づけは終わりを告げる。つまり、始めと終わりが明確な経験である。しかし、地域社会の中で〈当事者〉性を引き受けるということは、社会的責任そして家族に対する責任を再認識しながら、これまでの役割の振り返りと新たな役割を模索する、らせん状の継続的経験として理解することができるのである。

表 4-1　先行研究の選定

要素の組み合わせ	先行研究領域
	検索キーワード
「精神障害」と「家族」	精神障害者家族研究
	精神障害者（or 統合失調症）＋家族
「触法（犯罪加害）」と「精神障害」と「家族」	触法精神障害者家族研究
	触法精神障害者（or 触法行為）＋家族
「触法（犯罪加害）」と「家族」	犯罪加害者家族研究
	受刑者（or 犯罪）＋家族　※DVは除く
「家族」	家族社会学研究（家族とケア）
	家族（or 親）＋ケア（or 介護）＋福祉（or 社会）
	家族（or 親）＋障害者　※一般の育児は除く

表 4-2　回答者のプロフィール

症例	方法	本人との関係	年齢（歳代）	対象行為	事件発生時期※
A	A	母親	50	強盗	7ヵ月前
B	A	母親	40	強制猥褻	12ヵ月前
C	A	父親	50	傷害	10ヵ月前
D	A	両親	60	殺人	26ヵ月前
E	A	両親	50	傷害	12ヵ月前
F	A	両親	60	傷害	14ヵ月前
G	A	両親（主に母）	70	放火	14ヵ月前
H	A	両親（主に母）	50	放火	不明
I	A	両親（主に父）と兄弟姉妹	60	殺人	15ヵ月前
J	A	配偶者	50	放火	7ヵ月前
K	A	兄弟姉妹	40	傷害	24ヵ月前
L	A	兄弟姉妹	40	傷害	14ヵ月前
M	A	兄弟姉妹	40	殺人	9ヵ月前
N	B	母親	60	傷害	12ヵ月前
O	B	母親	60	放火	不明
P	B	両親（主に母）	70	傷害	26ヵ月前
Q	B	子ども	40	傷害	24ヵ月前

※インタビュー時を基準とする

表 4-3　各中核カテゴリーを構成する現象とサブカテゴリーの内容

中核カテゴリー	現象（カテゴリー）	サブカテゴリー
つながりの希薄化／濃密化	問題解決の模索	患者の症状と問題行動、問題発生前の患者・家族関係、病気に対する気づき、家族関係（患者以外）、問題解決の模索、など
	事件の衝撃	事件当日の振り返り、事件原因の模索、起訴されることの意味、病名に対する戸惑い、他者からの回避、など
	落ち着きの取り戻し	患者に対する気持ち（憤り以外）、患者に対する憤り、救われた面の強調、精神的落ち着き、など
つながり再構築へのアプローチ	安心感の獲得	患者の変化の目撃、手厚い支援、入院による負担の軽減、安心感の獲得、処遇に関わることの認識、家族相談会への参加、など
	関係性の見直し	他の家族の受け止め方の推測、家族の雰囲気の変化、関係性についての希望、家族関係の見直し、など
つながりの維持と再構築	消えない不安	医療観察法による入院処遇の評価、家族の受入態勢、近隣の事件認識の推測、社会の眼差しへの不安、被害者への配慮、など
	情報をめぐる調整	情報共有方法（内容）への配慮、情報共有対象の選別、情報共有によるメリットとデメリットの比較、聞き手の認識の推測、など
	生活の再建	入所施設を利用しない決意、施設入所の希望、家族の役割認識、退院後に向けた取り組み、など

表 4-4　現象及び関連するカテゴリーの例

現象	カテゴリー
事件前の家族の経験	事件前の症状と問題行動、問題発生前の患者・家族関係、病気に対する気づき、病気の見逃し、家族関係（患者以外）、問題解決の模索、専門的介入への不満、事件前の患者の仕事、事件の予測と対策
事件の衝撃	事件当日の振り返り、事件原因の模索、事件対応への不満、起訴されることの意味、病名に対する戸惑い、他者からの回避、被害者との関係性、報道陣の動向と対策
落ち着きの取り戻し	患者に対する気持ち（憤り以外）、患者に対する憤り、救われた面の強調、精神的落ち着き、鑑定入院についての気持ち、すべてを責める、病名に対する戸惑い、気持ちの整理、仕事への逃避

表4-5 データ、プロパティ・ディメンション、ラベル名、カテゴリーの一部

データ	プロパティ：ディメンション	ラベル名	カテゴリー
だいたい3ヶ月入院して半年で駄目になるっていうパターンでずっときました。3ヶ月しか入れておけないんですよ、入れてくれないし、お金も続かないし（苦笑）	患者の生活パターン：3ヶ月入院半年地域 退院の理由：病院の都合、入院費の不足	事件前の患者の生活パターン	事件前の症状と問題行動
生活自体が、そういう症状が出始めてから、やっぱり自分の部屋には誰も入れないようにするしね。で、こういう何かランプが点いてると、「これなんか変だ」とかね。車が…自分ちの前によその車が止まってると、「自分を見に来てるんだ」とか「調べに来てるんじゃないか」とか、そういう被害妄想もいいとこでしたね。そういうのが病気のあれだっていうのは、こちらもその段階でわかってましたから。	症状出現による患者の変化：部屋へのひきこもり、外部との接触遮断、被害妄想 病気への家族の理解程度：中～高？	症状の出現	
人目のつかない夜中に出てって、人が出てくる頃もううちに入ってこもってましたよ。ず～っと嫌で（笑）。	注意点：人に会わないようにする 他人の目：恐怖？責められている？羞恥心？ 他人の目を気にする程度：強	事件後の他者からの回避	他者からの回避
私今でも他の人と話しませんもん。ただ大家さんとだけ、今。あの、畑のことを聞いたり、畑仕事をしながら紛らわせてますから。「種いつ蒔いたらいいんですか？」「どういうふうにしたらいいんですか？」とかそういうふうな話は今して、その方だけですもんね、今話するのは。だから電話来ても「お父さん出て」っていう感じだから、いまだにね、その、すっきりしてないっていうか。ある程度は、電話の音とかそういうのには慣れましたけど。だから自分で「無視しよう無視」っていう感じになってきてるんでね。	他者とのコミュニケーションの程度：低 話しかける相手：大家 話しかける内容：事件とは関係ないこと 音に対する感覚：緩和傾向 電話への対応：無視	コミュニケーション全体量の減少	

注） 回答者の匿名性を担保するために、回答者番号は削除している。

第 5 章

責任を引き受けるということ

(1) 責任構造の歴史的変容

　本書では、〈当事者〉性の付与と引き受けを相互行為として捉えた場合、それが法廷においてどのように実践されるのか、また〈当事者〉性を引き受けるという行為を、引き受ける本人がどのように受け止めているのかを、触法精神障害者家族に対する〈当事者〉性の付与と引き受けを手がかりとして論じた。

　本書で論じたように、前近代においては、個人個人が自立した権利主体として位置づけられていなかった。つまり、前近代は個々の境界が曖昧であり、社会生活は対立構造よりもむしろ、お互いに協調しあう関係により成り立っていた。個人個人が権利主体として位置づけられておらず、相互に対立関係にないのであるから、個人が自らの権利を主張したり権利侵害に対して憤り、回復の手だてを講じるということも生じ難い。親子、地域共同体は一心同体である。このような社会で何か出来事が発生すれば、地域共同体の秩序を乱すことに対する戒め、あるいは見せしめとして、害を加えた本人とともに親族、町、村が連帯して刑事上の責任をとらされる。つまり前近代における責任構造は、非自律社会における連帯責任制ということができよう。

　しかし第 1 章で触れたように、近代になると、個人個人が自律した責任ある権利主体として位置づけられるようになる。個人個人が責任ある権利主体であるということは、つまり、個人の行為はその個人で責任を取るのが原則であり、権利主張如何によっては他者との対立もありうるということを意味している。そして個人が被った権利侵害に対しては、補償されるべき権利がある。このような社会で出来事が発生すると、出来事に関係する権利主体の

みが、権利侵害の程度やその回復について争い、法的責任を課される。つまり、近現代における責任構造は、自律社会における個別責任制ということができよう。

(2) 「主体ならざる者」による加害行為の責任の所在

ただし、近現代においてはすべての出来事が個別責任制であり、害を直接加えた者だけが、害を被った者に対する権利の回復を要求されるというわけではない。触法精神障害者や触法少年のように、害を直接加えた者が自律した責任ある権利主体として位置づけられない場合は、このような責任構造にはならない。この場合は、むしろ前近代の責任構造、つまり非自律社会における連帯責任制に類似した責任構造となる。具体的には、法的には本人に代わって家族が、主体ならざる者の行為に対しての法的責任をとるのである。家族がいない場合は、地方自治体の代表者に〈当事者〉性が付与されることもあるが、原則として近代以降は自律した個人の個別的な責任に基づく責任構造なので、江戸時代の五人組のように、家族とともに事件に直接的因果関係がない隣人や町内会の人々に法的責任が課されるということはない。また、前近代は害を加えた本人が乱心であっても処罰の対象となっていたが、近代以降は本人が心神喪失とされた場合は、本人は公的な処罰の対象にはならない点も異なっている。

(3) 家族への〈当事者〉性の付与と引き受け

このような近代以降における家族への〈当事者〉性付与とその引き受けはどのようなものなのか。第2章と第3章において論じたように、それは、法廷において法の専門職者が害を加えた者の家族、害を被った者やその家族を特定の社会的カテゴリーにあてはめ、家族、医療、相談、精神障害といったさまざまな事柄に関する規範を用いながら〈当事者〉性を付与していくプロセスである。

法廷で用いられるカテゴリーは、「加害者」の父親、母親、子、配偶者、兄弟姉妹であるが、他方でこれらの人々は、たとえば市役所の係長、町内会役員、英会話教室の生徒というように、地域社会の一員としてのカテゴリーにも属している。しかし、法廷で問われるのは「加害者」の家族としてのアイデンティティのみである。というのも、事件時に従うべき規範や期待され

る役割を安定させ、参照すべき規範や共通認識を絞り込む必要があるからである。

　さらにもう一つの理由として、近代社会においては害を加えた者と契約関係にある場合以外は、連帯した責任を家族以外の地域社会の人々に求めることが極めて少ないということがある。つまり、家族でなくては保護義務や監護義務という義務を通しての連帯責任を問えないので、家族というカテゴリーにあてはめることが必要なのである。

　ただし、「加害者の家族」あるいは「被害者」「被害者の家族」とカテゴライズされることにより、「加害者の家族」「被害者」「被害者の家族」としての感情をもつ権利と義務を有するという側面もある。また、触法精神障害者による加害行為すべてについてその家族が〈当事者〉性を付与されるわけではなく、家族の年齢や経済状況、生活状況や障害の有無といった事情に基づき、例外が想定されている。このような例外があることで、特定の家族に対する〈当事者〉性の付与は回避される。それは、家族の法的責任を問うという行為が、犯罪の一般予防のために行われているわけではないからと解釈できる。そもそも、近代以降の責任構造は自律社会における個別的責任制が原則なのであり、このような主体ならざる者の犯罪はあくまでも例外的なのである。

　また、近代以降は連坐のような地域共同体に対する〈当事者〉性の付与を行っていないにもかかわらず、家族にのみ〈当事者〉性を強いるのは気の毒という考え方もあるだろう。さらに、家族に一律に法的責任を求めれば、精神障害者を監督するために住む場所を変えたり、過度な経済的負担を強いられたり、仕事もままならないという事態が生じ、逆に家族の人権が脅かされかねない。実際、2013年の精神保健福祉法改正による保護者規定の撤廃の背景には、とくに高齢化した家族にとって精神障害者の保護者となり続けることが、身体的あるいは経済的面で限界があるという事情があった。とはいえ、精神障害者の人権擁護の必要性が重視されてきているために、一部の義務規定を廃止しても、家族一人ひとりの役割や引き受ける責任の負担が大幅に減少するということはないだろう。

⑷　〈当事者〉性を引き受けることの自明性
　では、自律社会における個別責任制に基づく市民社会において、前近代の

連帯責任制のように家族に〈当事者〉性を付与することを、〈当事者〉性を引き受ける者は理不尽なこととして捉えないのだろうか。個人が行った行為に対してその家族に法的責任が求められることは、「同居の家族は助け合うべきである」「家族はお互いを保護し合うべきである」「家族は愛情に基づいている」「家族は一心同体である」といった、家族であることに付帯するさまざまな規範により根拠づけられている。つまり、家族間の扶養、保護、監護といった法的義務は、このような規範に基づいている。このような規範を内在化させている多くの人々にとっては、〈当事者〉性を引き受けることは理不尽なこととして捉えられにくい。法と道徳が未分離な社会では、道徳に従うことが、すなわち法を守ることにもつながるのである。

　さらに、自律社会といえども多くの人々は子や親との関係で、必ずしも精神的自立がなされているわけではない。それは第4章における研究で、家族の中でもとりわけ親が触法精神障害者である子と一心同体のように自らの経験を語っていたことからもわかる。このように子や親との関係で精神的にお互いに自立していない状態では、子の行った加害行為あるいは親の行った加害行為により、〈当事者〉性が付与され、それを引き受けることはやむをえないこと、議論の余地のないこととして受け止めるだろう。

　結果的に、法的責任としてはいうまでもなく、社会的責任あるいは道徳的責任として、触法精神障害者にかかわり続けるという選択肢が選ばれることになる。すなわち、本人にかかわり続けることが、家族にとっての「責任を果たす」ということなのであり、家族規範に従う限り、触法精神障害者にかかわり続けること以外の選択肢は無いに等しいのである。

(5) 薄れ行く地域社会の責任

　このように、家族の責任が問われ続ける一方で、地域に住む住民一人ひとりの責任は近代化とともに希薄化あるいは消失していこうとしている。前近代に連坐を通して課せられていた〈当事者〉性は、近代化以降は免れるようになり、近代以降は〈当事者〉性を付与されない場合は、もっぱら傍観者として、公的〈当事者〉性を課せられない者となった。むしろ、地域住民一人ひとりは規範や常識を通して〈当事者〉性を付与する側にまわっているということができる。

　そもそも、前近代に個人が行った行為について、本人以外の誰かに〈当事

者〉性を付与する理由は、地縁や血縁に基づく地域共同体の維持であった。前近代において精神障害者は判断能力が欠如した危険な存在とみなされており、このような人々に対して行われていた保護や後見、監護、監督は、地縁や血縁に基づく地域共同体の維持、安定した社会の維持が目的であった。これはひとえに、地縁や血縁に基づく地域共同体が構成する、いわゆる地域社会としてのまとまりが重視されていたからである。

ところが1950年代になると、人権思想が徐々に高まりをみせるようになり、それに伴い精神障害者の人権も守られるべきと次第に考えられるようになった。すると、精神障害者に対する保護や後見、監護、監督の目的は、その人の権利を守るため、あるいは精神障害者による他者に対する権利侵害を予防するためということに変化したのである。すなわち、人権思想が重視されるようになってからは、地域社会のまとまりよりも、個々人の権利保障がより重視されるようになったということができる。

とはいうものの、人権思想の高まりにより地域社会の維持や安定を目的とした保護、後見、監護、監督が完全に消滅したというわけではない。精神障害者を予測不可能な危険な存在とする見方は1950年以前と比較して薄くなったとはいえ、2000年以降も継続してあった。それは、たとえば精神保健福祉法における措置退院後の保護者による引き取り義務規定が、存在し続けてきたことが示唆している。つまり、地域社会の維持や安定は社会の中での重要な課題の一つであり続けているということになる。

しかし、地域社会を構成する一人ひとりの、社会に対する責任あるいは〈当事者〉性が薄れていく中で、従来型の地縁や血縁に基づく地域共同体を想定しつつ、地域社会としてのまとまりを作ることは期待できない。では、どのように地域社会のまとまりを作ることができるのだろうか。また、どのようなまとまりを作っていけばよいのか。その答えは明確ではない。だからこそ、触法精神障害者家族に対する〈当事者〉性の付与と引き受けの態様に象徴されるように、〈当事者〉性の強い者に対する「責任の一極集中」という現象が生じるのではないか。

(6) 被害者に対する権利保障

とはいえ、権利侵害に対する補償を求めることが人々に公的に認められた権利である以上、害を被った者が補償請求の権利を「泣き寝入り」という形

で放棄することが最善とはいえまい[1]。そうではなく、民事裁判を通しての補償ではないかたち、「泣き寝入り」ではないかたちの、権利侵害を受けたことに対する精神的慰撫あるいは経済的慰撫の方法を模索し、家族への〈当事者〉性付与を回避できる道筋を探すことが必要と考えるのである。

　具体的には、たとえば犯罪被害者等給付金の支給等による犯罪被害者等の支援に関する法律（昭和55年法律第36号）に基づく犯罪被害者給付金制度の見直しが考えられる。当該法律の目的はその1条で「この法律は、犯罪行為により不慮の死を遂げた者の遺族または重傷病を負い若しくは障害が残った者の犯罪被害等を早期に軽減するとともに、これらの者が再び平穏な生活を営むことができるよう支援するため、犯罪被害等を受けた者に対し犯罪被害者等給付金を支給し、および当該犯罪行為の発生後速やかに、かつ、継続的に犯罪被害等を受けた者を援助するための措置を講じ、もつて犯罪被害等を受けた者の権利利益の保護が図られる社会の実現に寄与することを目的とする」と規定している。そして6条では「次に掲げる場合には、国家公安委員会規則で定めるところにより、犯罪被害者等給付金の全部又は一部を支給しないことができる」とし1項で「犯罪被害者と加害者との間に親族関係（事実上の婚姻関係を含む。）があるとき」と規定している。つまり、当該制度においては親族の間で行われた犯罪については給付対象外になることがあるのである[2]。このような制度設計になっている背景に、「加害者の家族は〈当事者〉性を付与される存在でしかありえない」あるいは「家族は一心同体である」という考え方はないだろうか。当該立法成立にかかる1975年7月2日の国会審議では、参考人として出席した同志社大学の大谷實が、犯罪被害者に対する補償の必要性を訴えた上で、次のように述べている[3]。

---

1) 川島は、権利の主張あるいは権利のための闘争こそ、法的秩序の護持のために、権利者がなすべき社会的義務とさえ感じると述べている（川島武宜「順法精神」『川島武宜著作集4』岩波書店（1982）118-119頁）。
2) なお、証人等の被害についての給付に関する法律（昭和33年法律第109号）は、「刑事事件の証人若しくは参考人又はその近親者が証人又は参考人の供述又は出頭に関して他人からその身体又は生命に害を加えられた場合及び国選弁護人又はその近親者が国選弁護人の職務の遂行に関して他人からその身体又は生命に害を加えられた場合に国において療養その他の給付を行うこと」を規定した法律であるが、当該法律においても4条で「証人、参考人若しくは国選弁護人又は被害者と加害者との間に親族関係（事実上の婚姻関係を含む。以下同じ。）があるとき」は給付の対象外となっている。

「この制度の運用上、最大の課題となりますのは受給資格者をどう限定するかという問題でありますが、この制度が、いずれにせよ、悲惨な状態にある者に対する公的な同情心を出発点としているわけでありますから、同居の親族間の犯罪あるいは扶養、被扶養の関係にあります者同士の犯罪行為には原則として適用されないということは言うまでもありません。」

この発言から、親族間の犯罪における他の家族は、公的な同情心を喚起する存在ではないという認識が、法案提出段階で前提としてあったことがわかる。このような考え方が、2011年段階の犯罪被害者給付金制度にも反映され続けている可能性は高い。また、当該制度を通して被害者やその遺族が受け取る金額についても再考する余地がある。

その際鍵を握るのは、地域社会の希薄化する〈当事者〉性であり、この地域社会の〈当事者〉性がいかにあるべきかを今一度見直すためには、他方で、地域社会のどのような紐帯を、いかにつくればよいのか、その方向性を探ることが求められる。このような作業を通して、被害者の精神的慰撫あるいは経済的慰撫の方法が見出されるだけでなく、家族という一つの存在に対する「責任の一極集中」が新たな展開をみせるだろう。

「責任の一極集中」の回避は、触法精神障害者による加害行為、害を被った者（その遺族）、触法精神障害者家族における〈当事者〉性の付与と引き受け等に限ったことではなく、社会で生じているさまざまな出来事と、その後の責任の語られ方ということにも敷衍できる。地域社会の中でいかに責任を分担していくのかが問われているのである。

(7) 責任の分担に向けて

本書で論じてきたことは、「責任の一極収集中」を緩和し、事件とは直接的に因果関係のない者が傍観者以外の位置づけをとる方向性への足掛かりとなろう。

地域社会における責任の分担は、ややもすれば責任の所在の不明確化を惹

---

3) 衆議院事務局『第75回国会衆議院法務委員会議録29号』衆議院事務局（1975）7頁。

起しかねない。ある出来事や現象が発生し、その責任問題について語られるとき、大きく2つのパターンに分かれがちである。一つは刑事事件にみられるように、特定の人物や法人に責任を集中させる語りである。このような語りを成り立たせている仕組みについては本書を通して確認してきた。もう一つは学校でのいじめにみられるように、責任の所在を曖昧にした語りである。このような語りは、いじめ問題に限らず、地方の衰退、過疎化問題、原発問題、待機児童問題等、さまざまな社会問題において見受けられる。これらの問題においては、直接的な因果関係のない者はもちろんのこと、因果関係がある者すらも傍観者の位置づけをとり責任の押しつけ合いをすることがある。そしてどちらの語り方においても問題解決に向けた建設的な道筋がみえにくくなっているのである。

　ここで提起している地域社会における責任の分担は、責任を集中させる途でも責任の所在を曖昧にする途でもない別の途であり、一人ひとりが何らかの方法で直接的・間接的に出来事や現象にコミットする途である。それは地域で生活する私たち一人ひとりの人間関係のあり方あるいは物事に対する捉え方や関わり方の見直しは元より、生き方そのものの再考を要請する。いかなる方法であれ責任を分担するのであれば、不本意な負担を伴う場合もあるだろう。であるからこそ、出来事や現象への対策にかかわる議論だけではなく、社会における紐帯のあり方や、社会的包摂がもたらす意味、そしてどのような社会を私たちが目指しているのかといった大きな枠組みでの議論も必要なのである。

　白波瀬は、一人ひとりが直接的・間接的に社会の不平等問題に関わるためには、そしてともに支え、ともに助け合う社会の実現には、他者感覚という社会的想像力を研ぎすますことが重要であると指摘する[4]。他者感覚とは、たんに他人の気持ちを理解するといったことではなく、自らが他者にはなりえず、他者でない自分が他者の立場に立つことの限界を自覚することをも意味する[5]。この限界を受け止めた上で、他者を慮ることが求められているというのである。

　触法精神障害者家族に責任が一極集中する現象を不平等問題と捉えたとき、

---

4) 白波瀬佐和子『生き方の不平等——お互いさまの社会に向けて』岩波新書（2010）。
5) 石田雄『丸山眞男との対話』みすず書房（2005）。

同じことがあてはまる。つまり、実際に〈当事者〉性を付与されていない者が触法精神障害者家族に同化し、彼らの経験を追体験することはできない。しかしその限界を受け入れた上で、彼らの経験を想像し感じようとすることが求められるということになる。

家族のあり方や人々の生き方が多様化する社会の中では、他者感覚という社会的想像力を研磨しつつ、お互いが少しずつ責任を共有し合える方法を模索していくことが求められるのである。では、具体的にどのように責任を分担していくことができるのか。前述の犯罪被害者等給付金の充実のような、制度的な仕組みを通して間接的に責任を分担していくことも一つの方法だろう。また本書では、医療従事者や保健師、福祉関係者、行政職員等、地域の関係者が、規範や常識を通して間接的に〈当事者〉性を付与する側にまわるだけでなく、医療観察法という制度を通して触法精神障害者にかかわることにより、〈当事者〉性を引き受ける側にもまわることがあるということを示した。

さらに、市民後見を含む第三者後見、あるいは保護者制度に代わる代弁者制度が整えば、一般市民が〈当事者〉性を引き受けるということもありうる。実際、2013年の精神保健福祉法改正に際しては、保護者制度に代わる代弁者制度の仕組み作りと活用が議論された。たとえば、全国精神保健福祉会連合会の川崎氏は、家族が権利擁護者になることの難しさと限界について次のように述べている[6]。

「看護師からちょっと暴力を受けたということも家族は耳にしますけれども、なかなか今の現状ではその看護師にちょっと言えない、はっきり言って、家族にとって人質をとられているようなもので、またそんなことを言ってしまうというような、そういう危惧もなきにしもあらずというのが現状であります。」

また、公益社団法人やどかりの里の増田氏は、病院や家族とは違う存在の者が、精神障害者の権利を守りつつ医療を受けられる権利を行使するという

---

[6] 衆議院事務局『第183回国会衆議院厚生労働委員会議録第19号』衆議院事務局(2013a) 16頁。

仕組みが必要であると指摘している[7]。家族関係が多様化している中で、従来通り家族に権利擁護者としての役割を担わせる仕組みは大きな問題をはらんでおり、家族に代わって弁護士や後見人、審査会、当事者団体等の第三者が精神障害者の人権を守れるような仕組み作りが必要になっている[8]。

2013年の精神保健福祉法改正時には時期尚早ということで、このような仕組みの導入は見送られることとなったが、新法には「後見等を行う者の推薦」（51条11の3）が新たに設けられ、市町村が後見等の業務を適正に行うことができる者の家庭裁判所への推薦その他の必要な措置を講ずるよう努めることおよび、都道府県が市町村と協力し、後見のための人材活用に向けた助言や援助を実施することが定められた。

さらに、一般市民が〈当事者〉性を引き受けるということに関連して、2011年9月8日に開催された政府の検討会議における野澤和弘氏（毎日新聞論説委員）の次のような発言に注目したい[9]。

「（大阪は市民後見が盛んであり）大阪の後見人を設計した人たちに集まってもらって、一度話し合いをしたことがあるんです。いろいろな問題がありますけれども、市民後見人というのは一番可能性があるのではないかという結論でした。なぜかというと自信がないからしょっちゅう顔を見に行く。プロの弁護士は高い金を取っても、一月に一度も見に行かない弁護士はいっぱいいると。本当に後見人が必要な場面は人生の中でそんなにないんです。財産の処分とか何とかいうのはそんなになくて、市民後見人は心配で心配でしょうがないから、しょっちゅう顔を見に行くと。ちょっとでも様子がおかしいとすぐにバックアップ機関に駆け込んでくると。」

野澤氏の発言には、弁護士や社会福祉士といった専門職者だけでなく、一般市民の精神障害者あるいは触法精神障害者に対するかかわりの進展に対する期待が込められている。

---

7) 衆議院事務局・前掲注6) 20頁。
8) このような第三者による代弁活動がすでに独自の取り組みとして行われている地域もある。その一例として、福岡県弁護士会による精神保健当番弁護士制度がある。
9) 厚生労働省・社会・援護局障害保健福祉部精神・障害保健課（2011）「2011年9月8日　第21回新たな地域精神保健医療体制の構築に向けた検討チーム議事録」。

さらに、家族ではない第三者による権利擁護の展開は、家族がこれまで採用してきた〈当事者〉性を引き受けるかたちとは異なる方法での〈当事者〉性の引き受けのかたちがありうることを示唆している。この意味では、被害者や加害者あるいはその家族の〈当事者〉性についての検討のみならず、これらの人々に関与する専門職者の〈当事者〉性そして一般市民の〈当事者〉性についての考察が要請されよう。

　法的ディスコースによる紛争解決は、出来事の一つの記述様式に過ぎず、法的責任の所在を明らかにすることもそこに含まれている。ただし、法的責任の所在を明らかにするという行為は、社会的実態としての紛争解決に近づきはしても、そこには至ることはできない。であるならば、法的ディスコースを用いる以外に、どのように出来事に取り組むことで社会的実態としての紛争解決に近づけるのか考えて行く必要がある。その際に「社会的責任」が重要なキーワードになるだろう。

(8)　家族の主体性の構築

　家族にもまた、責任を引き受ける自由がある。とはいえ第4章で示したように、触法精神障害者家族が事件発生直後から責任意識が明確であり、〈当事者〉性を瞬時に引き受けるというわけではなく、その過程で家族は父親、母親、兄弟、姉妹、配偶者といったカテゴリー以外のアイデンティティをも自由に行き来しつつ、自らの役割の見直しを図る。ここで浮き彫りになった「他者とのつながりをめぐる揺らぎ」の経験は、裏返せば「触法精神障害者にまつわる社会的責任のとり方、役割の果たし方をめぐる揺らぎ」でもある。この意味で、触法精神障害者による重大な他害行為は、家族自身がそれまでの役割規範を見直し、社会における新たな関係性を生み出し、〈当事者〉性を引き受けるということがもつ意味を再検討する好機でもある。

　ただしその好機を生かすためには、家族自身が、家族規範に拘泥されず、主体的に生きるにはどうすればよいか、その方法を前向きに模索することが求められる。時代によって基づく制度や価値観は異なっているものの、前近代から人々は家族に〈当事者〉性を付与し、家族は〈当事者〉性を引き受けていた。規範に背き、行為を秩序づけている日常の仕組みを乱せば、不安や恐怖といったネガティブな感情を自分だけでなく、周囲にも引き起こす可能性があるため、人々は自分でも気がつかないうちに、そのようなネガティブ

な感情を避けるために、歯車のようになって同じことを繰り返してしまう。言うまでもなく、このような態度が人々の生活に安定感を与えている側面があることは否めない。だが、こうした家族による〈当事者〉性の引き受けには、主体性の欠如が疑われる場合も少なくない。そして制度もまた、秩序を維持しようとするこのような人々の習性を支持する構造となっている。しかし、仮に今存在する秩序を乱したとしても、道徳的秩序は協働で再調整されるのであり、その時にもたらされるであろう不安や恐怖が継続するわけではない。したがって、それまでの役割規範を見直し、社会における新たな関係性を生み出そうとする取り組みも重要であり、さらにそのような取り組みを支えることが求められる。そのためには、法学、社会学、福祉学などさまざまな臨床領域における専門職者ら自身が、役割規範からの逸脱は不可能という固定観念に絡めとられてはいないか、問い直さなければなるまい。

　また、本書では「加害者」「加害者家族」「被害者」「被害者家族（遺族）」というカテゴリーにあてはめられることにより、初めて悲しみ、怒り、安堵、不安といった一定の感情を抱き表出する権利と義務を有することを示した。それは視点を変えれば、それ以外の人々には無い、いわば特権である。であるならば、その権利を放棄したり義務を蔑ろにするのではなく、積極的かつ有効に利用する方法を見出すことも〈当事者〉性を引き受ける一つの方法ではないだろうか。

　具体的には、たとえば自らの経験を発信し理解を得ることや、同様の経験をしている人々を支えるというようなことが可能である。確かに「加害者」あるいは「加害者」家族の声は、それぞれのカテゴリーに付着した一定のイデオロギーに即して理解される可能性は高い。しかし、「加害者」あるいは「加害者」家族本人が多様な声を発信することにより、人々が別様に、彼らあるいは出来事を理解する可能性が広がるのである。それは「被害者」が自らの声を発信することについても同様のことがいえる。

　そして、これらの人々を取り巻く専門職者は、特定の役割規範に基づいてこれらの声を聞き審判を下すのではなく、彼らに与えられた権利と義務を、彼ら自身が積極的かつ有効に利用できるような方法をともに考えていき、その環境を整えていく必要がある。専門職者は「加害者」側の人々「被害者」側の人々が、ともにイデオロギーに即していない語りをも含め、自らの経験を真摯に語る「場」を保障する必要がある。これらの語りは、前述した民事

裁判を通しての補償ではないかたち、「泣き寝入り」ではないかたちの、権利侵害を受けたことに対する精神的慰撫あるいは経済的慰撫の方法を考える上での糸口となるだろう。

文献一覧

Atkinson, Maxwell & Drew, Paul (1979) Order in Court. London: Macmillan.
Bennett, W. L. & Feldman, M. S. (1981) Reconstructing Reality in the Courtroom, Tavistock Publications: New York.
Blumer, H. (1998) Symbolic Interactionism- Perspective and Method, University of California Press. First published 1969 by Prentice-Hall, Inc.
Boswell, G. and Wedge, P. (2002) Imprisoned Fathers and their Children. Jessica Kingsley.
Bruner, J. (1990) Acts of Meaning. Harvard University Press.（= 1999, 岡本夏木・仲渡一美・吉村啓子訳『意味の復権　フォークサイコロジーに向けて』ミネルヴァ書房）.
Centre for Social and Educational Research. (2002) Parents, Children and Prison: Effects of Parental Imprisonment on Children. Dublin Institute of Technology.
Cicourel, A. V. (1980) Three Models of Discourse Analysis; The Role of Social Structure, Discourse Processes, 3, p.101-32.
Garfinkel, H. (1974) The Origin of the Term "Ethnomethodology". in Roy Turner (ed.) Ethonomethodology, penguin, pp15-18, originally published as Pursue Symposium on Ethnomethodology, 1968.
Goffman, E. (1963) Stigma: notes on the management of spoiled identity. Simon & Schuster, Inc. NY.（= 2001, 石黒毅訳『スティグマの社会学――烙印を押されたアイデンティティ』せりか書房）.
Condry, R. (2007) Families Shamed; The consequences of crime for relatives of serious offenders. UK, Willan Publishing.
Conley, J.M. & O'Barr, W. M. (1990) Rules versus Relations: The Ethnography of Legal Discourse. Chicago: University of Chicago Press.
Crocker, D. (2005) Regulating intimacy: Judicial discourse in cases of wife assault (1970-2000). Violence Against Women, 11(2), p.197-226.
Dingwall, R. (1988) "Empowerment or Enforcement? Some Questions about Power and Control in Divorce Mediation" in Dingwall, R. & Eekelaar, J. (eds). Divorce Mediation and the Legal Process (Oxford Socio-Legal Studies), New York: Oxford University Press.
Drew, P. (1990) "Strategies in the Contest Between Lawyer and Witness in Cross-examination" in Levi, J. N. & Walker, A. G. (eds.). Language in the Judicial Process, New York: Prenum Press, p.39-64.
Edwards, D. & Potter, J. (1992) Discursive psychology. London, Thousand Oaks, New Delhi: Sage.
Ferraro, K., Johnson, J., Jorgensen, S. and Bolton, F. G. (1983) Problems of prisoners' families: The hidden costs of imprisonment, Journal of Family Issues, 4, p.575-91.
Flick, U. Qualitative Forschung. Rowohlt Taaschenbuch Verlag GmbH. (1995) 小田博他訳『質的研究入門――〈人間の科学〉のための方法論』春秋社（2002）

Frohmann, L. (1997) Convictability and discordant locales: Reproducing race, class, and gender ideologies in prosecutorial decisionmaking. Law & Society Review, 31(3), p.531-555.

Garfinkel, H. (1974) The origin of the Term "Ethnomethodology" in Roy Turner (ed.) Ethnomethodology, penguin1974, pp15-18, originally published as Pursue Symposium on Ethnomethodology, 1968. (= 1987, 山田・好井・山崎訳『エスノメソドロジー：社会的思考の解体』せりか書房).

Heritage, J. (1985) Recent development in conversation analysis. Sociolinguistics, 15, p.1-17. (= 2015, 川島理恵ほか訳『診療場面のコミュニケーション――会話分析からわかること』勁草書房)

Holstein, J. A. (1993) Court-Ordered Insanity: Interpretive Practice and Involuntary Commitment. New York: Aldine de Gruyter.

Mather, L. & Yngvesson, B. (1980-81) Language, Audience, and the Transformation of Disputes. Law and Society Review, 15(3-4), p.775-821.

Matoesian, G. M. (1993) Reproducing Rape: Domination through Talk in the Courtroom. Chicago: University of Chicago Press.

Maynard, D. W. (1984) Inside Plea Bargaining: The language of Negotiation. New York: Plenum Press.

―― .(1990) "Narrative and Narrative Structure in Plea Bargaining" in Levi, J. N. & Walker, A. G. (eds.). Language in the Judicial Process, New York: Prenum Press, p.65-95.

Mead, G. H. (1934) Mind, Self and Society, University of Chicago Press.

Morris, P. (1965) Prisoners and their Families. Working: Unwin Brothers

Murray, J. (2005) Chapter 17. The effects of imprisonment on families and children of prisoners, Liebling, A. (ed.) Cambridge Criminal Justice Series: The Effects of Imprisonment. Willan Publishing.

Noble, C. (1995) Prisoners' Families: The Everyday Reality. Ipswich: Ormiston chidren and Families Trust.

Nordström, A. , Kullgren, G. , and Dahlgren, L. (2006) Schizophrenia and violent crime: The experience of parents. Int. J Law Psychiatry, 29: p.57-67.

Philips, S. (1998) Ideology in the language if judges: How judges practice law, politics, and courtroom control (Oxford studies in anthoropological linguistics, 17) Oxford & New York: Oxford University Press.

Sacks, H. (1972) An Initial Investigation of the Usability of Conversational Data for Doing Sociology. Sudnow, D. ed. , Studies in Social Interaction, New York: Free Press, p.31-74. (=1989, 北澤裕・西阪仰訳「会話データの利用法――会話分析事始め」G. サーサス・H. ガーフィンケル・H. サックス・E. シェグロフ『日常性の解剖学――知と会話』マルジュ社, 93-173頁)

Spilker, B. (1996). Quality of life and pharmacoeconomics in clinical trial. New York: Lippincott.

Strauss, A. and Corbin, J. (1998) Basics of Qualitative Research- Techniques and Procedures for Developing Grounded Theory. (2nd ed.) SAGE Publications, CA.

Travers, M. (1997) The Reality of Law: Work and Talk in a Firm of Criminal Lawyers

(Socio-Legal Studies), London: Ashgate Publishing.
Wilson, T. P. (1970) Conception of Interaction and Forms of Sociological Explanation. American Sociological Review, 35, p.697-710.

浅野智彦『自己への物語論的接近――家族療法から社会学へ』勁草書房（2001）
天田城介「在宅痴呆性老人家族介護者の価値変容過程」『老年社会科学』21(1)（1999a）48-61頁
――．「痴呆性老人と家族介護者における相互作用過程――「痴呆性老人」と「家族」の視点から解読する家族介護者のケア・ストーリー」『保健医療社会学論集』10（1999b）38-55頁
新井誠『高齢社会の成年後見法』有斐閣（1994）
五十嵐禎人「成年後見制度の問題点と改正の動向」『季刊精神科診断学』10(1)（1999）37-54頁
池原毅和「触法精神障害者をめぐる課題」『社会福祉研究』84（2002）36-40頁
――．「精神障害者の保護者」町野朔編『ジュリスト増刊　精神医療と心神喪失者等医療観察法』有斐閣（2004）196-200頁
石井良助『日本法制史概要』創文社（1952）
――．「日本における扶養制度」中川・青山・玉城ほか編『家族問題と家族法Ⅴ　扶養』酒井書店（1958）98-132頁
――．『日本刑事法史』創文社（1986）
石田雄『丸山眞男との対話』みすず書房（2005）
石田穣「Ⅴ法典編纂と近代法学の成立」石井編『日本近代法史講義』青林書院（1972）95-111頁
板原和子・桑原治雄「江戸時代後期における精神障害者の処遇(1)」『社会問題研究』48(1)（1998）41-59頁
――．「江戸時代後期における精神障害者の処遇(2)」『社会問題研究』49(1)（1999）93-111頁
――．「江戸時代後期における精神障害者の処遇(3)」『社会問題研究』49(2)（2000）183-200頁
伊藤勇「シンボリック相互作用論とG・Hミード――H・ブルーマーと批判者たちの応酬をめぐって」『社会学史研究』20（1998）99-111頁
井上正一・亀山貞義「民法正義人事編巻之弐（上下）」『日本立法資料全集別巻64』信山社（1996）
植田信弘「鎌倉幕府の〈検断〉に関する覚え書き（一）」『法政研究』58(4)九州大学（1992）573-604頁
梅謙次郎『民法要義巻之一　総則編』（訂正増補第20版）和佛法律学校（1902）
――．『民法要義巻之四　親族編』（第14版）法政大学（1903）
大久保治男「徳川幕府刑法における責任論(2)」『苫小牧駒澤大学紀要』2（1999）1-36頁
大島巖・伊藤順一郎・柳橋雅彦ほか「精神分裂病者を支える家族の生活機能とEE（Expressed Emotion）の関連」『精神神経学雑誌』96(7)（1994）493-512頁
大塚昭男「精神障害者による成年後見制度の利用」『法律のひろば』58(6)（2005）41-45頁

岡田久美子「日本における Family to Family：家族による家族学習会プログラム」『精神障害とリハビリテーション』14(1) (2010) 44-50 頁
岡田光弘「コラム　よくある質問と答え」前田・水川・岡田編『エスノメソドロジー——人びとの実践から学ぶ』新曜社 (2007)
岡邊健・小林寿一「近年の粗暴的非行の再検討——「いきなり型」・「普通の子」をどうみるか (II 自由論文)」『犯罪社会学研究』30 (2005) 102-18 頁
小川秀樹「新しい成年後見制度の概要」『ジュリスト』1172 (2000) 17-22 頁
尾崎紀夫「アドヒアランスを重視した統合失調症の治療——再発予防の視点から」『精神神経学雑誌』108(9) (2006) 991-6 頁
落合恵美子『近代家族とフェミニズム』勁草書房 (1989)
樫村志郎「法律現象のエスノメソドロジーにむけて」『神戸法学年報』6 (1990) 73-99 頁
——.「第5章　法律的探求の社会組織」好井裕明編『エスノメソドロジーの現実——せめぎあう〈生〉と〈常〉』世界思想社 (1992)
——.「社会過程としての法解釈」『法社会学——法の解釈と法社会学』45 (1993) 65-73 頁
——.「裁判外紛争処理における弁護士の関与（シンポジウム　紛争処理と法社会学II）（裁判外紛争処理）」『法社会学』49 (1997) 52-62 頁
——.「法社会学とエスノメソドロジー」山田富秋・好井裕明編『エスノメソドロジーの想像力』せりか書房 (1998)
加藤久雄「わが国における精神障害者法制の歴史的考察」『精神医療と法』弘文堂 (1980)
金子嗣郎・斉藤正彦「III 日本における精神医療関連法規の歴史」松下正明他編『臨床精神医学講座 22——精神医学と法』中山書店 (1997)
神長百合子「エスノメソドロジーと裁判研究」『法社会学』44 (1992) 101-107 頁
川島武宜『法社会学4——法意識』岩波書店 (1982)
——.「順法精神」『川島武宜著作集4』岩波書店 (1982)
川名兼四郎・中島玉吉『民法釋義第1巻総則編』金刺芳流堂 (1911)
川端博『刑法』(新訂版) 放送大学教育振興会 (2005)
貴族院『第13回帝國議會貴族院精神病者監護法案特別委員會議時速記録第1號』(1899a) 明治32年2月8日
——.『第13回帝國議會貴族院精神病者監護法案特別委員會議時速記録第2號』(1899b) 明治32年2月14日
北澤毅「少年事件における当事者問題——カテゴリー配置をめぐる言説と現実」中河伸俊・北澤毅・土井隆義編『社会構築主義のスペクトラム——パースペクティブの現在と可能性』ナカニシヤ出版 (2001) 114-132 頁
木下康仁『グラウンデッド・セオリー・アプローチ——質的実証研究の再生』弘文堂 (1999)
桑原司「シンボリック相互作用論序説(3)東北大学審査学位論文（博士）の要旨」『鹿児島大学　経済学論集』54 (2001) 69-86 頁
厚生省保健医療局精神保健課編『精神衛生法改正に関する意見書：まとめ集』厚生省 (1986)
厚生省保健医療局精神保健課監修『精神保健法——新旧対照条文・関係資料』中央法規

（1995）
厚生労働省『平成 13 年版　厚生労働白書』ぎょうせい（2001）
厚生労働省・社会・援護局障害保健福祉部精神・障害保健課「2011 年 9 月 8 日　第 21 回新たな地域精神保健医療体制の構築に向けた検討チーム議事録」（2011）
小西聖子「被害者ケアからみた触法精神障害者の問題——心理学的視点からの検討」町野朔編『ジュリスト増刊　精神医療と心神喪失者等医療観察法』有斐閣（2004）102-104 頁
小宮友根「「法廷の秩序」研究の意義について」『法社会学』66（2007）162-186 頁
小柳武「犯罪抑止要因としての家族（〈特集〉犯罪者とその家族）」『犯罪社会学研究』14（1989）23-41 頁
戈木クレイグヒル滋子『グラウンデッド・セオリー・アプローチ——理論を生み出すまで』新曜社（2006）
笹倉秀夫『法哲学講義』東京大学出版会（2002）
佐々波興佐次郎『続日本刑事法制史』有斐閣（1972）
佐藤典子「受刑者の受入環境の実態と問題点（〈特集〉犯罪者とその家族）」『犯罪社会学研究』14（1989）4-22 頁
参議院事務局『第 101 回国会参議院社会労働委員会会議録第 7 号』参議院事務局（1964a）2 頁
——．『第 104 回国会参議院社会労働委員会会議録第 5 号』参議院事務局（1964b）1 頁
——．『第 145 回国会参議院国民福祉委員会会議録第 8 号』参議院事務局（1999a）10 頁
——．『第 145 回国会参議院国民福祉委員会会議録第 9 号』参議院事務局（1999b）12 頁
——．『第 154 回国会参議院法務委員会議事録第 11 号』参議院事務局（2003）8 頁
——．『第 183 回国会参議院厚生労働委員会議事録第 9 号』参議院事務局（2013）4・23 頁
衆議院事務局『第 7 回国会衆議院厚生委員会会議録第 22 号』衆議院事務局（1950a）2 頁
——．『第 46 回国会衆議院社会法務委員会第 50 号』衆議院事務局（1964b）4 頁
——．『第 75 回国会衆議院法務委員会議事録第 29 号』衆議院事務局（1975）7 頁
——．『第 123 回国会予算委員会第 4 分科会第 2 号』衆議院事務局（1992）1 頁
——．『第 126 回国会厚生委員会第 14 号』衆議院事務局（1993）5 頁
——．『第 132 回国会厚生委員会第 9 号』衆議院事務局（1995）2 頁
——．『第 145 回国会衆議院厚生委員会議録第 11 号』衆議院事務局（1999）21 頁
——．『第 147 回国会衆議院法務委員会議録第 8 号』衆議院事務局（2000）3 頁
——．『第 154 回国会法務委員会厚生労働委員会議録 2 号』衆議院事務局（2002a）1-13 頁
——．『第 154 回国会法務委員会会議録 18 号』衆議院事務局（2002b）1-10 頁
——．『第 183 回国会衆議院厚生労働委員会議事録第 19 号』衆議院事務局（2013a）7・16・20 頁
——．『第 183 回国会衆議院厚生労働委員会議事録第 20 号』衆議院事務局（2013b）2・19・20 頁
白石大介『精神障害者への偏見とスティグマ：ソーシャルワークリサーチからの報告』中央法規（1994）11 頁

白石弘巳「不幸にして触法行為を行ってしまった精神障害者の社会復帰」『病院・地域精神医学』46(2)(2003) 157-9頁
白波瀬佐和子『生き方の不平等——お互いさまの社会に向けて』岩波新書(2010)
菅野耕毅『家族法の基本問題——民法の研究Ⅲ』信山社(1998)
菅野昌史「陪審評議の会話秩序」『法社会学』55(2001) 192-207頁
鋤田みすず・辻丸秀策・大西良ほか「患者家族と一般家族の統合失調症に対する社会的距離とイメージ—多面的調査からの比較」『久留米大学文学部紀要 社会福祉学科編』5(2005) 57-67頁
精神保健福祉研究会監修『初版第6刷三訂精神保健福祉法詳解』中央法規(2011)
芹沢一也『狂気と犯罪』講談社プラスアルファ新書(2005)
全家連保健福祉研究会編『精神障害者・家族の生活と福祉ニーズ』全家連(1993)
高柳真三「徳川時代に於ける幼年者の刑事責任能力」『法学』10(3)東北大学(1941) 54頁
——. 『日本法制史——第1 江戸時代まで』有斐閣(1949)
瀧川裕英『責任の意味と制度:負担から応答へ』勁草書房(2003)
滝沢武久「精神障害者家族の組織と活動」『リハビリテーション研究』58・59(1989) 79-82頁
田玉逸男・中川之子・井口喬ほか「指定病院における殺人を犯した触法精神障害者の治療と処遇に関する研究」『日本社会精神医学会雑誌』8(1)(1999) 86頁
田玉逸男・鳥越由美・高塩理ほか「精神障害者のIntrafamilial homicideにおける家族のPTSDと家族支援に関する研究」『法と精神科臨床』4(2001) 50-63頁
田山輝明『続・成年後見法制の研究』成文堂(2002)
土屋葉『障害者家族を生きる』勁草書房(2002)
辻伸行「精神障害者による殺傷事故および自殺と損害賠償責任(5)・完—精神病院・医師の責任および保護者・近親者等の責任に関する裁判例の検討」『判例時報』1561(1996) 161-175頁
——.「精神障害者による他害事故と損害賠償責任」町野朔編『ジュリスト増刊 精神医療と心神喪失者等医療観察法』有斐閣(2004) 190-195頁
——.「3 自傷他害防止監督義務の廃止と保護者の損害賠償責任」町野朔・中谷陽二・山本輝之編『触法精神障害者の処遇』信山社(2005)
鶴野隆浩「家族支援理念の再考——家族福祉論の再構築のために」『社会福祉学』44(1)(2003) 3-12頁
富井政章『民法原論第1巻』合冊発行,有斐閣書房(1907)
富永健一「社会学理論におけるミクロ社会学の位置」『社会学史研究』20(1998) 43-53頁
内閣府『平成17年版国民生活白書——子育て世代の意識と生活』国立印刷局(2005)
永井順子「「狐憑き」の言説/「精神病者」の言説」『社学研論集』1 早稲田大学大学院社会科学研究科(2003) 293-308頁
中西正司・上野千鶴子『当事者主権』岩波新書(2003)
中根成寿「障害者家族の父親のケアとジェンダー——障害者家族の父親の語りから」『障害学研究1』明石書店(2005) 158-188頁
中原満里子・教山文子・佐藤友美ほか「触法行為により措置入院となった患者の退院過程」『精神保健』46(2001) 101頁

中村正・石川洋明・野口裕二「座談会：臨床社会学の可能性」『アディクションと家族』20(4) (2004) 397-411頁
西原道雄「扶養制度と社会」中川・青山・玉城ほか編『家族問題と家族法Ｖ　扶養』酒井書店 (1958)
日本精神衛生会編『日本の精神衛生』日本精神衛生会 (1973)
野口裕二『ナラティヴの臨床社会学』勁草書房 (2005)
野坂祐子「メンターによる指導を活用する」無藤隆・やまだようこ・南博文・麻生武・サトウタツヤ編『質的心理学——創造的に活用するコツ』新曜社 (2004) 205-211頁
野崎泰伸「当事者性の再検討」『人間文化学研究集録』14 (2005) 75-90頁
野々山久也「第12章　相互作用論アプローチ」野々山久也・清水浩昭編『家族社会学研究シリーズ5　家族社会学の分析視角——社会学的アプローチの応用と課題』ミネルヴァ書房 (2001)
林暲「学会委員会の精神衛生法改正案」『精神神経学雑誌』67 (1965) 143-144頁
樋口直人「第5章　あなたも当事者である——再帰的当事者論の方へ」宮内・好井編著『〈当事者〉をめぐる社会学——調査での出会いを通して』北大路書房 (2010)
土方透『法という現象——実定法の社会学的解明』ミネルヴァ書房 (2007)
昼田源四郎「日本の精神医療史」松下正明・昼田源四郎編『精神医療の歴史』(臨床精神医学講座Ｓ1) 中山書店 (1999)
広瀬美千代・岡田進一・白澤政和「家族介護者の介護に対する認知的評価のタイプの特徴——関連要因と対処スタイルからの検討」『老年社会科学』29(1) (2007) 3-12頁
広田伊蘇夫「Ⅳ精神保健福祉法概論」松下正明他編『臨床精神医学講座22　——精神医学と法』中山書店 (1997) 49-60頁
深谷松男「生活保持義務と生活扶助義務」川井健他編『講座・現代家族法第4巻』日本評論社 (1992) 187-205頁
福井里江・大島巌・長直子ほか「統合失調症に関する家族心理教育プログラムの家族の視点からみたプロセス評価（第1報）心理教育プログラム実施要素の家族による認知尺度（FPPIE）の開発」『精神医学』46(4) (2004) 355-63頁
福島正夫「課題」中川・青山・玉城ほか編『家族問題と家族法Ｖ　扶養』酒井書店 (1958)
布施彌平治「縁坐法と連座法」『日本法学』17(3) (1951) 1-12頁
法務省『平成12年改正少年法に関する意見交換会（第3回）議事録』(2006) 平成18年11月27日（月）http://www.moj.go.jp/shingi1/keiji_keiji38-3.html
――．『法制審議会少年法（犯罪被害者関係）部会第2回会議議事録』(2007) 平成19年12月21日（金）
法務総合研究所『平成17年版犯罪白書』国立印刷局 (2005)
法務大臣官房司法法制調査部監修『日本近代立法資料叢書2　法典調査会　民法総会議事速記録』商事法務 (1984)
星野英一「インタビュー　成年後見制度と立法過程——星野英一先生に聞く（特集　新しい成年後見制度）」『ジュリスト』1172 (2000) 2-16頁
細川亀市『史的研究　日本法の制度と精神』青葉書房 (1944)
前田雅英「司法的判断と医療的判断」町野朔編『ジュリスト増刊　精神医療と心神喪失者等医療観察法』有斐閣 (2004) 91-95頁

前田泰樹・水川喜文・岡田光弘編著『エスノメソドロジー——人びとの実践から学ぶ』新曜社（2007）
牧健二『日本法制史』国史講座刊行会（1933）
町野朔「精神保健福祉法と心神喪失者等医療観察法——保安処分から精神医療へ」『ジュリスト増刊　精神医療と心神喪失者等医療観察法』有斐閣（2004）69-73頁
松岡浩「触法精神障害者の処遇に関する法制の検討——二つのPT報告書を中心として」『日本精神科病院協会雑誌』21(2)（2002）70-4頁
三浦智陽・一ノ関猛・阿部琢也ほか「触法精神障がい者家族との関係構築のためのアプローチ」『日本精神科看護学会誌』49(1)（2006）114-5頁
水川喜文「コラム　よくある質問と答え」前田・水川・岡田編『エスノメソドロジー——人びとの実践から学ぶ』新曜社（2007）
水野紀子「成年後見制度——その意義と機能と限界について」『法学教室』218（1998）92-97頁
——．「成年後見人の身上監護義務」『判例タイムズ』1030（2000）97-109頁
水上嘉市郎「家族会の歩みと考え方」『社会医学研究』10・11（1965）23-296頁
南方暁・上石圭一・田巻帝子『科学研究費補助金研究成果報告書（課題番号15084205）「法の主題化」の社会的分布とその要因』（2009）
南山浩二『精神障害者——家族の相互関係とストレス』ミネルヴァ書房（2006）
宮内洋「はじめに」宮内洋・好井裕明編著『〈当事者〉をめぐる社会学——調査での出会いを通して』北大路書房（2010）
宮崎澄子・岩崎弥生・石川かおりほか「精神障害者を家族にもつ男性家族員のケアの内容及びケア提供に伴う情緒的体験と対処」『千葉大学看護学部紀要』23（2001）7-14頁
六鹿いずみ「統合失調症の家族の受容過程」『臨床教育心理学研究』29(1),（2003）21-9頁
村山眞維・濱野亮『法社会学』有斐閣アルマ（2003）
望月嵩「犯罪・非行と家族の紐帯（〈特集〉犯罪・非行と家族）」『犯罪社会学研究』10（1985）4-15頁
——．「犯罪者とその家族へのアプローチ（〈特集〉犯罪者とその家族）」『犯罪社会学研究』14（1989）57-69頁
山上皓『精神分裂病と犯罪』金剛出版（1992）
山崎佐『江戸期前日本医事法制の研究』中外医学社（1953）
山下剛利「精神衛生法の問題点——特に保護義務について」『精神神経学雑誌』76（1974）814-816頁
——．『精神衛生法批判』日本評論社（1985）
山田富秋「司法現場における「権力作用」——マクロとミクロを結ぶ論理」『社会学研究』58 東北社会学研究会（1991）73-97頁
山田昌弘「第8章「家族であること」のリアリティ」好井裕明編『エスノメソドロジーの現実―せめぎあう〈生〉と〈常〉』世界思想社（1992）
——．「感情構造と法」『法社会学』60（2004）24-34頁
山本貢司・佐々木淳・石垣琢磨ほか「統合失調症患者とその家族におけるスティグマ認知」『精神医学』48(10)（2006）1071-6頁
山本則子・杉下知子「老人病院通院患者家族の介護支援利用パターンとその要因」『老

年社会科学』19(2)(1998)129-39頁
山崎喜比古・瀬戸信一郎編『HIV感染被害者の生存・生活・人生――当事者参加型リサーチから』有信堂(2000)
幸村幸男・泉山保広・齊藤亮ほか「触法行為精神障害者の退院支援における一考察」(日本精神科看護学会精神科リハビリテーション看護)『日本精神科看護学会誌』46(2)(2003)473-6頁
渡頼勲「老齢の親に対する子の扶養義務」『家事事件の研究Ⅱ』有斐閣(1973)127頁

判例一覧

福岡地裁昭和57年3月12日判決（昭和53年（ワ）294号）判例時報1061号85-93頁
福岡高裁平成18年10月19日判決（平成18年（ネ）第401号）判例タイムズ1241号131-142頁
広島地裁昭和56年6月24日判決（昭和54年（ワ）890号）判例時報1022号107-112頁
高知地裁昭和47年10月13日判決（昭和45年（ワ）第628号）下級裁判所民事裁判例集23巻9～12号551-558頁
長崎地裁大村支部平成17年12月15日判決（平成15年（ワ）第94号）TKCLEX/DB
最高裁昭和58年2月24日判決（昭和56年（オ）第1154号）判例時報1076号58-63頁
仙台地裁平成10年11月30日判決（平成9年（ワ）第340号）判例タイムズ998号211-220頁
東京地裁昭和61年9月10日判決（昭和58年（ワ）12146号）判例時報1242号63-67頁
東京高裁平成15年10月29日判決（平成15年（ネ）第2987号）判例時報1844号66-74頁
山口地裁下関支部平成16年11月1日判決（平成13年（ワ）第272号（甲事件）・平成14年（ワ）第218号（乙事件）判例時報1892号74-89頁

深谷　裕（ふかや　ひろい）

2009年　早稲田大学大学院社会科学研究科博士後期課程単位取得
2013年　博士（学術）
現職　北九州市立大学　准教授
専攻　司法福祉、精神保健福祉
主な著書　福祉政策の課題（分担執筆　放送大学教育振興会）
　　　　　司法福祉（分担執筆　法律文化社）
　　　　　加害者家族支援の理論と実践（分担執筆　現代人文社）

触法精神障害者をめぐる実証的考察
――責任主体としての家族

2015年12月25日　第1版第1刷発行

著　者――深谷　裕
発行者――串崎　浩
発行所――株式会社日本評論社
　　　　　〒170-8474　東京都豊島区南大塚3-12-4
　　　　　電　話　03-3987-8621（販売）　3987-8592（編集）
　　　　　FAX　03-3987-8590（販売）　3987-8596（編集）
　　　　　振　替　00100-3-16
印　刷――株式会社平文社
製　本――株式会社松岳社

Printed in Japan　Ⓒ Hiroi FUKAYA 2015
装幀／百駱駝工房
ISBN 978-4-535-52143-8

JCOPY　〈(社)出版者著作権管理機構　委託出版物〉
本書の無断複写は著作権法上での例外を除き禁じられています。複写される場合は、そのつど事前に、（社）出版者著作権管理機構（電話 03-3513-6969、FAX 03-3513-6979、e-mail: info@jcopy.or.jp）の許諾を得てください。また、本書を代行業者等の第三者に依頼してスキャニング等の行為によりデジタル化することは、個人の家庭内の利用であっても、一切認められておりません。